Ilustración de cubierta: Imagen elaborada a partir de un busto de Pericles con la inscripción "Pericles, hijo de Jantipo, ateniense" (mármol, copia romana según un original griego de ca. 430 a.C., conservada en el Museo Pio-Clementino, colección de los Museos Vaticanos) y una máscara de teatro hallada cerca de la puerta Dípilon; podría tratarse del "esclavo gobernante" o "primer esclavo", personaje de la Comedia Nueva (mármol pentélico, Siglo II a.C., conservada en el Museo Arqueológico Nacional, Atenas, Grecia).

Diseño: Gerardo Miño
Composición: Laura Bono

Edición: Primera. Junio de 2019
ISBN: 978-84-16467-83-9

IBIC: HBLA1 [Historia clásica/civilización clásica]
DSBB [Estudios literarios: clásicos, primitivos y medievales]
JPH [Estructura y procesos políticos]

Lugar de edición: Buenos Aires, Argentina

MIÑO y DÁVILA
♦ E D I T O R E S ♦

dirección postal: Tacuarí 540 (C1071AAL)
Ciudad de Buenos Aires, Argentina
tel-fax: (54 11) 4331-1565
e-mail producción: produccion@minoydavila.com
e-mail administración: info@minoydavila.com
web: www.minoydavila.com
redes sociales: @MyDeditores, www.facebook.com/MinoyDavila

JULIÁN GALLEGO / CLAUDIA N. FERNÁNDEZ (COMPS.)

DEMOCRACIA, PASIÓN DE MULTITUDES.

Política, comedia y emociones en la Atenas clásica

PEFSCEA   MIÑO y DÁVILA
◆ E D I T O R E S ◆

Estudios del Mediterráneo Antiguo / **PEFSCEA Nº 15**

PROGRAMA PEFSCEA

ÍNDICE

JULIÁN GALLEGO / CLAUDIA N. FERNÁNDEZ (COMPS.)

DEMOCRACIA, PASIÓN DE MULTITUDES.

Política, comedia y emociones en la Atenas clásica

◆ 1 ◆

Aspectos de una subjetividad democrática:

Prácticas, reflexiones y emociones políticas

Julián Gallego - Claudia N. Fernández

E l campo general de investigación en que se inscribe este libro consiste en el análisis de las configuraciones políticas, las representaciones simbólicas y los complejos de valores afectivos que organizan el accionar de los diferentes sujetos en relación con el funcionamiento de la democracia ateniense, sus instituciones y sus prácticas[1]. Entendemos por configuraciones políticas la construcción de formas de acción, dominación o resistencia mediante las cuales los sujetos buscan tomar decisiones con el fin de garantizar o de alterar la reproducción de las estructuras de poder establecidas. A su vez, las representaciones simbólicas son el conjunto de recursos de pensamiento con los cuales los agentes diseñan sus cursos de acción en función de los objetivos políticos que trazan en relación con el poder vigente. Ambas dimensiones no se hallan al margen de los complejos de valores afectivos en tanto que productos de una experiencia cultural y social, entendiendo que las diferentes emociones puestas de manifiesto según las circunstancias y las conformaciones subjetivas específicas muestran las actitudes deseadas o criticadas respecto de la realidad institucional, política y social ateniense.

A partir de esto, buscamos contribuir a dar respuesta a los interrogantes que se siguen planteando en torno de la constitución de la política como condición fundamental de la vida humana en la Grecia antigua, y en particular la conformación de la democracia, sin prescindir de una concepción cultural de las emociones, cuyo

---

1   Cf. Azoulay & Ismard (2007); Ismard & Azoulay (2011).

significado se considera más social que individual, atendiendo a los juicios de valor que subyacen a la construcción ideológica de las emociones, según se ponen de manifiesto en diferentes géneros discursivos. En este sentido, el desarrollo de la política democrática, cuya configuración paradigmática la hallamos en la Atenas clásica, supuso la capacidad del pueblo de limitar la opresión coactiva de los sectores aristocráticos así como de construir un espacio específico de participación y disenso. Bajo estas condiciones, las representaciones simbólicas operaron como vehículo para procesar este singular suceso, dando cuenta al mismo tiempo de las pasiones extremas que este supo desatar y que se expresaron en los conflictos políticos, muchas veces con una inusitada violencia física y psicológica como lo muestran abiertamente ciertos momentos de la historia ateniense.

Así pues, proponemos en estas páginas un estudio de las configuraciones políticas de la democracia en la Atenas de los siglos V y IV a.C. y su relación con las comedias de Aristófanes consideradas como un recurso de pensamiento sobre las instituciones y los actores políticos y sociales atenienses. Se trata de un examen, en sus campos respectivos y en sus relaciones recíprocas, de los dispositivos de subjetivación política puestos en práctica por el pueblo ateniense en el proceso que lleva al encumbramiento y posterior agotamiento de la soberanía popular, así como del rol social de las representaciones teatrales cómicas en relación con las prácticas performativas de la asamblea y los tribunales. En efecto, entendemos que la subjetividad política ateniense se delineaba a partir de la articulación de las prácticas asamblearias y judiciales con las prácticas discursivas que, como las comedias puestas en escena en el teatro ático, producían recursos simbólicos para pensar el funcionamiento de la democracia. Hablar de dispositivos de subjetivación y de una subjetividad democrática entraña, necesariamente, el registro de expresiones emocionales que se constituyen en una importante vía de acceso para pensar simbólicamente la política democrática a la luz de muy diversas pasiones políticas.

El marco más general de este análisis es lo que ha dado en denominarse la "invención de la política", no solo a partir de su existencia en las prácticas institucionales de la *pólis* sino especialmente como una elaboración por medio del pensamiento que da a la vida en comunidad su carácter propiamente político². Esta dimensión subjetiva que adquiere la política como parte de su propio proceso de invención y afirmación ha dado pie al desarrollo de análisis diversos sobre las formas imaginarias ligadas a la vida comunitaria de la *pólis*, asunto que tiene en la emergencia de la democracia ateniense uno de sus acontecimientos fundamentales.

La democracia ateniense ha sido desde su mismo nacimiento el centro de interés de múltiples formas artísticas e intelectuales que buscaron procesar la emergencia de la política popular y sus consecuencias. El problema de la configuración política de la democracia como objeto de examen de diversos y variados modos de reflexión y producción cultural tiene sus comienzos en la propia Atenas. Los géneros discursivos como la tragedia y la historia son pruebas fehacientes de ello, lo mismo que la comedia, los panfletos políticos, la sofística, la filosofía. Incluso los textos que asumen una posición antidemocrática pueden ser considerados plenamente como formas de pensamiento inherentes a la democracia ateniense.

Una parte importante de la producción contemporánea sobre este asunto ha centrado sus miras ya sea en el funcionamiento de las distintas instituciones de la vida política, ya sea en la producción cultural de la democracia. Ahora bien, un mapa un tanto diferente es el que se configura si nos situamos en el cruce entre los dos ejes que hemos propuesto, es decir, en el plano de las conjunciones necesarias o contingentes entre las prácticas políticas y las producciones artísticas o intelectuales. En este sentido, la relación entre la política democrática ateniense y los géneros discursivos de su época se ha constituido en una de las preocupaciones más importantes dentro de los intereses de los especialistas. En efecto, fue ante todo en la Atenas clásica donde más acabadamente se elaboró una serie de discursos que confirió a la política su singularidad, lo cual ha conducido a un saludable debate en torno de la existencia o no de una teoría, un pensamiento político o un discurso específicamente democrático sobre la democracia ateniense. Para algunos, aun cuando no existan documentos precisos, debió haber existido una teoría sistemática; otros, en cambio,

---

2   Cf. Finley (1986); Meier (1988); Rahe (1994: 14-40); Darbo-Peschanski (1996); Vernant (2004: 141-146).

hacen hincapié en ciertas indicaciones aisladas enmarcadas en una ideología democrática que se desarrolla de manera práctica pero sin adquirir una formulación metódica; una tercera perspectiva señala el carácter aristocrático de las reflexiones sobre la democracia ateniense; ante lo cual están quienes señalan la magnitud de la resignificación de los valores aristocráticos operada por el desarrollo de la democracia[3].

Ciertamente, mientras que algunos creían poder reconstruir la teoría política de la democracia ateniense a partir de la evidencia fragmentaria, o veían en la ausencia de una teoría política sistemática una cuestión misteriosa, para otros no habría existido en Atenas una teoría democrática, lo cual no debería sorprender puesto que no resulta para nada necesario que todo sistema político deba ser acompañado por un sistema teórico elaborado. Efectivamente, la reflexión política no tiene por qué ser un análisis sistemático. Por ende, no debe desecharse la posibilidad de ver a los historiadores, panfletistas o autores teatrales como pensadores políticos de la *pólis* democrática, capaces de representar en un medio público y compartido en general las luchas, opiniones y elecciones políticas que se les presentaban a los ciudadanos atenienses en sus búsquedas concretas en función del accionar que creían más pertinente.

Así planteado el problema ya no gira en torno de la existencia o no de una teoría democrática sino en derredor de la relación de la democracia ateniense con los géneros discursivos de su época. En este terreno, se trata, más ampliamente, de percibir las representaciones simbólicas como elementos propios de un pensamiento político o una ideología democrática. Considerando lo que las obras literarias de los siglos V y IV pueden aportar en relación con las nociones políticas surgidas en la Atenas clásica, puede que sucediera que ciertos ideales aristocráticos se traspasaran a las instituciones democráticas generando así un equilibrio entre

---

3   Se trata de una amplísima y multifacética bibliografía, respecto de la cual se brindan aquí algunas referencias que permiten acceder a las diferentes perspectivas indicadas así como a otros aspectos que se desarrollan a continuación: Jones (1957: 41-72); Momigliano (1960); Rodríguez Adrados (1975: 99-381; 1997: 15-110); Finley (1981: 19; 1986: 162-166); Plácido (1984; 1997: 192-209); Meier (1985: 33-53; 1988: 149-253, 283-444); Gil (1989; 1995); Ober (1989: 289-339; 1998); Raaflaub (1989); Thomas (1989: 196-282); Euben (1990); Stockton (1990: 165-187); Brock (1991; 2005); Loraux (1993: 15-18, 179-229); Musti (1995: 3-137); Yunis (1996: 36-58); Fouchard (1997: 179-288); Ostwald (2000: 21-30); Harris (2005); Rhodes (2005). Ver la reciente reconsideración de Canevaro (2017).

aquellos y los nuevos valores populares. Una línea para observar estas evoluciones procede de las mutaciones de ciertos conceptos políticos que conducen durante el siglo V de las nociones asociadas a la idea de *nómos* a aquellas que se ligan a la idea de *krátos*, así como la oposición que va tomando cuerpo entre esta última noción y la de *arkhé*. Ahora bien, lo anterior no inhibe la existencia de reflexiones propiamente democráticas sobre la democracia ateniense, en la medida en que los valores aristocráticos se fueron incorporando en muchos casos a la ideología política ateniense sin por ello suprimir ni socavar los ideales igualitarios, sino adecuándose a las necesidades de la democracia. Esto no supone una teoría política democrática bajo la forma de un tratado sistemático, sino una ideología o un pensamiento en un nivel menos articulado. En definitiva, en el imaginario ateniense coexistían conjuntos de representaciones que no dejaban de ser contradictorias y que, bajo la hegemonía del *dêmos*, podían dar lugar a fórmulas consensuales o a enfrentamientos entre las perspectivas aristocráticas y las posturas democráticas, tal vez menos sistemáticas pero muy arraigadas en las prácticas concretas.

Las evidencias cotidianas y el funcionamiento representado en el teatro quizá minimizaran la necesidad de justificaciones teóricas, habida cuenta de la homología entre espacios políticos y teatrales. Se trata de un asunto que recoge bien el comentario de Plácido (1997: 235):

> Si toda representación teatral corresponde a un acontecimiento socialmente significativo, nunca a un puro acto de degustación individual aislado, en el caso del teatro ateniense del siglo V esta circunstancia se ve especialmente agudizada por el hecho de que acudiera la comunidad en su conjunto, coincidente con la comunidad política que tenía un peso real en la marcha de la ciudad. El público venía a ser globalmente el mismo que votaba en la asamblea[4].

---

4   Esta perspectiva ha sido argumentada extensamente por aquellos autores que plantean la existencia de una homología entre el conjunto de los ciudadanos en la asamblea y el de los espectadores en el teatro; para referencias más completas, Gallego (2016: 19-29). Sommerstein (1998: *passim* y 48-49, 54; 2014: 294-298) ha manifestado reparos a esta visión, haciendo hincapié en el caso de *Caballeros* de Aristófanes: en el teatro esta comedia obtuvo el primer premio, pero en la votación en la asamblea Cleón había sido electo estratego. Sommerstein sostiene que, respecto del conjunto del cuerpo cívico, el público cómico debió haber sido más conservador; a diferencia de las instancias de decisión política, en la audiencia predominarían los ricos, quedando los pobres sub-representados. Su argumento central es que la comedia no se hacía eco

Así pues, las representaciones teatrales, y por ende la comedia que es lo que en particular aquí interesa, resultan fundamentales para analizar las configuraciones políticas e institucionales y las prácticas performativas asamblearias y judiciales de la Atenas clásica.

Es conocida la estrecha relación del discurso cómico con los avatares de la democracia ateniense. El nombre de "comedia política" que este género recibió en su etapa primera deja ver precisamente esta fuerte dependencia del discurso cómico con respecto a la vida política de su tiempo. Su incorporación a las competiciones dramáticas de las Grandes Dionisias (486 a.C.) y las Leneas (440 a.C.) también ha inducido a considerar la comedia como un producto típicamente democrático: una puesta en escena de las prerrogativas democráticas de la libertad e igualdad de expresión (*parrhesía* e *isegoría*)[5]. Incluso la evolución formal y temática del género (desde el estadio antiguo al nuevo) fue interpretada en relación con las transformaciones de la *pólis* desde el siglo V al IV. El discurso cómico, pues, ofrece la ventaja excepcional de permitirnos acceder a aspectos políticos, intelectuales y sociales de la historia de Atenas que de otra manera serían inaccesibles. Pero esta posibilidad de entender a la comedia como una fuente de información coetánea de la vida política y social ateniense no implica creer en una relación mimética de la literatura con la realidad: siempre se trata de una fuente de carácter ficcional que, en el mejor de los casos, presenta una "realidad" deformada por la lente cómica y, a no dudarlo, tiende en primera instancia a la búsqueda del efecto humorístico[6].

---

de los juicios del *dêmos* en general sino de un subconjunto puntual e insatisfecho de la sociedad ateniense, generando una brecha entre las opiniones de la ciudadanía en la asamblea y las del público en el teatro. En un reciente texto, Sommerstein (2017) revisa sus argumentos a la luz de nuevas investigaciones y concluye que, aunque los pobres no estuvieran sub-representados –ubicados en espacios "no oficiales" sin gradas pagando menos de dos óbolos o nada; cf. Roselli (2011)–, los principales interlocutores de los poetas eran los espectadores más cercanos a los jueces de la contienda: los que pagaban la entrada, los magistrados, es decir, los sectores acomodados de la ciudadanía.

5   Sobre la relación de la *isegoría* y, sobre todo, la *parrhesía* con el discurso cómico, ver las significativas contribuciones de Halliwell (1991); Carey (1994); Henderson (1998); Rosen (2013); Rosenbloom (2014: 302-307).

6   Sobre los aspectos mencionados, cf. Ehrenberg (1951); Compagnon (1998: 7-28); Douglas Olson (2007: 1-32).

Por lo demás, se ha generado una discusión inacabada en la crítica especializada alrededor de la pertinencia o la inconveniencia de entender lo cómico como vehículo de expresión de lo serio: mientras que algunos niegan que un texto literario como el cómico pueda sustentar a la vez un empeño político serio y otros buscan reconocer la filiación política de un autor como Aristófanes a partir de lo que se ponía de manifiesto en sus piezas teatrales, en cambio, una tercera posición opta por desentrañar la complejidad de este fenómeno a partir del reconocimiento de una confluencia efectiva entre lo satírico-burlesco y lo político serio[7].

La cuestión de la ideología del autor, es decir, la pretensión de determinar si la imagen de Atenas resulta la expresión de una opinión personal o pública, se enmarca en una problemática más general como la que involucra el complejo y discutido modo de recepción de las piezas cómicas. Existe una fuerte presunción de que los autores procuraban ejercer su influencia en la formación de la opinión pública, esto es, no volverse meras cajas de resonancia de los criterios de pensamiento vigentes en su tiempo sino erigirse en verdaderos legitimadores de ideologías, llegando incluso a identificarse a los comediógrafos como los intelectuales de su tiempo. Posiciones más cautas prefieren desplazar la intencionalidad del autor para centrarse en la ideología del propio género cómico, ciertamente conservador o al menos defensor de una democracia más moderada y menos radical. Existen también posturas "carnavalistas" que indican que la representación cómica, haciendo uso de las licencias propias de un ritual festivo, actúa como válvula de escape al servicio de reforzar la situación de *statu quo*, sin pretender ningún cambio social concreto. Sin embargo, todos parten de la premisa de que la comedia habla sobre su coyuntura y lleva a escena personajes que guardan algún tipo de relación con aquellos que transitan las calles de Atenas; y no nos referimos solo a personajes "históricos" como Cleón, Hipérbolo, Alcibíades o Sócrates, sino también a la sucesión de tipos sociales que la comedia despliega y que incluye, entre otros, al sicofanta, al demagogo y a individuos o conjuntos sociales que remiten a la clase aristocrática, a los sectores populares, a los comerciantes

---

7   Para diversas posturas, Gomme (1938); Ste. Croix (1972: 355-376); Heath (1987; 1997); Cartledge (1990: 43-53); Ercolani (ed. 2002); Sommerstein (2005); Sidwell (2009); Hutchinson (2011); Mhire & Frost (eds. 2014).

del ágora o a la rica serie de campesinos que protagonizan más de una comedia[8].

En virtud de estos entrecruzamientos entre prácticas políticas y géneros discursivos, cada vez más los estudios específicos se han centrado en esta imbricación entre el funcionamiento de las distintas instituciones de la *pólis* y la producción cultural de la época. Son frecuentes los análisis que se ocupan de relevar el modo en que los fenómenos artísticos e intelectuales reproducen las prácticas cívicas, sustentan una ideología propagandística, traducen las posiciones políticas de sus creadores, despliegan juicios éticos sobre los modos de hacer política o postulan transformaciones en las estructuras mismas del ejercicio de poder. En este marco, resulta fundamental el relevamiento de las emociones, entendidas como actitudes estructuradoras de las relaciones político-sociales. A través de la identificación, la manipulación, la adecuación y la confrontación de las pasiones de los actores sociales (ciudadanos y no ciudadanos) es posible dar cuenta de las reacciones colectivas y personales y la percepción de los propios agentes para sustentar una lectura "subjetiva" del fenómeno político de la democracia, que se liga tanto a pensamientos como a deseos, sin implicar por ello que se trata de un mero estado interno individual, independiente del contexto cultural y el significado social.

Concebidas como una práctica ideológica, las emociones involucran una negociación sobre el sentido de los hechos frente a los cuales responden y permiten vislumbrar patrones morales, jurídicos, religiosos u otros que conciernen a los grupos humanos. Estas pasiones son, pues, hechos sociales más que manifestaciones meramente individuales y, por ende, ayudan a pensar la dinámica de la vida democrática. Dentro de esta línea, observamos asimismo que las emociones abarcan un componente cognitivo esencial, puesto que proveen juicios de valor, es decir, implican la apreciación o la evaluación de un "objeto externo" –entendido como un objeto intencional en tanto que es visto e interpretado–,

---

8 En cuanto a los diversas perspectivas indicadas, cf. Henderson (1990; 1993); Goldhill (1991); Rösler & Zimmermann (1991); Edwards (1993); Mastromarco (1994: 27-35, 160-167).

fundamentado en creencias y percepciones que se hallan necesariamente en relación con la sociedad de pertenencia[9].

En términos históricos, el rol de las pasiones en el funcionamiento político se percibe a partir de diversos indicadores, como ocurre con la cólera (*orgé*) como detonante de la guerra civil (*stásis*). En relación con la política democrática ateniense, el coraje (*tólma, thymós*) aparece como un atributo ligado a la capacidad de pensar y decidir y la responsabilidad de actuar en consecuencia. Así, el conocimiento sería un componente del coraje que estaría acompañado de una predisposición a correr riesgos como rasgo de identidad cultural de la democracia ateniense. Su contrapartida es el miedo (*phóbos*) que cuando se manifiesta políticamente inhibe la capacidad de pensar y decidir generando desconfianza y desconocimiento. La presencia del coraje y el miedo en el proceso democrático habilita así la dimensión emocional en la praxis política, cuestión generalmente relegada en las explicaciones racionalistas de la misma. La formulación de una teoría de la emoción política apunta precisamente a replantear el problema haciendo hincapié en que las configuraciones políticas no se explican con arreglo a visiones puramente racionales, sino que se debe considerar asimismo los aspectos pasionales[10].

De modo general, puede decirse que hay también una erótica de las pasiones políticas según el modo en que los ciudadanos se unían gracias a lazos de afecto mutuo (amistad cívica, amor, sexualidad) que permitían articular lo público y lo privado, el compromiso político y el amor erótico. Los atenienses desarrollaron un imaginario del ciudadano perfecto como amante noble y varonil que incitaba a los ciudadanos a convertirse en amantes de la ciudad y a los políticos en amantes del pueblo, reconociendo así que la erótica formaba parte de la política. Esto implica otra dimensión cognitiva que permite obtener un conocimiento más

---

9   Para diversas teorías de la emociones, Calhoun & Solomon (eds. 1984). Sobre el componente cognitivo de las emociones, Nussbaum (2001; 2004). Cf. Konstan & Rutter (eds. 2003); Konstan (2004; 2007).

10   Sobre el *thymós* en relación con la política, Koziak (2000). Es un gran aporte la serie de trabajos sobre democracia ateniense y coraje de Balot (2001; 2004a; 2004b; 2004c; 2007; 2008; 2009; 2010; 2014).

acabado de cómo los deseos funcionaban de manera inconsciente en la democracia ateniense[11].

En este contexto, son escasos los avances realizados sobre las emociones en los personajes de comedia[12]. Esta situación no deja de ser sorprendente si tenemos en cuenta que los protagonistas cómicos suelen ser muy expresivos en la manifestación de sus emociones. Asimismo, a pesar de la importancia del sustrato jurídico y la puesta en acto de situaciones relacionadas con la práctica judicial en la comedia antigua, escasa es también la atención prestada a las configuraciones emocionales involucradas en toda tramitación en derecho, habida cuenta de los usos y abusos de la justicia en la comedia antigua a partir de recursos ligados a aspectos subjetivos inherentes a la experiencia colectiva y personal del público ateniense –sus temores y ansiedades, por ejemplo– acerca del funcionamiento del aparato judicial democrático.

Un terreno más explorado es el las reflexiones de Aristóteles sobre los pensamientos involucrados en los estados emocionales en los contextos deliberativos y forenses, que terminarán por afectar las opiniones y creencias[13]. Es significativo que el filósofo viera en ellos una actividad mental provocada por actos y palabras de otros antes que un estado interior, esto es, las emociones en su contexto social. En efecto, su interés en la *Retórica* reside en los mecanismos de persuasión que provocan emociones y generan reacciones en los demás. Esta teorización aristotélica está atenta a las interacciones sociales de los agentes y a la noción de estatus; no solo se trata de la influencia de las normas sobre el comportamiento humano sino, sobre todo, de la cimentación de ciertas reglas sociales a partir de algunas emociones. La exteriorización de una

---

11 Sobre erótica de la política democrática, cf. Ludwig (2002: 119-257; 2009); Wohl (2002).

12 Aunque esta escasez ha empezado a revertirse. Sobre las emociones en la comedia antigua han aparecido en los últimos años algunos trabajos que no dejan de ser excepcionales en comparación con lo investigado en otros campos literarios. Nos referimos al análisis de Robson (2013) sobre *éros*; o al libro de Sanders (2014), un estudio general sobre la envidia y los celos que dedica dos capítulos al *phthónos* en la comedia antigua; también Rosenbloom (2012) ha propuesto ver la indignación junto con la piedad y la cólera como características del género. Sobre la función de las emociones en comedias particulares, resulta ejemplar el estudio de Allen (2003) sobre la cólera, en especial en *Avispas*; cf. también Sfyroeras (2008) sobre la nostalgia (*póthos*), aplicado a *Ranas*.

13 Sobre Aristóteles y las emociones, Fortenbaugh (1975); Boeri (2006); Konstan (2006).

emoción puede verse también como una sanción social, al punto de afectar la reputación social del individuo con las consecuencias que ello puede acarrear en el plano político, revelando así el modo en que los ciudadanos luchaban en la democracia ateniense por mantener o mejorar su posición social y preservar su reputación a los ojos de los demás.

En definitiva, el campo configurado por las diversas interpretaciones sobre las prácticas políticas de la democracia ateniense y el discurso cómico se presenta como sumamente heterogéneo, puesto que cada postura trasluce, se quiera o no, una toma de posición sobre la relación que una política traza con su(s) pensamiento(s). Este posicionamiento, muchas veces implícito o inconsciente, conlleva de todos modos el reconocimiento de que la política se articula con una serie de recursos reflexivos. El problema no consiste en reconocer en estos recursos su carácter partidario –a favor o en contra de la democracia vigente– ni en determinar si su formulación ha sido o no sistemática, así como tampoco en reconstruir una reflexión democrática supuestamente ausente a través de los ecos fragmentarios que podrían hallarse en las producciones de los críticos de la democracia. Por el contrario, se trata aquí de comprender si los géneros discursivos han constituido recursos de pensamiento inherentes a las prácticas democráticas, esto es, si se situaron en una posición de lectura en interioridad con respecto a la política, o bien en una dimensión exterior, organizando una mirada sin incidencia efectiva en la experiencia política de la Atenas democrática. La visión que aquí sustentamos hace hincapié en que los géneros discursivos, como las comedias de Aristófanes, obraron como recursos reflexivos inmanentes a la política democrática ateniense, y de allí su eficacia concreta. El entrecruzamiento de estas dimensiones institucionales y simbólicas no sucede al margen de la experiencia emocional, que es preeminentemente cultural y social y, como tal, se articula con las prácticas ideológicas. Esto abre la posibilidad de pensar al mismo tiempo los procesos interpersonales que éstas develan en relación con el poder y la política, los lazos de matrimonio y el parentesco, las normas sociales, jurídicas y cultuales y las transgresiones que se ejercen.

Considerando todo lo anterior y partiendo de nuestros objetivos generales, el examen de las diversas configuraciones políticas de la Atenas clásica implica reconocer que el surgimiento de la democracia y sus transformaciones a lo largo de los siglos V y IV a.C. marcan diferentes etapas que jalonan su evolución conforme a los cambios en el régimen político (*metabolaì politeiôn*). En efecto, a partir de las reformas de Clístenes a finales del VI, los principios de la igualdad política (*isonomía*) se establecieron de manera concreta como un horizonte para la participación ciudadana de los atenienses. En torno de este eje se produjeron los conflictos por la hegemonía que determinaron las diferentes configuraciones políticas atenienses.

En este contexto, los diferentes momentos de constitución hegemónica del pueblo en tanto que sujeto político y sus repercusiones en el funcionamiento de la *pólis* implican tomar debidamente en cuenta su accionar para restringir el poder aristocrático. El momento central de la constitución hegemónica del pueblo se produjo hacia la segunda mitad del siglo V, durante la etapa de la llamada democracia radical, cuando tras las reformas de Efialtes el *dêmos* asumió para sí, en la asamblea y los tribunales, todas las potestades políticas sin ningún tipo de restricciones. Se implantó entonces lo que cabe considerar una soberanía popular efectiva (*dêmos kýrios*) que restringió el liderazgo de los aristócratas, obligándolos a actuar según las pautas de la democracia o a retirarse de la vida política activa (la denominada *apragmosýne*).

Esta instauración de un efectivo poder del pueblo con la llamada democracia radical ateniense supuso la configuración de una cultura política que conjugaba elementos racionales (*lógos*) con factores emocionales (*páthos*, *thymós*). Ciertamente, las emociones de los ciudadanos frente a determinadas opciones en el momento de tomar decisiones, o cuando debían acatar las decisiones tomadas, constituyen un aspecto clave del proceso de subjetivación que se trasluce en los diferentes mecanismos de ejercicio del poder y las formas de control instrumentadas tanto para favorecer como para inhibir el despliegue de la soberanía popular.

Los valores y sentimientos de los ciudadanos, y en particular del pueblo –en tanto que sujeto agente y actor hegemónico–, tuvieron consecuencias en el funcionamiento de la democracia ateniense, puesto que los valores puestos en juego por la democracia en la cultura de la Atenas clásica se entroncaban con diferentes concepciones éticas y morales que se reflejaban en las configuraciones subjetivas de la ciudadanía, que en parte se expresaban a través de las emociones. En efecto, la subjetividad democrática no puede desligarse de estas expresiones emocionales, surgidas en el marco de la democracia a partir de la articulación entre prácticas políticas y familiares, jurídicas y religiosas, culturales y sexuales, cuyo relevamiento permite apreciar la política ateniense a la luz de pasiones como la cólera, el coraje, el temor, etc.

Este carácter cognitivo de las emociones hace de ellas un factor esencial para el estudio de la democracia ateniense, dado que proveen información significativa sobre las interacciones subjetivas y las relaciones interpersonales. Las emociones despliegan una estructura altamente articulada en la medida en que poseen contenidos que involucran un gran número de creencias sobre las maneras de interpretar el mundo, el accionar de los semejantes y las formas de reaccionar frente a todo esto. Opinión, evaluación y percepción moral juegan, entonces, un rol importante en la dinámica de las pasiones cuando se trata de tomar decisiones y sostenerlas, porque ejercen una forma de regulación social sobre los agentes involucrados.

Hemos ya mencionado el papel fundamental desarrollado por la asamblea (*ekklesía*) así como por los tribunales populares (*dikastéria*). En ambos casos el procedimiento principal de subjetivación política del *dêmos* radicaba en las prácticas asamblearias. Estos dispositivos de subjetivación, puestos en funcionamiento por el pueblo ateniense conforme a sus intereses políticos específicos durante el despliegue de su hegemonía, resultarían también en ciertos momentos factores que acotarían la capacidad política del poder popular y que, en el límite, lo conducirían a su extenuación. En efecto, la democracia asamblearia tendió a agotarse hacia finales del siglo V con los golpes oligárquicos de 411 y 404. Respecto del modo radical imperante hasta ese momento, la restauración de la democracia en 403 y su vigencia a lo largo del siglo IV no implicó una soberanía popular sin restricciones sino la instauración de lo que ha dado en llamarse una democracia moderada. Este sistema político, identificado a veces con la *pátrios politeía* soloniana, contaría desde entonces con diferentes formas de control del poder popular a través de las cuales se organizaría una efectiva soberanía de la ley.

Sin duda, es durante la Guerra del Peloponeso cuando se ponen de manifiesto abiertamente los cuestionamientos que comienza a recibir la democracia asamblearia. La *stásis* que entonces tiene lugar en Atenas no puede desligarse de los factores emocionales que guían muchas de las acciones de los ciudadanos. El agotamiento de la capacidad subjetiva del *dêmos* para sostener la política democrática pone de relieve el aspecto pasional del conflicto, mostrando distintas inversiones de las actitudes emocionales conforme se trate de un momento de despliegue de la potencia política de un pueblo que confía en su propia fuerza (*tólma, thymós, pístis*) o de un momento de retroceso de su poder (*phóbos, hesykhía, katáplexis, apistía*).

La relación entre la democracia ateniense y las configuraciones discursivas durante los siglos V y IV permite comprender la singularidad de esta experiencia política del *dêmos* otorgando una particular centralidad al conflicto. En efecto, la democracia operaba a partir de las divisiones del cuerpo cívico, conflictos que se objetivaban por intermedio de la asamblea y los tribunales en tanto que instrumentos de decisión colectiva. La asamblea y los tribunales aparecían entonces como los ámbitos en los que la política se instituía habilitando la conformación de un poder participativo, colectivo e igualitario, cuyas prácticas constituían las formas concretas a través de las cuales la comunidad configuraba su existencia como sujeto político. En este sentido, la emergencia de la democracia ateniense implicó la irrupción de un acontecimiento que generó efectos nuevos a partir de la reconfiguración de los dispositivos político-institucionales en los que el *dêmos* adquirió una singular relevancia. El vínculo entre prácticas y discursos resulta cardinal para comprender esta situación, en la medida en que las prácticas políticas inherentes a la asamblea y los tribunales se constituyeron en objetos de las prácticas discursivas[14], tales como la comedia aristofánica que este libro particularmente explora. Esto entraña al mismo tiempo el relevamiento de las experiencias emocionales en tanto que modos sociales de construcción de sentimientos públicos y privados y su relación con las prácticas políticas performativas de la asamblea y los tribunales,

---

14   Respecto de esta cuestión, ver Gallego (2003); Villacèque (2013).

Julián Gallego / Claudia N. Fernández (comps.)

considerando sus formas concretas de implicación en el seno de las pasiones propias de una ideología democrática ateniense.

En verdad, el examen del estatus social de la representación teatral cómica en relación con las prácticas políticas performativas de la asamblea y los tribunales supone considerar sus formas concretas de implicación en el seno de la ideología democrática ateniense. La comedia antigua no solo examinaba y cuestionaba el lenguaje de la democracia sino que, a veces, llegaba incluso a subvertirlo. Sin embargo, esta transgresión aparente era aceptada y propiciada por el propio sistema político. Un factor esencial de este proceso era la libertad de expresión (*parrhesía*) como elemento indisociable de la igualdad política (*isonomía*), que implicaba el ejercicio de un derecho democrático con fines de propaganda, incluso antidemocrática.

Dentro de este marco, las comedias de Aristófanes conforman un recurso de reflexión sobre el funcionamiento de las instituciones atenienses y sus actores políticos y sociales, cuyas representaciones simbólicas permitían precisamente procesar el accionar de estos agentes. Como dijimos, las comedias de Aristófanes constituyen una vía de acceso fundamental para el estudio del desarrollo de la política democrática y los sujetos actuantes, no solo los personajes "históricos" sino también los tipos socio-políticos como el demagogo, el sicofanta, el comerciante o el campesino. El género cómico llevaba a cabo así un pensamiento sobre el desempeño de la democracia usando para ello el procedimiento de la parodia, que consistía en ridiculizar los mecanismos propios de las instancias parodiadas según una representación burlesca.

El mecanismo de la parodia política era, pues, el modo específico mediante el cual la comedia aristofánica generaba modos de pensamiento que buscaban interpelar a distintos grupos de la ciudadanía ateniense, diseñando incluso posibles cursos de acción. Así, la parodia inducía la reflexión sobre el quehacer político de las instancias de la democracia ateniense (asamblea y tribunales) según sus prácticas y formas institucionales, incluso en sus detalles más triviales. Por lo general, el procedimiento de la parodia conllevaba una crítica de la situación parodiada y era un modo de pensamiento eficaz porque habilitaba una aproximación a ciertos dispositivos esenciales para el funcionamiento de la situación política ateniense.

Los estudios culturales permiten abordar estas condiciones de producción inherentes al género cómico así como las formas de entretenimiento popular en función de comprender su recepción, en el marco de las representaciones teatrales que tenían lugar en los diferentes festivales religiosos organizados por la ciudad de Atenas, y su relación con la democracia. Como ya indicamos, fundamental resulta para poner de relieve el vínculo peculiar entre la política ateniense y la comedia antigua el problema de la libertad de palabra (*parrhesía*), en la medida en que el género cómico explora, discute y hasta desarticula el lenguaje del orden cívico, indagando los usos de la censura y la libertad de expresión en el marco de la ideología democrática ateniense, así como los alcances de la libertad de expresión de la comedia griega antigua a la luz de su propio testimonio y de los límites que las leyes de la Atenas clásica impusieron a la *parrhesía* cómica. En este senti-do, el estudio de la legislación vigente en la época acerca de los diferentes tipos de restricciones impuestas a la expresión pública provee un marco cultural más amplio para enfocar el fenómeno cómico del *onomastì komodeîn* y su relación con otros discursos performativos, como los de la asamblea y los tribunales. Esta línea de análisis permite desentrañar cómo la comedia antigua echa mano a elementos procedentes de la legislación ática así como a los usos y las funciones del derecho ateniense. En efecto, el conocimiento de la maquinaria judicial de la *pólis*, compartido democráticamente por autor y espectadores, constituye muchas veces un sustrato esencial para la comprensión argumental de las piezas y representa un resorte privilegiado de la comicidad política de las obras de Aristófanes.

Un registro clarificador es la respuesta emocional y su significa-do en los héroes y antagonistas de las comedias aristofánicas, así como sus efectos y su pertinencia, las situaciones y/o los escenarios a los que pertenecen, de acuerdo con el rol que desempeñan en el seno de la utopía cómica, que puede leerse como una propuesta subvertida con respecto a la Atenas democrática del momento. La parodia cómica de las instituciones judiciales es un ámbito privi-legiado para acceder a estos aspectos, en la medida en que los me-canismos aristofánicos destinados a poner en escena las pasiones de la ley y las emociones judiciales se organizan habitualmente a partir de ciertos sentimientos forenses recurrentes en la oratoria, tales como la cólera de los jueces, la envidia de los litigantes o la compasión de los acusados, que en la comedia antigua, claro está, aparecen como un suerte de reflejo distorsionado de la realidad.

Los aportes que el teatro cómico (y también el trágico, claro está) pueda ofrecer sobre el ejercicio de las emociones, tales como el control o descontrol, habilitan una aproximación a los dispositivos sociopolíticos de organización de la democracia ateniense. En la medida en que la comedia formaba parte de un festival que era a un tiempo religioso, artístico y cívico, las emociones se constituían en un vector fundamental de comunicación social. De este modo, el género cómico reflexionaba traducía, examinaba, cuestionaba o subvertía en la escena teatral muchos de los mecanismos de funcionamiento de la sociedad democrática ateniense.

En el plano filosófico, los distintos tratamientos que Aristóteles ofrece sobre las emociones responden sin embargo a una teoría unificada en la que, más allá de los componentes cognitivos involucrados (imaginación, creencia y juicios), se plantean referencias a los cambios psicofísicos que aquellas provocan, su dimensión práctica y su importancia pedagógica, la relación que guardan con las sensaciones de placer y dolor y su conexión con los impulsos o deseos. Este relevamiento de conjunto sobre las emociones, muchas de ellas en el contexto de las prácticas asamblearias y judiciales, resulta una fuente insoslayable y complementaria de otros escenarios discursivos, como los que ofrece la comedia, que dan cuenta de un vasto despliegue del lenguaje emocional e instalan las pasiones en el centro del proceso de comunicación, entre los atenienses en general, entre los propios actantes y entre actores y público.

Así pues, el recorrido que este libro realiza parte de la articulación entre las configuraciones políticas y las representaciones simbólicas, a través del rol de la asamblea y los tribunales, de la dimensión socio-política de la comedia antigua y su vinculación con los procedimientos institucionales de la democracia ateniense, así como de la interfaz que las experiencias emocionales tejían en el cruce entre aquellos y las prácticas ideológicas, de las que formaban parte tanto las representaciones teatrales como las elaboraciones conceptuales. La convergencia entre los particulares intereses de los autores y el proyecto global desarrollado ha permitido redimensionar las problemáticas específicas y potenciar mediante la interacción y el intercambio las conclusiones alcanzadas. El enfoque elegido ha procurado generar cimientos más sólidos para una lectura integral de los fenómenos institucionales, políticos, cívicos, culturales y emocionales ligados a la democracia ateniense y sus proyecciones, que aun cuando no aparezcan deliberadamente tienen una presencia implícita en algunas de las idealizaciones de la mejor *pólis*, modelos en los que los remedios y los controles propuestos muestran que la democracia ya ha pasado dejando su huella en el horizonte del pensamiento de la política.

Bibliografía

Allen, D. (2003). "Angry Bees, Wasps and Jurors: the Symbolic Politics of *Orgê* in Athens", en S. Braund & G.W. Most (eds.), *Ancient Anger. Perspectives from Homer to Galen*, Cambridge: 76-98.

Azoulay, V. & Ismard, P. (2007). "Les lieux du politique dans l'Athènes classique: entre structures institutionnelles, idéologie civique et pratiques sociales", en P. Schmitt-Pantel & F. de Polignac (eds.), *Athènes et le politique. Dans le sillage de Claude Mossé*, Paris: 271-309.

Balot, R.K. (2001). "Pericles' Anatomy of Democratic Courage", *American Journal of Philology* 122: 505-525.

Balot, R.K. (2004a). "Courage in the Democratic *Polis*", *Classical Quarterly* 54: 406-423.

Balot, R.K. (2004b). "Free Speech, Courage, and Democratic Deliberation", en I. Sluiter & R. Rosen (eds.), *Free Speech in Classical Antiquity*, Leiden: 233-259.

Balot, R.K. (2004c). "The Dark Side of the Democratic Courage", *Social Research* 71: 73-106.

Balot, R.K. (2007). "Subordinating Courage to Justice: Statecraft and Soulcraft in Fourth-Century Athenian Rhetoric and Platonic Political Philosophy", *Rhetorica* 25: 35-52.

Balot, R.K. (2008). "Socratic Courage and Athenian Democracy", *Ancient Philosophy* 28: 49-69.

Balot, R.K. (2009). "The Virtue Politics of Democratic Athens", en S.G. Salkever (ed.), *Cambridge Companion to Ancient Greek Political Thought*, Cambridge: 271-300.

Balot, R.K. (2010). "Democratizing Courage in Classical Athens", en D.M. Pritchard (ed.), *War, Democracy and Culture in Classical Athens*, Cambridge: 88-108.

Balot, R.K. (2014). *Courage in the Democratic Polis: Ideology and Critique in Classical Athens*, Oxford.

Boeri, M. (2006). "Pasiones aristotélicas, mente y acción", en T. Santiago & C. Trueba Atienza (eds.), *De acciones, deseos y razón práctica*, México: 23-54.

Brock, R.W. (1991). "The Emergence of Democratic Ideology", *Historia* 40: 160-169.

Brock, R.W. (2005). "Timonieri e dottori, padri e servitori. Il linguaggio figurato politico nell'ideologia democratica e antidemocratica", en Bultrighini (ed. 2005): 25-34.

Bultrighini, U. (ed. 2005). *Democrazia e antidemocrazia nel mondo greco. Atti del Convegno Internazionale di Studi, Chieti, 9-11 aprile 2003*, Alessandria.

Calhoun, C. & Solomon, R. (eds. 1984). *What is an Emotion? Classic Readings in Philosophical Psychology*, Oxford.

Canevaro, M. (2017). "The Popular Culture of the Athenian Institutions: 'Authorized' Popular Culture and 'Unauthorized' Elite Culture in Classical Athens", en L. Grig (ed.), *Popular Culture in the Ancient World*, Cambridge: 39-65.

Carey, C. (1994). "Comic Ridicule and Democracy", en R. Osborne & S. Hornblower (eds.), *Ritual, Finance, Politics. Athenian Democratic Accounts Presented to David Lewis*, Oxford: 69-83.

Cartledge, P. (1990). *Aristophanes and his Theatre of the Absurd*, Bedminster.

Compagnon, A. (1998). *Le démon de la théorie. Littérature et sens commun*, Paris.

Darbo-Peschanski, C. (1996). "Condition humaine, condition politique. Fondements de la politique dans la Grèce archaïque et classique", *Annales. Histoire & Sciences Sociales* 51: 711-732.

Douglas Olson, S. (2007). *Broken Laughter: Select Fragments of Greek Comedy*, Oxford.

Edwards, A. (1993). "Historicizing the Popular Grotesque: Bakhtin's Rabelais and Attic Old Comedy", en R. Scodel (ed.), *Theater and Society in the Classical World*, Ann Arbor: 89-117.

Ehrenberg, V. (1951). *The People of Aristophanes: A Sociology of Old Attic Comedy* [1943], 2ª ed. Oxford.

Ercolani, A. (ed. 2002). *Spoudaiogeloion. Form und Funktion der Verspottung in der aristophanischen Komödie*, Stuttgart.

Finley, M.I. (1981). "Demagogos atenienses", en Id. (ed.), *Estudios sobre historia antigua* [1974], Madrid: 11-36.

Finley, M.I. (1986). *El nacimiento de la política* [1983], Barcelona.

Fortenbaugh, W.W. (1975). *Aristotle on Emotion: A Contribution to Philosophical Psychology, Rhetoric, Poetics, Politics and Ethics*, London.

Fouchard, A. (1997). *Aristocratie et démocratie. Idéologies et sociétés en Grèce ancienne*, Paris.

Gallego, J. (2003). *La democracia ateniense en tiempos de tragedia. Asamblea ateniense y subjetividad política*, Buenos Aires.

Gallego, J. (2016). "La asamblea, el teatro y el pensamiento de la decisión en la democracia ateniense", *Nova Tellvs. Anuario del Centro de Estudios Clásicos* 33/2: 13-54.

Gil, L. (1989). "La ideología de la democracia ateniense", *Cuadernos de Filología Clásica* 23: 39-50.

Gil, L. (1995). "La mentalidad democrática ateniense", *Helmantica* 46: 5-21.

Goldhill, S. (1991). *The Poet's Voice: Essays on Poetics and Greek Literature*, Cambridge.

Gomme, A.W. (1938). "Aristophanes and Politics", *Classical Review* 52: 97-109.

Halliwell, S. (1991). "Comic Satire and Freedom of Speech in Classical Athens", *Journal of Hellenic Studies* 111: 48-70.

Harris, E.M. (2005). "Was all Criticism of Athenian Democracy Necessarily Anti-Democratic?", en Bultrighini (ed. 2005): 11-23.

Heath, M. (1987). *Political Comedy in Aristophanes*, Göttingen.

Heath, M. (1997). "Aristophanes and the Discourse of Politics", en G.W. Dobrov (ed.), *The City as Comedy: Society and Representation in Athenian Drama*, Chapel Hill: 230-249.

Henderson, J. (1990). "The *Demos* and the Comic Competition", en J. Winkler & F. Zeitlin (eds.), *Nothing to Do with Dionysos? Athenian Drama in its Social Context*, Princeton: 271-313.

Henderson, J. (1993). "Comic Hero versus Political Élite", en S. Halliwell, J. Henderson, A.H. Sommerstein & B. Zimmermann (eds.), *Tragedy, Comedy and the Polis: Papers from the Greek Drama Conference, 18-20 July 1990*, Bari: 307-319.

Henderson, J. (1998). "Attic Old Comedy, Frank Speech, and Democracy", en D. Boedeker & K.A. Raaflaub (eds.), *Democracy, Empire, and the Arts in Fifth-Century Athens*, Cambridge, Mass.: 255-273.

Hutchinson, G.O. (2011). "House Politics and City Politics in Aristophanes", *Classical Quarterly* 61: 48-70.

Jones, A.H.M. (1957). *Athenian Democracy*, Oxford.

Ismard, P. & Azoulay, V. (2011). "Clisthène et Lycurgue d'Athènes: le politique à l'épreuve de l'événement", en V. Azoulay & P. Ismard (eds.), *Clisthène et Lycurgue d'Athènes. Autour du politique dans la cité classique*, Paris: 5-13.

Konstan, D. (2004). "Las emociones en la antigüedad griega", *Pensamiento y Cultura* 7: 47-54.

Konstan, D. (2006). *The Emotions of the Ancient Greeks: Studies in Aristotle and Classical Literature*, Toronto.

Konstan, D. (2007). "Anger, Hatred, and Genocide in Ancient Greece", *Common Knowledge* 13/1: 170-186.

Konstan, D. & Rutter, K. (eds. 2003). *Envy, Spite and Jealousy: The Rivalrous Emotions in Ancient Greece*, Edinburgh.

Koziak, B. (2000). *Retrieving Political Emotion: Thumos, Aristotle, and Gender*, Pennsylvania.

Loraux, N. (1993). *L'invention d'Athènes. Histoire de l'oraison funèbre dans la "cité classique"* [1981], 2ª ed. Paris.

Ludwig, P. (2002). *Eros and Polis. Desire and Community in Greek Political Theory*, Cambridge.

Ludwig, P. (2009). "Anger, Eros, and Other Political Passions in Ancient Greek Thought", en R. Balot (ed.), *A Companion to Greek and Roman Political Thought*, Oxford: 294-307.

Mastromarco, G. (1994). *Introduzione a Aristofane*, Bari.

Meier, C. (1985). *Introducción a la antropología política de la Antigüedad clásica* [1984], México.

Meier, C. (1988). *La nascita della categoria del politico in Grecia* [1980], Bologna.

Mhire, J.J. & Frost, B.-P. (eds. 2014). *The Political Theory of Aristophanes: Explorations in Poetic Wisdom*, New York.

Momigliano, A. (1960). [Reseña] E.A. Havelock: *The Liberal Temper in Greek Politics* (New Haven, 1957), *Rivista Storica Italiana* 72: 534-541.

Musti, D. (1995). Demokratía. *Origini de un'idea*, Roma.

Nussbaum, M. (2001). *Upheavals of Thought: The Intelligence of Emotions*, Cambridge.

Nussbaum, M. (2004). *Hiding from Humanity: Disgust, Shame, and the Law*, Princeton.

Ober, J. (1989). *Mass and Elite in Democratic Athens: Rhetoric, Ideology, and the Power of the People*, Princeton.

Ober, J. (1998). *Political Dissent in Democratic Athens: Intellectual Critics of Popular Rule*, Princeton.

Ostwald, M. (2000). Oligarchia: *The Development of a Constitutional Form in Ancient Greece*, Stuttgart.

Plácido, D. (1984). "La proyección ideológica de la democracia ateniense", *Estudios de la Antigüedad* 1: 7-21.

Plácido, D. (1997). *La sociedad ateniense. La evolución social en Atenas durante la guerra del Peloponeso*, Barcelona.

Raaflaub, K.A. (1989). "Contemporary Perceptiones of Democracy in Fifth-Century Athens", *Classica & Mediaevalia* 40: 33-70.

Rahe, P.A. (1994). *Republics Ancient and Modern. The Ancien Régime in Classical Greece*, Chapel Hill.

Rhodes, P.J. (2005). "Democracy and its Opponents in Fourth-Century Athens", en Bultrighini (ed. 2005): 275-289.

Robson, J. (2013). "The Language(s) of Love in Aristophanes", en E. Sanders, C. Thumiger, C. Carey & N.J. Lowe (eds.), Erôs *in Ancient Greece*, Oxford: 251-266.

Rodríguez Adrados, F. (1975). *La democracia ateniense*, Madrid.

Rodríguez Adrados, F. (1997). *Democracia y literatura en la Atenas clásica*, Madrid.

Roselli, D. K. (2011). *Theater of the People. Spectators and Society in Ancient Athens*, Austin.

Rosen, R.M. (2013). "Comic *Parrhêsia* and the Paradoxes of Repression", en S.D. Olson (ed.), *Ancient Comedy and Reception. Essays in Honor of Jeffrey Henderson*, Berlin: 13-28.

Rosenbloom, D. (2012). "Athenian Drama and Democratic Political Culture", en D. Rosenbloom & J. Davidson (eds.), *Greek Drama IV. Texts, Contexts, Performance*, Oxford: 270-299.

Rosenbloom, D. (2014), "The Politics of Comic Athens", en M. Fontaine & A. Scafuro (eds.), *The Oxford Handbook of Greek and Roman Comedy*, Oxford: 297-320.

Rösler, W. & Zimmermann, B. (1991). *Carnevale e utopia nella Grecia Antica*, Bari.

Sanders, E. (2014). *Envy and Jealousy in Classical Athens. A Socio-Psychological Approach*, Oxford.

Sfyroeras, P. (2008). "*Pothos Euripidou*: Reading *Andromeda* in Aristophanes' *Frogs*", *American Journal of Philology* 129: 299-317.

Sidwell, K. (2009). *Aristophanes the Democrat: The Politics of Satirical Comedy during the Peloponnesian War*, Cambridge.

Sommerstein, A.H. (1998). "The Theater Audience and the Demos", en J.A. López Férez (ed.), *La comedia griega y su influencia en la literatura española*, Madrid: 43-62.

Sommerstein, A.H. (2005). "An Alternative Democracy and an Alternative to Democracy in Aristophanic Comedy", en Bultrighini (ed. 2005): 195-207.

Sommerstein, A.H. (2014). "The Politics of Greek Comedy", en M. Revermann (ed.), *The Cambridge Companion to Greek Comedy*, Cambridge: 291-305.

Sommerstein, A.H. (2017). "How 'Popular' Was Athenian Comedy?", *Quaderni Urbinati di Cultura Classica* n.s. 116/2: 11-26.

Ste. Croix, G.E.M. de (1972). *The Origins of the Peloponnesian War*, London.

Stockton, D. (1990). *The Classical Athenian Democracy*, Oxford.

Thomas, R. (1989). *Oral Tradition and Written Record in Classical Athens*, Cambridge.

Vernant, J.-P. (2004). *La traversée des frontières. Entre mythe et politique II*, Paris.

Villacèque, N. (2013). *Spectateurs de paroles! Délibération démocratique et théâtre à Athènes à l'époque classique*, Rennes.

Wohl, V. (2002). *Love among the Ruins. The Erotics of Democracy in Classical Athens*, Princeton.

Yunis, H. (1996). *Taming Democracy. Models of Political Rhetoric in Classical Athens*, Ithaca.

♦ 2 ♦

Participación asamblearia y cultura política en la Atenas democrática

Julián Gallego
PEFSCEA/Universidad de Buenos Aires-CONICET

En la Atenas democrática la participación asamblearia de los ciudadanos entrañaba el proceso de producción de la ley. En efecto, la asamblea cumplía un papel fundamental en la fabricación de un marco legal cuya puesta en práctica se articulaba con la organización del "contrato social" de la *pólis* ateniense, por usar una terminología que nos resulta representativa para pensar la configuración de una dimensión a la vez política y comunitaria (cf. Ober, 1996: 161-187). El sistema democrático se hallaba organizado por la ley; por ende, las instituciones de gobierno estaban indisolublemente ligadas a ella. En la segunda mitad del siglo V a.C., como consecuencia de las transformaciones producidas por Efialtes en 462, la capacidad de la asamblea para producir legislación quedó plenamente establecida, no habiendo sobre ella poderes o controles externos y/o superiores que pudieran restringir el ejercicio de lo que suele denominarse habitualmente como soberanía popular. Estos amplios poderes de la asamblea implicaban el examen de todos los asuntos políticos y una capacidad ilimitada para legislar. Tras los golpes oligárquicos y las sucesivas restauraciones democráticas de finales del siglo V, las prerrogativas de la asamblea quedaron restringidas a partir del año 403, cuando la soberanía del pueblo dio paso al imperio de la ley, cuestión que no será tratada aquí[1].

---

1   Cf. Todd (1993: 114-116, 293-300); Todd & Millett (1990). Todd critica la posición de Sealey (1987: 32-52), que sostiene que en el siglo V ya se destaca una tendencia hacia el imperio de la ley que concluye con la codificación legal y la "separación de poderes" del siglo IV. Sealey toma esta última idea de Hansen (1981). Pero, como señala Todd (1993: 299-300), Hansen no plantea una separación entre instituciones

Ahora bien, antes de la promulgación de una ley lo que tenía lugar a lo largo de las reuniones de la asamblea ateniense era el proceso de toma de decisión, la hechura de una ley, que en el marco de la así llamada democracia radical nos conduce a la actividad política sin restricciones de los ciudadanos en dichas reuniones. Así pues, la producción de la ley no se confunde con su producto inmediato, esto es, la ley promulgada. En efecto, un conjunto importante de inscripciones atenienses de la segunda mitad del siglo V nos permite acceder a los resultados emergentes de las reuniones de la asamblea, es decir, las leyes, pero no al momento mismo de la práctica política asamblearia, que era la que confeccionaba las leyes. Aunque resulta claro que ambos momentos son correlativos, las prácticas que organizaban a uno y a otro eran muy distintas. La ley sancionada supone el espacio de la difusión y la aplicación normativa y judicial de algo ya dado. La hechura de la ley, en cambio, se articula con el acto mismo de la decisión, que a su vez guarda una conveniente distancia de la escritura de la ley[2].

Así pues, en la democracia radical ateniense el proceso de hacer la ley se hallaba esencialmente conectado con el proceso de toma de decisiones por parte del cuerpo de ciudadanos reunido en asamblea. Bajo este modo histórico de hacer política, la ley colocada *es méson* quedaba sujeta a discusión, era objeto de decisión. Si bien tanto antes de 462 como después de 403 la asamblea desempeñó un papel no desdeñable, sin embargo, fue durante el período demarcado por estas dos significativas fechas cuando la *ekklesía* tuvo la capacidad de legislar de manera tal que incidía no solo sobre las leyes ya vigentes o los marcos regulatorios de la

---

políticas y judiciales, como pretende Sealey buscando dejar a los tribunales fuera de la política, sino entre cuerpos que proponen iniciativas y cuerpos que toman decisiones. Véase la perspectiva diferente, discutiendo más bibliografía, que presenta Requena en el Capítulo 5: *Imperio de la ley y democracia ateniense*, en este mismo volumen.

2   En este proceso, existe una separación entre producción de la ley y escritura de la misma, cuestión que Osborne (1999) ha señalado con fuerza al interpretar la escritura como una selección que despolitiza las decisiones de la asamblea ateniense desalentando la reapertura de los asuntos: "Si hay una brecha entre las palabras de la asamblea y las palabras inscriptas en la piedra, hay también una brecha entre las palabras inscriptas en la piedra y las acciones resultantes de la decisión de la asamblea. Las palabras grabadas en una inscripción no son claramente *todo* lo que sucede como resultado de la decisión que ellos [los atenienses] graban" (p. 347).

conducta cívica sino sobre las propias condiciones de posibilidad para establecer nuevas reglas.

Un planteamiento adecuado sobre el funcionamiento de la asamblea ateniense no puede prescindir de un análisis de los factores institucionales relativos a sus modos de organización y sus mecanismos de decisión. Contamos con un sólido punto de partida para dilucidar la organización del gobierno y sus instituciones, el ejercicio efectivo del poder, los modos de participación de los ciudadanos en los asuntos públicos. En efecto, este entramado institucional ha sido analizado por Mogens Hansen de manera tan exhaustiva, que aquí nos valdremos de sus indagaciones como sustrato a partir del cual comprender los aspectos que son de nuestro interés. Sus importantes trabajos ponen de relieve el papel primordial que cumplía la asamblea en el desarrollo de la política democrática al permitir la intervención activa de los ciudadanos, favoreciendo la soberanía efectiva del pueblo, especialmente en el siglo V[3].

En este contexto, proponemos analizar diversos factores inherentes a una cultura política que, a nuestro criterio, permiten comprender los procedimientos prácticos de la participación asamblearia, considerando: la toma de la palabra en una asamblea en la que el pueblo reafirmaba su capacidad soberana; los roles respectivos de los oradores y el público para que una opinión fuera adoptada como el parecer de la comunidad que se reunía en asamblea; el tipo de pensamiento que se producía en las reuniones asamblearias y que, a la vez, configuraba al pueblo como un sujeto político que se cohesionaba en la asamblea sin que ello implicara la elusión del conflicto o *stásis* como modo de existencia de la política democrática ateniense.

¿Quién toma la palabra?

Con el representativo título de *Qui veut prendre la parole?*, Marcel Detienne (ed. 2003) ha editado un volumen dedicado por completo al problema que nos ocupa. La primera constatación es una crítica del etnocentrismo: las prácticas de reunirse en asamblea no

---

3   Hansen (1983; 1987; 1989); cf. Id. (1991: 125-160; 1996). Ver Harris (1986; 1991); Starr (1990).

tienen un origen único en la Grecia que Occidente ha edificado, y sobre todo en la Atenas de Pericles. Los modos de deliberar y decidir los asuntos comunes tienen múltiples comienzos, lo que también equivale a decir que existen distintas formas de concebir lo común, ejercitadas a través de variadas prácticas concretas y de diversos "tipos humanos", configurados según esos diferentes lugares de igualdad, es decir, las subjetividades pertinentes para habitar esos espacios comunitarios. Como dice Detienne (2003: 22): "reunirse en asamblea no es una práctica inmediata de todo grupo o de cada colectividad... Pero reunirse en asamblea para hablar en conjunto en un lugar determinado, tal es el procedimiento que retiene nuestra atención sin que procuremos de entrada articularlo a otros, probablemente contiguos, incluso solidarios".

Advertidos de que hay diversos inicios de la práctica de asamblea, volvemos nuestra mirada hacia esa "Atenas de Pericles" no para recuperar un mito de origen sino para tratar de dar cuenta de la eficacia de los procedimientos de las reuniones en asamblea para debatir los temas que hacen a la vida en común. La cuestión central es que para poder tomar decisiones en la asamblea era necesario estar de cuerpo presente, ya que nadie asumiría la representación de quien no ejerciera su derecho cívico. Finley (1983: 40; 1986: 96-97)[4] destacaba esta cuestión ilustrándola con dos hechos: hacia 462 unos 4.000 hoplitas, escogidos entre los ciudadanos acomodados, habían sido enviados a Esparta al mando de Cimón para colaborar en poner fin a la revuelta de los hilotas, ausencia que resultó favorable para la resolución de las medidas democráticas de Efialtes; en 411 quedó anclada en Samos la flota ateniense compuesta de miles de *thêtes* que no pudieron regresar a tiempo, lo cual favoreció el golpe oligárquico[5].

Ambos ejemplos muestran que la base para la toma de decisiones en la asamblea era la participación directa y no la representación por medio de delegados. Es verdad que el desarrollo de ciertos procedimientos hizo posible a los oradores salidos de

---

4   Un análisis similar se encuentra en Hansen (1987: 10-11).

5   Sobre las reformas de Efialtes, Gallego (2003: 65-94; 2010); sobre los hechos del año 411, Gallego (2012a; 2016); estos trabajos analizan el rol de la asamblea en la producción de tales sucesos. Recientemente, Epstein (2011) ha propuesto, erróneamente a mi entender, que solo una pequeña parte de la ciudadanía participaba de las reuniones de la asamblea, y que por tal motivo era una democracia menos directa que lo que pudieron serlo otras.

la élite confrontar sus propuestas frente a sus conciudadanos. Sin embargo, la actuación del pueblo no era para nada pasiva; su rol activo le permitía tomar decisiones no meramente instrumentales sino efectivamente políticas, lo cual implicaba el compromiso de todos los miembros del cuerpo ciudadano para sostener lo que se decidiera colectivamente en cada reunión de la asamblea popular.

Arribar a una decisión implicaba atravesar un debate que suponía la centralidad y publicidad de los procedimientos, pues la posibilidad de una participación efectiva venía dada por el hecho de que la palabra política era un atributo de la comunidad, es decir, estaba ubicada *es méson*, con intercambios y disputas de argumentos sobre un determinado asunto, a favor o en contra de una postura (cf. Vernant, 1982: 31; 2008, 142-143; Detienne, 1981: *passim*). En la asamblea la palabra servía de vehículo para convencer a una mayoría circunstancial del cuerpo político de la importancia de tomar tal o cual decisión, que una vez votada se convertía en una ley emanada de toda la comunidad arribándose así a las resoluciones colectivas.

En la asamblea democrática la oratoria conformada según el modelo del *lógos* político constituía el medio por el cual se hacían escuchar las diferentes voces que pretendían intervenir en el debate (cf. Worthington, 1991), poniéndose así de manifiesto el efectivo derecho de cualquier ateniense a dar su palabra si así quería hacerlo. Esto había generado la reprobación de Platón (*Protágoras*, 319 b-d; 322e-323a) que se quejaba de que en la asamblea, si bien en el momento de resolver temas técnicos se consulta a especialistas, en cambio, cuando se toman decisiones políticas cualquiera puede intervenir porque no se trata de un saber especializado, en la medida en que se considera que todos por igual participan de la virtud política. De este modo, basándose en el inalienable derecho de todo ciudadano a opinar y decidir, es lógico que se preguntara si alguien tenía una propuesta que deseaba dar a conocer:

La libertad radica en esto: '¿Quién quiere hacer público un consejo útil (*khrestón ti boúleum' es méson phérein*) que tenga para la ciudad?'. Y el que así lo elige sale a la luz, el que no quiere guarda silencio. ¿Hay algo más igualitario (*isaíteron*) que esto para una ciudad? (Eurípides, *Suplicantes*, 438-441).

En este contexto, no puede dejarse de lado lo que Tucídides (3.38.4-5) ponía en boca de Cleón en su famoso discurso sobre Mitilene:

Vosotros [los atenienses] veis los hechos futuros como posibles a partir de las hermosas palabras de quienes saben hablar… Vosotros, que sois los mejores en dejaros engañar por la argumentación más novedosa y en no querer adheriros a lo ya probado: esclavos como sois de las originalidades de cada momento y menospreciadores de lo habitual.

La finalidad era que en la asamblea se reconociera la justeza de las proposiciones que Cleón había realizado y fueran aprobadas. Cleón pretendía así poner crudamente de relieve los efectos perniciosos de la elocuencia, apelando para ello a una retórica de la anti-retórica (3.40-3; cf. 3.37-38; cf. Hesk, 1999; 2000: 202-289; 2007: 362), al punto de considerar a los ciudadanos como espectadores de los discursos (*theataì tôn lógon*) y oyentes de los hechos (*akroataì tôn érgon*)[6] y al debate como un *agón* de los oradores que impediría el pensamiento (*phronoûntes oudé*) y que solo permitiría obtener un deleite momentáneo (3.38.3-7). La persuasión positiva (*peithómenoi emoí*) que Cleón decía utilizar es aquella que permitiría la construcción de un pensamiento colectivo basado en lo verosímil (*enthymethéntes hà eikós*) y no una bella elocuencia para los espectadores (3.40.3-5). Pero ninguna de estas quejas parece contradecir el funcionamiento del dispositivo asambleario: si los ciudadanos como *theataí* de discursos asistían al enfrentamiento de argumentos era no solo porque presenciaban el debate sino porque, una vez persuadidos, en el momento de decidir determinaban la verdad de los enunciados confrontados.

Así lo manifestaba Diódoto en el momento de tomar la palabra (3.42.1-2):

Ni repruebo a quienes han propuesto de nuevo deliberar sobre los mitileneos, ni alabo a los que censuran que se discuta varias veces sobre cuestiones capitales… Y quien defienda que las palabras no son una guía de nuestros actos, o es un necio o tiene en ello algún interés particular. Es necio si cree que es posible explicar de cualquier otro modo el futuro cuando es tan incierto.

---

6   Respecto de las cuestiones implicadas en esta asociación entre el público de los debates políticos asamblearios y la audiencia teatral, véase ahora el completo análisis de Villacèque (2013a).

Tomada en su conjunto, la secuencia tucididea (3.37-49.1) de las dos alocuciones de Cleón y Diódoto exhibe una clara organización sofística del discurso (Harris, 2013; cf. Frazier, 1997): la exposición de Cleón aparece como argumento fuerte que busca conservar la posición adquirida –puesto que ya había habido una asamblea en la que Cleón había logrado imponer su punto de vista, que la nueva asamblea ahora cuestionaba–, mientras que la respuesta de Diódoto actúa como argumento débil que trata de cambiar la situación fijada por la decisión previa. La impugnación de la retórica que ensayaba Cleón, si bien aparenta dirigirse contra el propio método retórico-sofístico que permitía construir y deconstruir el parecer de la comunidad y otorgaba existencia en situación a una verdad construida performativamente, sin embargo, no tenía otro modo de operar que argumentando retóricamente. Según Cleón, ante una verdad ya dada en posición inicial fuerte –su propuesta votada en la asamblea previa–, en este nuevo debate se debía dejar las cosas como estaban, es decir, no producir nuevos hechos ni alterarlos con palabras. Pero la reapertura del debate, que ya había puesto en suspenso el lugar de argumento fuerte del decreto previo, y la toma de una nueva decisión podían trazar un rumbo totalmente nuevo, o bien insistir con la línea adoptada previamente.

Finalizado el discurso de Diódoto, las palabras han hecho su efecto sobre el público. El trabajo de la división insiste, al punto de que los atenienses se vieron envueltos en un conflicto de opiniones tan contradictorias como las posturas expresadas, que se extendería hasta la votación misma en la que la propuesta de Diódoto resultó finalmente vencedora (3.49.1). Pero, antes de que la decisión establezca un punto de detención al debate, los enunciados se encuentran en una posición de igualdad, porque ningún discurso detenta de por sí la verdad de la política y nada puede garantizar o dar seguridad alguna a favor de un argumento. El debate ha desinvestido de su lugar legal al decreto de la asamblea anterior, produciendo una aniquilación de esta verdad previa. Solo la persuasión, que genera en la audiencia estados de ánimo favorables a una propuesta u otra, permite configurar una nueva voluntad mayoritaria. La verdad de un enunciado es decidida a partir de un conflicto de opiniones que nos sitúa en el campo de lo verosímil: lo que parece más probable según los efectos de la persuasión es lo que la comunidad adopta como parecer y lo transforma en ley o decreto resuelto en la asamblea.

Para muchos estudiosos la asociación establecida por Cleón al calificar a los atenienses como espectadores de discursos destaca la capacidad activa, inherente a los ciudadanos, de deliberar y decidir en la asamblea y de actuar en el teatro[7]. En efecto, lo que trasunta todo el argumento de Cleón es que esos espectadores de las contiendas oratorias son los que deciden, y éste es el hecho cardinal de la democracia basada en la producción política de la asamblea. En las *Leyes* de Platón (700e-701b) esta capacidad adquirida por la multitud da lugar a la crítica de la teatrocracia como situación directamente ligada a la democracia: lo verdaderamente importante es el poder de decisión adquirido por la masa, su libertad para opinar sobre todas las cosas, su actuación como público en el teatro, en la asamblea o en los tribunales, apelando tanto en un caso como en el otro al grito (*thórybos*) y al aplauso (*krótos*)[8]. El poder de los espectadores se equipara con el del pueblo pues ambos se componen de la misma multitud (*hoi polloí*) en contraposición a los aristócratas que pierden la capacidad de mando. Este cambio habilitado por la presencia de la multitud en los espacios públicos resulta precisamente del hecho de que los que antes no tenían voz comienzan a tener su propia voz[9]. Fundamental para todo esto, dice Platón, es que la multitud pierde el miedo y adquiere coraje (*tólma*) lo cual constituye la base de la subjetivación del *dêmos* para desligarse de la tutela aristocrática[10].

---

7   Cf. *e.g.* Ober & Strauss (1990: 247); Strauss (1993: 55); Monoson (2000: 88-90); Dobrov (2001: 6); Slater (2002: 78); Garver (2009: 17 y n. 20). No todos han acordado con la interpretación mayoritaria del uso de *theataí* en el discurso de Cleón, cf. *e.g.* Nightingale (2004: 51, n. 40).

8   Wallace (1997); Villacèque (2013b). Cf. Bers (1985); Tacon (2001).

9   Según se lee en el texto de las *Leyes* de Platón: "la opinión y la transgresión de que todos lo sabían todo (*pánton eis pánta sophías*)". Esta idea se conecta con la crítica que se esboza en Platón, *Protágoras*, 319b-d, respecto del hecho de que en la asamblea cualquiera puede utilizar la palabra, aconsejar y participar de las deliberaciones. En el mismo sentido se expresa Aristóteles, *Política*, 1292a 5-30, respecto de la democracia en la que el pueblo es soberano de todas las cosas (*dêmon pánton eînai kýrion*). Cf. Gallego (2011b: 200-210).

10   Al respecto, ver el análisis de Paiaro en el Capítulo 7: *El (des)conocimiento (del pasado) y el temor del* dêmos: *de la expedición a Sicilia al golpe de los Cuatrocientos, pasando por el tiranicidio*, en este mismo volumen.

Al describir el funcionamiento de la democracia ateniense de su época, el autor conocido como el Viejo Oligarca[11] destacaba precisamente esta capacidad adquirida por el pueblo para hablar, deliberar y decidir en la asamblea en detrimento de la élite, como modo de evitar la dominación ejercida regularmente por esta última y la esclavitud que esto solía significar, según este autor ([Jenofonte], *República de los atenienses*, 1.6-8). La postura de este *kalós k' agathós* presenta elementos importantes para el análisis de la política ateniense: en primer lugar, si bien considera que las capas inferiores no garantizan el mejor gobierno, si Atenas ha de seguir siendo democrática, entonces el pueblo deberá participar efectivamente en el poder; en segundo lugar, la genuina participación popular es lo que permite la conservación del gobierno democrático. Más allá de su descalificación de la política democrática, resulta relevante su afirmación del carácter realmente participativo y popular del gobierno ateniense.

La visión del Viejo Oligarca también resulta sintomática porque, siendo su obra un panfleto contra la situación vigente en la Atenas de su tiempo, de todos modos, hay un reconocimiento de que lo que animaba al *dêmos* a ejercer el mando soberano era el deseo de ser libre para resolver y no esclavo de las decisiones de otros. Solo la permanencia de este principio le permitía al pueblo ateniense conservar su poder político (*República de los atenienses*, 1.9), por lo cual resultaba atinado a los ojos del Viejo Oligarca que el *dêmos* participara, hablara y deliberara si es que en verdad el régimen político de la ciudad era una democracia.

¿Democracia o constitución?

Esta misma perspectiva es abonada por Platón (*República*, 557a) al indicar que la democracia es efecto de la victoria de los pobres (*hoi pénētes nikésantes*). Aristóteles (*Política*, 1280a 3) también resume con una fórmula esta importancia del pueblo en el gobierno de la ciudad diciendo que, cuando mandan los pobres (*árkhōsi… hoi áporoi*), se trata de una democracia. Así pues, la admisión de las

---

11 Para estudios críticos de la *República de los atenienses*, Leduc (1976); Canfora (1980). Ver también Rocchi (1971); Will (1978); Leduc (1980; 1984); Marr (1983); Gabba (1988); Levystone (2005). Cf. Gallego (2012b), con amplia bibliografía sobre el texto atribuido a Jenofonte.

capas subalternas de la ciudadanía en el mando institucional les dio un lugar y un poder de decisión efectivos, pues el pueblo a través de una participación directa no representativa generó un tipo de práctica política que nos sitúa ante un fenómeno excepcional: la presencia de un cuerpo colectivo en el que existía un principio de igualdad que desplazaba a un lugar secundario las desigualdades y jerarquías sociales (cf. Meier, 1985: 9-53). Esto implicó una verdadera invención de la política bajo su modo democrático.

En efecto, como ya vimos, la democracia radical supuso en Atenas la ruptura de un sistema de tutela aristocrática a partir de la cual la asamblea se transformó en el centro de la política. Según Aristóteles (*Política*, 1292a 2-30), esta situación pondría en suspenso todas las magistraturas y, en definitiva, la constitución misma, puesto que los decretos estarían por encima de las leyes, de modo que este tipo de democracia no sería una constitución. En términos aristotélicos, este sería todo el problema que en una democracia presentarían las magistraturas indefinidas (*aóristoi arkhaí*) (Gallego, 2003: 163-193), dado que ningún poder superior condicionaría el desempeño asambleario ni lo controlaría o sometería a rendición de cuentas.

En este tipo de democracia la asamblea era el poder soberano, dado que política e institucionalmente el *dêmos* era siempre la *ekklesía*[12]. En este marco, el demagogo resultaba un líder plebiscitario que operaba para que su opinión, persuasión mediante, pudiera ser tomada por el pueblo como un mandato a seguir (Gallego, 2003: 118-128, 149-152). Esta soberanía asamblearia, dice Aristóteles, convertía al pueblo en un monarca colectivo que poseía el poder como conjunto, decidía todos los asuntos y tenía la capacidad de establecer decretos que supuestamente no se atenían a la ley. En rigor, la contraposición entre *pséphisma* y *nómos*, entre decreto y ley, usualmente señalada destaca la fuerza inusitada que adquiere el pueblo en tanto que es capaz de hacer, deshacer y rehacer las normas y las leyes vigentes, legislando sin ataduras

---

12 Sobre el lazo entre *ekklesía* y *dêmos*, Hansen (1983: 139-60; 1987: 96-97, 102-107; 1991: 94-124); también Ostwald (1986: 34-35 n. 131, 130-131); Sinclair (1999: 124-127); Ober (1996: 107-122); Plácido (1997: 210).

y haciendo que sus decretos sean edictos, o mejor aún, que sus decretos sean leyes[13].

El proceso asambleario se manifestaba como decisión del conjunto de la comunidad, que una vez concluido se escribía bajo la rúbrica del "nosotros" que se conserva en los encabezados de las inscripciones. La práctica oral, soporte de la asamblea, abría paso a la escritura de la ley, esto es, su fijación en un medio material durable en función de la exhibición pública y la conservación. Esto sintetiza los dos momentos en que se puede separar el proceso asambleario[14]. El decreto escrito era el resultado de la oralidad asamblearia, bajo cuyas condiciones concretas se podía crear, enmendar, revisar, transformar y/o anular la ley escrita previamente para dar lugar a una nueva escritura de la ley como efecto de un nuevo proceso legislativo (cf. Gallego, 2001). Durante el siglo V la idea de *pséphisma* se ligaba a la práctica del *psêphos*, el voto popular, que era el modo de arribar a la decisión en las reuniones de la asamblea (Hansen, 1991: 161-162; Ruzé, 1997: 441-443). A esto se debe que no hubiera una distinción estricta entre *pséphisma* y *nómos*, porque el primero aludía al decreto asambleario como proceso de decisión colectiva que concluía con la votación, cuyo efecto era una ley. Por ende, lo que se destaca aquí es la concomitancia entre *pséphisma* y *nómos* en la medida en que la ley aparece como un efecto del procedimiento asambleario de decisión popular. Es en este sentido que la asamblea adquiría una forma plebiscitaria y era el operador práctico de la democracia[15].

---

13 Sancho Rocher (1997: 21-95) señala que la *isonomía* como reparto igualitario de poder se identifica con la *demokratía* e implica la desaparición de una autoridad impuesta, lo cual posibilita la capacidad de autogobierno y autonormativización del conjunto de los ciudadanos de la *pólis*. Basada en la *isegoría*, es decir, la igualdad de palabra en el ágora, la práctica asamblearia asigna al *nómos* un sentido convencional y, por ende, mutable.

14 Rhodes (1972: 49) proponía interpretar al término *pséphisma* como el proceso legislativo y a *nómos* como un elemento que ha pasado a formar parte del código. Aunque antes de 403 ambas palabras designaran básicamente lo mismo, de todos modos, se trataría del asunto visto desde dos ángulos distintos. Cf. Gallego (2003: 207-222).

15 Finley (1986: 96 n. 4; 1977: 49-51 y n. 10) planteaba que no se debía separar mecánicamente ley y decreto. Osborne (1999: 344) señala la falta de distinción entre decretos y leyes durante el siglo V, pero a diferencia de Finley ve un cambio en el IV, cuando se produce una demarcación más precisa entre *pséphisma* y *nómos*. No es ajeno a esto el reparto de funciones que separa la iniciativa de hacer propuestas de la decisión sobre las mismas, restringiendo los poderes asamblearios. Cf. Rhodes (1980); Hansen (1983: 161-206); Todd (1993: 18-19).

Para Aristóteles (*Política*, 1292a 31-37), esto conducía indefectiblemente a la peor situación y, en el límite, impedía clasificar este tipo de democracia según alguna de las *politeíai* analizadas por el filósofo. El lugar que le otorga a la ley implica adentrarse en la forma de una comunidad y en la organización de sus magistraturas como distintos aspectos de una *pólis* que Aristóteles prefería ver articulados en perfecta correlación, siendo el ciudadano una figura definida por la ley y, por este motivo, un sujeto de la ley. ¿Cuál es el motivo que lleva a Aristóteles a afirmar que aunque se trate de una *demokratía* no es una *politeía*, quitándole así el rango de constitución y, en consecuencia, desechándola como uno de los regímenes capacitados para el ejercicio del gobierno? Éste es el único tipo de democracia en el que la ley no tiene el poder efectivo, lo cual imposibilita la regulación entre las diferentes partes que conforman la comunidad. La conclusión es clara: en una democracia en que el dispositivo asambleario opera como procedimiento de configuración de la comunidad, sin restricciones superiores y/o exteriores a sí mismo, ya no se trata de una ciudadanía sujeta a la ley –que Aristóteles (*Política*, 1261a 32-1261b 6) entiende como sucesión ordenada de los ciudadanos en el ejercicio de los cargos–, sino de un proceso de subjetivación en el que la ley queda subsumida a la indeterminación de base del espacio plebiscitario, que Aristóteles percibe al analizar las *aóristoi arkhaí*. La supremacía de la asamblea hace que las leyes no sean normas fijas e indiscutibles que regulen el funcionamiento pautado de las magistraturas. El sentido del término democracia no se agota entonces en la idea de constitución; solo cuando el principio de la soberanía de la ley se impone la democracia se restringe a la *politeía*. Pero si la ley queda subordinada a la soberanía del pueblo, la democracia ya no se identifica con, ni se agota en, la legalidad de un régimen institucional, puesto que las magistraturas se disuelven, como indica Aristóteles: son transformadas, excedidas e incluso producidas por acción y efecto de la capacidad instituyente de la asamblea. Cuestión sobre la cual la idea de *krátos*, cuando queda atribuido al *dêmos*, viene a poner de relieve que se trata de la superioridad de una fuerza que se ejerce, cuya indefinición no se deja tomar por la rotación ordenada de los magistrados según el imperio o *arkhé* de la ley[16].

En este plano, la política pasa a ser un atributo del pueblo, de lo cual el vocablo *dêmos* atestigua con sus varios sentidos la dimensión del asunto. Ciertamente, tras el nombre *dêmos* circulaba una indistinción entre el conjunto de los ciudadanos y las clases subalternas, puesto que podía designar tanto a aquello que conformaba una parte (el sector popular), como remitir al conjunto de los ciudadanos. Era justamente esta indiscernibilidad lo que circulaba en la indefinición del término *dêmos*: en la asamblea, la mayoría aleatoria de una votación no tenía por qué coincidir con el sector popular; y luego de aprobada una propuesta a partir de la votación mayoritaria se atribuía la resolución al *dêmos* como conjunto de todos los ciudadanos[17].

Oradores y público

Las quejas ya analizadas de Cleón en cuanto al rol de los ciudadanos como espectadores de los discursos de los oradores no hacen justicia a una situación muy clara: el pueblo expresaba colectivamente su parecer gritando, aplaudiendo, reprobando y, en definitiva, votando; pero también lo hacía cuando de entre sus filas alguno se adelantaba y pedía la palabra. Existía, claro está, la autoridad de aquellos que formaban las camarillas políticas, líderes habituados a hablar en público y capaces de convencer a su auditorio poniendo en práctica en la arena política la retórica persuasiva. Se tendrá una dimensión más completa del asunto si se toma en cuenta que estos políticos eran generalmente los oradores principales, personajes salidos de la élite que a través de los métodos democráticos buscaban conservar su ascendencia política y social usando su autoridad y el patronazgo sobre

---

16   Cf. Loraux (2008a: 26, 51-54, 66-69, 81-82, 99, 251-272); Gallego (2003: 188-193; 2011a; 2018a: 200-204).

17   Cabe acotar aquí que la decisión por mayoría implica una indeterminación real que solo puede resolverse en situación. En este sentido, resulta sintomático el pasaje de Aristóteles, *Política*, 1279b 6-40, en el que asocia la división entre ricos y pobres y el hecho de que los primeros sean siempre pocos y los segundos siempre muchos, pues el azar propio de las decisiones mayoritarias tomadas en la asamblea nada dice acerca de que los ricos se encuentren necesariamente en el sector minoritario y los pobres conformen siempre la mayoría.

el pueblo, pero también por medio del empleo adecuado de la palabra en la *ekklesía*. No obstante, no eran los únicos habilitados para solicitar la palabra en la asamblea: un ciudadano, sin ser un orador habitual, podía pedir la palabra y hacer su propuesta a la asamblea (cf. Aristófanes, *Asambleístas*, 151-155)[18].

Respecto de la relación entre oradores y masas, Tucídides (8.1.1; cf. 3.43.4-5) se quejaba de que después de que se confirmó la noticia del desastre en Sicilia el pueblo no se hizo responsable de haber tomado la decisión sino que acusó por ello a los que habían hecho la propuesta[19]. Esta indignación del pueblo contra los *rhétores* podría analizarse en diversos planos. Por una parte, la queja explícita de Tucídides, que implica una crítica de la supuesta pasividad y el oportunismo de las masas atenienses que en el momento de conocerse la tragedia siciliana, y ante la desazón que esto debió haber generado, adoptó una actitud prescindente y buscó culpables sin hacerse cargo de la responsabilidad asumida al tomar la decisión. Por otra parte, podemos reconocer en este episodio, remontándonos de los efectos desencadenados por las decisiones a las decisiones mismas, el hecho importante de que al momento de decidir no había garantías respecto de los resultados que se iban a obtener y, no obstante, se decidía. Si bien esta situación podía producir zozobra, sin embargo, los ciudadanos asumían la responsabilidad de tomar la decisión que les parecía más conveniente en cada momento. Por último, se percibe también el modo colectivo en que la asamblea producía sus decisiones, y el carácter de apuesta política que éstas revestían, pues si bien es cierto que los oradores habían animado al pueblo a tomar la decisión, no obstante, fue el pueblo el que la votó. En definitiva, el desacuerdo del historiador en este caso no era con los demagogos sino, en especial, con el pueblo que habiendo dado su consenso a las medidas impulsadas por los oradores, se volvió contra éstos

---

18   Ver Davies (1981: 57-67); Raaflaub (1989: 36-39). Sobre la representación del funcionamiento institucional de la asamblea ateniense en las comedias de Aristófanes, cf. Rhodes (2004; 2010); Gallego (2018b; 2019). Véase en este mismo volumen el análisis de Fernández en el Capítulo 2: *Los objetos de la democracia: materialidad y ciudadanía en la comedia de Aristófanes*, en particular el apartado: "El asambleísta".

19   Tucídides, 8.1.1: "[Los atenienses] se indignaron contra los oradores que los habían animado a emprender la expedición, como si no hubieran sido ellos los que la habían votado". Andócides, 2.27 (*Sobre su regreso*), indica lo mismo de un modo inverso; sobre su idea de la democracia, la decisión y la responsabilidad, Missiou (1992).

cuando las consecuencias de la decisión tomada se mostraron desfavorables.

Pero puede entenderse que, en realidad, la actuación de la asamblea no quedaba comprendida en la rendición de cuentas, era *anypeúthynos*. En efecto, los magistrados eran sometidos a la *euthýna*, pero no la asamblea, que al ser el poder supremo de la *pólis* ateniense en el período estudiado no tenía una autoridad superior por encima suyo. Al no existir una instancia de control de la práctica asamblearia, el problema de la responsabilidad quedaba circunscripto a la propia asamblea. En este terreno, la doctrina que parece haberse impuesto es la siguiente:

> [Para el pueblo] es posible atribuir la responsabilidad (*anatithénti tèn aitían*) al individuo que hizo la propuesta y la sometió a votación... Y si algo de lo que el pueblo resolvió sale mal, el pueblo acusa que unos pocos hombres actuando contra él lo destruyeron, pero si algo sale bien, se atribuye la responsabilidad a sí mismo ([Jenofonte], *República de los atenienses*, 2.17).

En el texto de Tucídides (3.43.4) ya mencionado, Diódoto ponía de manifiesto que el orador se convertía en único responsable (*hypeúthynos*) por ser el autor de la propuesta, mientras que el pueblo no tenía que rendir cuentas (*aneúthynos*), de modo que si ocurría un error se castigaba al autor de la iniciativa. Concluir junto con Tucídides que el pueblo era irresponsable no parece ser la interpretación más activa del procedimiento de la asamblea, pues todas estas quejas se movían en la misma dirección: la crítica hacia la actitud del pueblo era un reproche hacia la democracia misma en tanto que soberanía de la asamblea[20]. Los líderes conocían las reglas de juego y debían construir su rol siguiendo las pautas del dispositivo asambleario; al hacer una propuesta sabían la responsabilidad que asumían en caso de que se optara por la suya. La asamblea se preservaba a sí misma como espacio político, sometiendo el proceso de pensamiento a la prueba del resultado y habilitando la eventual enmienda de lo actuado a partir de la identificación del autor de una moción, cuyo nombre se inscribía junto con la resolución que el pueblo votaba en cada ocasión. La presencia del nombre del autor de la propuesta vota-

---

20 Sobre la irresponsabilidad del pueblo, Gil (1970); *contra* Lévy (1976: 29-47); recientemente Landauer (2012); Gallego (2018a: 153-155).

da no debe hacer pensar que había un lugar determinado para la individualidad, pues en realidad la fórmula usada para introducir el decreto, aunque individualizara el nombre de alguien, señalaba esencialmente su carácter genérico: "un tal propuso" (*ho deîna eípēi*). Se trata en rigor de un cualquiera, pues la propuesta quedaba supeditada a la capacidad cohesiva de la asamblea. El nombre del impulsor del decreto indica así la carga de responsabilidad que el *dêmos* hacía recaer sobre quien actuaba como orador al dar su palabra a la comunidad[21].

Más que el carácter irresponsable del *dêmos*, lo que en verdad pone de relieve este modo de imponer la responsabilidad sobre el autor de una iniciativa es que, de la misma forma en que se sometía a los magistrados a la *euthýna*, también en el seno de la asamblea funcionaba el mecanismo de la rendición de cuentas. Se percibe el modo colectivo de la práctica asamblearia y su funcionamiento sin garantías externas, en la medida en que, una vez que lo emanado de la asamblea regía como pauta, la revisión de sus efectos apuntaba a habilitar la posibilidad de una nueva asamblea preservándola de cualquier restricción. Si el *dêmos* era la *ekklesía* y si ésta era la colectividad que se configuraba a sí misma, la responsabilidad puesta en el individuo que aconsejó mal, es decir, que condujo a un pensamiento cuyos efectos limitaron la potencia del *dêmos*, actuaba como manera de reforzar la práctica en acto de la soberanía: en la indistinción de la asamblea, quien tomase la palabra debía promover un pensamiento con alcances positivos para no quebrar la confianza en el "nosotros" que el dispositivo asambleario producía. Pero si esto sucedía, entonces la identificación del autor de la medida no apuntaba a su individualización en el seno de la asamblea sino a su sanción a posteriori como promotor de un pensamiento inadecuado para los intereses de la colectividad.

Ahora bien, lo que también trasluce la cita de Tucídides es que, a pesar de los logros populares, la élite continuó teniendo predicamento en la Atenas clásica. En 421 a.C., Aristófanes (*Paz*, 632-637) mostraba algo del mismo orden que el testimonio del his-

---

21 Véase, aunque con reservas, Bingen (1975); sobre los decretos del consejo y el pueblo, Rhodes (1972: 52-82); Laix (1973: 88-107); sobre las fórmulas de apertura de las inscripciones, Hedrick (1999: 408-24). Cf. Loraux (1993: 393, n. 38); Sickinger (1999: 75; 2002: 149).

toriador, aunque en este caso la crítica caía principalmente sobre los políticos que fácilmente engañaban a los atenienses, pues los poderosos lograron en la asamblea que los ciudadanos votaran a favor de marchar a la guerra. No obstante ello, se ha demostrado que el pueblo no era indolente[22].

Estas críticas por los efectos supuestamente nefastos para la ciudad parecen profundizarse tras la muerte de Pericles, momento a partir del cual, según Tucídides (2.65.10), la política cayó en manos de los demagogos que, al no sacarse ventajas y aspirar cada uno a ser el más influyente, empezaron a complacer al pueblo poniendo todos los asuntos en sus manos, con el único fin de obtener la hegemonía. Sin embargo, como ya vimos, para Tucídides no solo los demagogos habrían llevado la ciudad a su ruina, pues en las decisiones políticas quedaban implicados tanto los líderes que hacían las propuestas como el pueblo que las aprobaba.

En este sentido, David Cohen (1995: 41-42, 187-193) permite ponderar el lugar específico de la asamblea dentro del marco general de las instituciones atenienses. La asamblea y los tribunales eran las instancias centrales de un sistema en el que soberanía popular e imperio de la ley interactuaban como dos polos que entraban en contacto a través del juego político entre masas y élites, permitiendo así un funcionamiento estable, incluso en el marco de la democracia radical. Los líderes no podían más que reafirmar su ascendencia en el seno de las instituciones populares, tanto en la asamblea, donde debían confrontar ante el *dêmos* para lograr que se aceptaran sus propuestas políticas, como en los tribunales, en los que muchas veces solían juzgarse su honor, posición social y reputación. En la práctica legal ateniense se buscaba determinar, a través de un juicio colectivo, si los actos de un ciudadano eran correctos o erróneos, tomando en cuenta para ello ciertas categorías generales de delitos y los estatutos y expectativas normativas de la comunidad. No se procedía mediante distinciones definicionales sino según una valoración moral más general de la calidad del acto así como del agente. Estas evaluaciones recaían sobre las personas y sus actos y podían de hecho conducir a violaciones de los principios legales considerados obligatorios por los atenienses

---

22   Cf. Finley (1986: 39-70, 95-128). Véase el examen de los vínculos entre élites y masas de Schere en el Capítulo 4: *Las tensiones entre la aristocracia y los sectores demóticos en la comedia temprana de Aristófanes*, en este mismo volumen.

mismos; no eran excesos de la política y la justicia populares sino más bien contradicciones características que surgían "como el producto de una tensión fundamental dentro del proceso legal ateniense, una tensión central a la noción misma de ley en una democracia radical" (p. 190).

La democracia, pues, no implicó la inhibición del predominio de la élite; pero los poderosos tuvieron que arreglárselas para poder influir sobre el pueblo a través de las prácticas democráticas. Existían, por cierto, una autoridad y un patronazgo de las capas superiores, siempre y cuando los líderes respetaran las reglas del juego democrático[23]. Ober (1989) ha puesto de relieve que la estabilidad política de la democracia tuvo que ver, en gran parte, con el hecho de que los poderosos se avinieran a ejercer su liderazgo por medio de métodos aceptados dentro de la dinámica democrática (cf. Loraux, 1993: 9-20). En este sentido, los oradores y su audiencia popular debían acordar en un punto básico: no atentar contra el principio de igualdad de derecho y de palabra[24]. Ciertamente, nada podía impedir entonces que los aristócratas se convirtieran en campeones de la causa democrática usando su educación y su habilidad para persuadir a sus conciudadanos, así como sus riquezas y el patronazgo público o privado para conseguir apoyos o clientelas políticas (cf. Hansen 1991: 266-287, 296-320). Se tendrá en cuenta, además, que la existencia de los oradores estuvo ligada desde mediados del siglo V al desarrollo de la sofística, un discurso singular estrechamente vinculado con la política democrática, puesto que los sofistas eran también maestros de oratoria (cf. Plácido, 1973; 1988). En definitiva, el

---

23 Finley (1983: 38-41) sostuvo tajantemente la idea de un manifiesto predominio de la élite sobre el pueblo en un trabajo preparatorio de su libro sobre la política antigua; cf. Id. (1986: 95-128). Sin embargo, en este último presentó el asunto de manera más matizada, dando un mayor lugar a la participación popular, sobre todo en las democracias, sin separar de forma tan marcada lo real de lo ideal en el funcionamiento político de la *pólis*. Ver también Perlman (1963); Finley (1981); más recientemente, Hansen (1987: 49-93); Ober (1989: 104-191).

24 Sin embargo, se debe señalar que en ciertas circunstancias se produjeron estallidos que rebasaron los marcos de este acuerdo tácito. Quizás ésta sea la característica más saliente de la democracia del último cuarto del siglo V, cuando los demagogos desplegaron todo su poder de persuasión extremando los recursos que el uso de la palabra les otorgaba. A esto tal vez se deba también las posturas críticas de Aristófanes y Tucídides con respecto a esta situación. Asimismo, se puede pensar que fue a partir de estos hechos que Sócrates desarrolló su crítica de la ciudad democrática, que Platón llevó a su paroxismo. Cf. Châtelet (1968: 45-68); Castoriadis (1988: 116-126).

punto importante es que la élite desarrollaba sus movimientos dentro del complejo de prácticas y discursos democráticos, y el pueblo lo aceptaba siempre y cuando no se afectara su capacidad de intervenir en las deliberaciones, las decisiones y las votaciones.

Hacer ser un parecer

La crítica de Platón (*República*, 557a-562a) a este régimen político que estamos analizando, en la que el pueblo puede dar libremente su opinión en la asamblea, hace hincapié en que la mayoría de los ciudadanos no sabe realmente qué es el arte político, sino que solo puede opinar qué le parece, por el hecho de que, como vimos, no existe saber específico sobre la política en la medida en que cualquiera puede hablar y decidir en la asamblea (cf. Aristóteles, *Política*, 1317b 2-7; 1318a 3-10). El otro punto fundamental de su invectiva es que la educación había caído en manos de los sofistas, a quienes los ciudadanos les pagaban para que les enseñasen a persuadir con bellas pero engañosas palabras a su auditorio[25], como esa bella elocuencia que Tucídides hacía criticar a Cleón en el pasaje citado anteriormente. Ahora bien, las críticas de Platón a la democracia contienen otro aspecto central para su empresa filosófica: sus prácticas implicaban la escisión de la verdad, tema cuya impronta se percibe precisamente a través de la producción de la sofística. En este sentido, podemos decir que, según Platón, en la situación de la asamblea democrática es el engaño el que predomina sobre la verdad.

Sin embargo, la asamblea producía una verdad como decisión asumida colectivamente por el cuerpo político. En efecto, si en la asamblea podían contraponerse tantas voces era en virtud de la escisión de la verdad que traía como consecuencia que ninguna voz pudiera proclamarse dueña de la misma. En realidad, cada voz era una fuerza confrontada con otras fuerzas, las demás voces. La asamblea era el cara a cara de las fuerzas políticas manifestadas como voces que confrontaban en el debate. Estas voces al emitir enunciados mostraban las inconsistencias propias de las condiciones de enunciación de la asamblea, cuya insistencia daba lugar a un

---

25 Véanse, en este sentido, los argumentos principales del *Protágoras* de Platón. Asimismo, cf. la crítica despiadada hacia la educación impartida por los sofistas en las *Nubes* de Aristófanes. Cf. Gallego (2018a: 55-90, 161-180).

cambio permanente de los enunciados. De aquí la productividad política de la asamblea. En efecto, en la asamblea, la verdad ya no es producto de una revelación apriorística sino un efecto a posteriori del debate de argumentos retóricamente sostenidos en un medio público y abierto al conjunto de iguales. Retroactivamente, se atribuirán incluso los hechos concretos al poder de la palabra persuasiva sobre los ciudadanos, poder que se manifiesta por el hecho de convencerlos de la importancia de llevar a cabo tal o cual empresa (cf. Romilly, 1956: 148-174).

Es en este plano donde la sofística descubre la singularidad del lenguaje: la comunicabilidad que hace posible que haya un prójimo se erige a través del *lógos* en una inmanencia respecto de la cual es menester ponderar incluso el problema del ser. Según Gorgias (*Encomio a Helena* [DK 82 B 11]; cf. Gallego, 2003: 312-326), dado que no existe criterio de verdad alguno que actúe como garantía de adecuación entre la palabra y el mundo, es posible entonces que la fuerza de la persuasión, y por ende la de la opinión, actúe como un poder concreto. De acuerdo con los radicales postulados gorgianos sobre el ser del lenguaje, no existe otra posibilidad que decir, hablar, proferir enunciados, sin garantías: si el discurso puede persuadir es porque es capaz de comunicar, esto es, producir sentido. En efecto, la producción de sentido delimita una idea de comunidad a partir del carácter discursivo del lazo social imaginario.

Donde claramente se percibe este estatuto creador del *lógos* es en el campo político, dado que la sofística otorga al *lógos* como producción colectiva la capacidad de hacer ser. En efecto, la colectividad que emerge de las operaciones de cohesión se sostiene en la operatoria del *lógos* que crea mundo. La sofística desentraña estos mecanismos para poder producir con el discurso; de esto se sigue que el lazo social deba ser una ficción para poder producirlo discursivamente: si el ser no es una exterioridad trascendente que el *lógos* conmemora, entonces la ficción es a la vez la regla y el propio criterio de verosimilitud. Es la ficción del lazo lo que da carácter de contingente al mundo creado por el *lógos*, según el parecer de la *pólis* decía Protágoras (cf. Gallego, 2003: 331-336), que es lo que en la asamblea se ponía en práctica.

Por ende, el *lógos* y su modo de hacer ser trazan una relación fundamental con la configuración de una comunidad. En la apología de Protágoras del *Teeteto* de Platón (166d-167c) el problema consiste en comprender cómo el interés común prima sobre el de los individuos. Lo conveniente para la colectividad es lo que ella considere como tal bajo un modo determinado mientras perdure ese parecer (*héos àn autà nomízēi*). Protágoras plantea esto en un plano práctico: no hay unas opiniones más verdaderas que otras; aunque pueden ser mejores o peores según las percepciones en las que se fundan. En este punto, el criterio se organiza en torno de la capacidad de pensar lo más conveniente para una colectividad según las circunstancias y los criterios vigentes. Este es el contexto en que funciona el argumento fuerte o *kreítton lógos*. Por lo tanto, lo que conviene es el propio sustento de la cohesión política, y como tal implica un imaginario basado en representaciones aceptadas por la comunidad a partir de la función retórica del lenguaje. El lazo imaginario que hace ser a la colectividad es plenamente una ficción discursiva que se instituye según el devenir de las convenciones socialmente aceptadas[26], en tanto que "lo que a cada ciudad le parezca (*dokêi*) justo y bueno, para ella será (*eînai*) así mientras crea (*nomízēi*) en eso" (Platón, *Teeteto*, 167c). De modo que hay un parecer que hace ser (*dokeîn eînai poieîn*): se hace que sea lo que parece. Estos tres verbos: parecer, ser, hacer, muestran cuáles son los ejes de la doctrina sofista: se trata en primer término de una práctica; pero también de una ontología relativa que no se liga al ser como una verdad fija e inmutable sino al parecer cambiante de una colectividad. Para hacer que un parecer llegue a ser y alcance el estatus de una verdad, hay que trabajar en pos de ello. En un campo de fuerzas así concebido, el procedimiento esbozado implica una manera eficaz de construcción de lo verosímil que se sostiene como convención: el lapso durante el que una idea se mantiene como socialmente válida es el tiempo de vigencia de un pensamiento construido según los criterios indicados. Así, el parecer implica adentrarse en el terreno de unas prácticas colectivas donde es central el uso persuasivo del lenguaje que lleva a la formación de un imaginario: el *parecer* es lo que *efectivamente es* para una colectividad que toma eso como ley, norma o costumbre.

---

26 Detienne & Vernant (1988: 278): "Para el sofista… no existe otro campo de acción que el devenir, el cambio, lo que jamás permanece igual a sí mismo".

Ahora bien, como ninguna voz podía reclamar para sí una verdad esencial, había que decidir la verdad de un enunciado determinado (una ley, un decreto, una propuesta cualquiera hecha por un ciudadano) en la situación concreta de cada reunión de la asamblea, para lo cual el mecanismo instrumentado era la votación. Esquilo (*Suplicantes*, 603-604) es claro respecto de esta cuestión: "Dinos hasta dónde llega la decisión tomada y hacia dónde se inclina la mayoría de los sufragios en el voto soberano del pueblo" (cf. Aristófanes, *Asambleístas*, 264-267). Tucídides (3.49.1) también nos ilustra al respecto en el debate sobre Mitilene:

> Expuestas estas dos argumentaciones de forma tan equilibradamente contrapuestas entre sí, los atenienses se vieron abocados a un conflicto de opiniones y en la votación quedaron casi empatados, aunque la propuesta de Diódoto resultó vencedora.

Así, los discursos se veían suplementados por la fuerza dividida de los ciudadanos que adherían a uno u otro en la votación, ya que, ante la escisión de la verdad y la carencia de garantías externas a las propias condiciones de enunciación, el único camino posible era arribar a decisiones políticas que a posteriori volvían verdaderos los enunciados votados mayoritariamente. De esta manera, la verdad quedaba subordinada a la decisión tomada luego de la confrontación de las diferentes posturas. En consecuencia, nadie podía atribuirse previamente la verdad de la decisión y, una vez tomada, la resolución aparecía no como revelación de una autoridad sino como atributo del cuerpo colectivo. Evidentemente, la verdad decidida en situación radicaba en las decisiones populares que manifestaban la fuerza política del *demos* como una subjetividad ligada al lugar de enunciación habilitado por la asamblea.

Ninguna resolución era definitiva. Una vez admitido que cualquier ciudadano podía participar de la política y hablar o callarse según le pareciera, en futuras asambleas diferentes voces podían reabrir el debate generando una nueva decisión. Así lo ponía de manifiesto Diódoto en el pasaje ya citado del debate sobre Mitilene. Con lo cual queda claro que la decisión tomada no estará dada para siempre, existiendo la posibilidad de producir nuevos enunciados y nuevas decisiones. Esto manifiesta una imposibilidad de discernir a priori, pues lo que caracteriza a la decisión política es la falta de garantías sobre los efectos que ocasionará (cf. Tucídides, 4.62.5).

La ley se interroga y se establece en cada asamblea en la medida en que es un efecto comunitario que requiere como condición la actividad configurante de la práctica asamblearia. Entre una asamblea y otra, la comunidad se somete a su ley pero no como una preexistencia trascendente sino como una ley inmanente: una regla precaria, temporaria. Por eso son soberanos los decretos y no las leyes: la ley es lo que rige sobre la colectividad que la ha decretado para sí misma, al instituirse como un "nosotros", hasta que decrete otra cosa, sin cotas constitucionales, a su libre arbitrio. La ley decidida en asamblea por el conjunto allí configurado rige hasta que la comunidad, es decir, el *dêmos* instituido como término fundante de su propia subjetividad, resuelva al respecto si sigue rigiendo o no y qué es lo que rige. Cuando se reúne la asamblea ateniense, cuando el *dêmos* se constituye en acto, no hay ningún poder por sobre el suyo. Es en este sentido que, como vimos, Aristóteles podía afirmar que no hay constitución, pues lo que hay es una práctica de la soberanía. La asamblea puede decidir lo que le parezca, cuestión que el pensamiento sofístico habría captado magníficamente según el enunciado ya citado: *dokeîn eînai poieîn*, que Platón (*Teeteto*, 167c) hacía decir a Protágoras.

Cuando la soberanía está articulada en estos términos nada limita la capacidad instituyente de una reunión asamblearia. Esto establece un modo de relación con la ley muy particular porque entre asamblea y asamblea rige la ley decretada, pero durante la asamblea está destituida. Este procedimiento asambleario destituye la especificidad de los saberes técnicos particulares para que piensen todos los ciudadanos, destituye las figuras de cada uno que habla para que hable el conjunto (*oukh hos hékastos allà pántes*, decía Aristóteles, *Política*, 1292a 12-13). Quien toma la palabra (*tís agoreúein boúletai*) no lo hace como individuo sino como término indistinto de la asamblea; el pensamiento en situación cohesiona a la comunidad.

Así, como la asamblea no era un espacio en el que se supusiera la posesión de un saber, era necesario entonces estar dispuesto a confiar en la capacidad de pensar. Esta confianza consistía en la confluencia en un "nosotros" para poder hacer, para organizar una conexión, porque en la fluidez de las partes múltiples y heterogéneas de la *pólis*, los modos de agrupamiento eran operaciones sobre la confianza que se daban sin la garantía de la solidez estatal. La confianza en la propia potencia era la que permitía actuar con otros pero en "nosotros", destituyendo toda forma de individuación para poder establecer la cohesión en beneficio del conjunto (*sýnthetos heîs ek pollôn*, es la fórmula que usa Aristóteles, *Política*, 1292a 11-12).

Pensamiento en comunidad

Ante la multiplicidad y heterogeneidad de las partes de la *pólis*, su unificación no se produce de la misma manera ni genera los mismos efectos, tal como atestigua la polémica de Aristóteles (*Política*, 1261a) con Platón (*República*, 462a-b). Pero estas partes múltiples y heterogéneas son una condición ineludible de la dispersión como medio en el que se debe operar. Es esta condición, precisamente, la que la asamblea articula a partir de su capacidad cohesiva, lo cual no supone una estabilización del carácter necesariamente volátil del espacio plebiscitario sino una producción contingente a partir de esa situación de precariedad. En efecto, la asamblea, además de un dispositivo para decidir, es una manera de habitar cuya configuración depende tanto de la toma de decisiones como del modo de proceder. Si la asamblea se piensa a partir de la dispersión como medio en el que ella opera, entonces, por su capacidad cohesiva, por su modo de producir "nosotros", la asamblea resulta la dimensión fundamental. Esta actividad configurante de la asamblea había generado la reprobación de Platón, que se quejaba de que cualquiera podía allí aconsejar y deliberar, y contraponía esta situación con la multiplicidad de los saberes particulares (*Protágoras*, 319b-d)[27].

La multiplicidad de saberes y la heterogeneidad de partes coexisten en su dispersión, en su fragmentación sin conjunto. Se trata de las "muchas ciudades" a partir de las cuales Sócrates pretendía fundar una sola ciudad pero al precio de suprimir la diversidad (Platón, *República*, 462a-b). En el seno de la práctica asamblearia estas "muchas ciudades" in-existen, pues no se hace

---

27   Cf. Jenofonte, *Memorables*, 3.7, cuyo argumento va en la misma dirección que el de Platón.

allí una unidad a partir de la multiplicidad sino que se habita la situación según la composición colectiva de un "nosotros" que no puede dividirse en sus partes simples y que, precisamente por esta indistinción, opera en un sentido contrario al que Platón apuntaba: nadie tomaba la palabra a título de herrero, carpintero o zapatero; nadie lo hacía tampoco invocando su riqueza o nacimiento. Planteando inicialmente la multiplicidad de partes, la descomposición platónica en saberes técnicos o condiciones sociales se movía en la dirección de imponer a la *pólis* una uniformidad que en el límite, según Aristóteles (*Política*, 1261a 16-22), la desnaturalizaría, pero que cumpliría con el cometido de vaciar de sentido la disposición subjetiva de la asamblea. Lo que exasperaba a Platón era que no existiese una propiedad común, el saber sobre la *pólis*, que confirmase la pertenencia a la asamblea como espacio sólido. En el ejercicio de los saberes particulares cada uno forma parte del conjunto que le corresponde en virtud de la propiedad común que su arte le impone. Sin saber específico que estipule la pertenencia a la asamblea, el modo de estar en comunidad supone ingresar en un espacio indefinido, contingente, para pensar(lo) sin saber previo, para construirlo y habitarlo.

Efectivamente, el pensamiento en un medio asambleario no tiene ningún control externo a sí mismo, ya que la palabra es de todos, del "nosotros". Las pautas que articulan la actividad de la asamblea son las de un pensamiento sin jerarquías, conforme a la igualdad de palabra (*isegoría*), que para el Viejo Oligarca (*República de los atenienses*, 1.9; cf. 1.2) generaba disolución (*akolasía*), y la libertad de palabra (*parrhesía*), cuya función en la asamblea recibía una crítica abierta en el *Orestes* de Eurípides (902-906; cf. Foucault, 1997: 37-49). Para Isócrates (7.20 [*Areopagítico*]) esta libertad de palabra era lo contrario de la *isonomía*, así como la *akolasía* no debía confundirse con la *demokratía* ni la ilegalidad (*paranomía*) con la libertad (*eleuthería*). En el espacio común, *isegoría* y *parrhesía* son pautas que entrañan una situación precaria, la volatilidad de la contingencia. Los principios que rigen el uso del *lógos* en asamblea implican el riesgo de un pensamiento sin garantías: la producción misma de enunciados no puede ser controlada; lo que el *dêmos* piensa en asamblea es lo que lo configura como un sujeto. Así, en el espacio de la democracia ateniense en que, siguiendo la lógica de la explicación de Finley (1986: 11-38) sobre el estado, deberíamos poder verificar el encuentro de los intereses conflictivos de las clases, vemos en cambio un pensamiento que produce (a) la comunidad[28].

En este sentido, podemos decir que la asamblea era un dispositivo colectivo de pensamiento, entendiendo por tal un procedimiento por el que los ciudadanos realizaban la experiencia de pensar y existir como *pólis*. Esto difería del saber que Platón concebía como el único camino para resolver los asuntos públicos bajo la figura del sabio como depositario de ese saber. El funcionamiento de la asamblea en tanto dispositivo de pensamiento colectivo se encuentra bien retratado en el discurso fúnebre de Pericles: no importa cuál sea la particular condición social de cada ateniense, además de atender sus propios intereses, todos están capacitados para pensar sobre los asuntos públicos (Tucídides, 2.40.2-3)[29]. Una tensión se plantea con fuerza a lo largo del pasaje: la suspensión de la multiplicidad y la heterogeneidad en el espacio público en beneficio de la comunidad; para lo cual no solo se distinguen los asuntos privados y trabajos particulares respecto de los asuntos políticos, sino que también se contrastan con énfasis en el registro discursivo dos planos enunciativos que nos remiten, respectivamente, a las partes múltiples y a la cohesión del espacio común. Si para indicar la existencia del plano de lo privado, incluso en relación con lo público, se habla de *toîs autoîs* y de *hetérois*, cuando el discurso se sitúa exclusivamente en el plano de lo político el "nosotros" es el único modo de enunciación que subsiste, median-

---

28 Podría argumentarse que muchas decisiones de la asamblea ateniense provocaban el rechazo de los ricos y que, por ende, los intereses en conflicto generalmente se resolvían con un sentido socioeconómico determinado (cf. *e.g.* [Jenofonte], *República de los atenienses*, 2.14; Aristófanes, *Asambleístas*, 197-198). Pero insistamos con nuestra distinción: en este plano, estamos ya en los efectos del procedimiento de pensamiento, esto es, la decisión, no en el momento de actividad configurante del dispositivo asambleario. Por lo demás, también hubo, como veremos después, decisiones de la asamblea que afectaron directamente a los pobres de la ciudadanía. Asimismo, podría argüirse que precisamente por la reiteración de decisiones en favor de los pobres surgieron en Atenas los grupos de *aprágmones* oligárquicos; pero esto no haría justicia a la presencia de sectores de la élite en las reuniones de la asamblea. Como señalaba el propio Finley (1981: 30): "La evidencia sugiere que en Atenas la división sobre asuntos políticos no siguió estrictamente líneas de clase o sector"; cf. Id. (1980: 77-78).

29 Sobre este pasaje, Rusten (1985: 18); Hornblower (1991: 304-306); Balot (2001: 508-509). Con respecto a la concepción política presente en este texto, Musti (1985; 2000: 87-122).

te el uso de formas verbales que se reiteran en primera persona del plural: *nomízomen, krínomen, enthymoúmetha*. Se observa con claridad que no se trata de la posesión de un saber sino de la puesta en práctica de un procedimiento colectivo de pensamiento, es decir, un análisis concreto de una situación sobre la cual no se posee saber alguno porque implica una circunstancia contingente, que debe ser resuelta con los propios recursos que la situación provee. Esta disposición hace de la asamblea un espacio en el que la existencia de un "nosotros" no se deriva de una sumatoria de individuos con sus determinaciones particulares, sino de una cesación de la heterogeneidad en función de un pensamiento de lo que es común. Según Tucídides, pues, el coraje (*tolmân*) de los atenienses radica en que no rechazan pensar las circunstancias, exponer y debatir los argumentos, lo cual les permite calcular las acciones a emprender y asumir con responsabilidad la decisión colectiva. El uso de la palabra para debatir y pensar implica tomar un riesgo, que consiste en decidir incluso medidas que por su novedad escapan de las normas y costumbres establecidas[30].

Lo anterior no significa que asumamos la posible representación unitaria que el pasaje pueda trasuntar, habida cuenta del cometido más general de la oración fúnebre como género discursivo de la democracia ateniense (cf. Loraux, 1993: 282-292; 2008a: 43-59; 2008b: 151-170), destinada a construir una totalidad armoniosa, sin tensión ni facción. En este aspecto, la práctica asamblearia es precisamente el ámbito por antonomasia de la *stásis* (Gallego, 2003: 158-162, 222-230), respecto de lo cual el pasaje de Tucídides puesto en boca de Pericles no dice nada. Pero sí dice bastante sobre el motivo por el que las partes múltiples, en las que Platón cifraba su crítica de la democracia, no tienen lugar para afirmar su heterogeneidad en la asamblea: en la medida en que la política se afirma como operación comunitaria de pensamiento, el medio adecuado resulta ser aquello que cohesiona un "nosotros" en torno del *lógos* y no aquello que lo fragmenta en una pluralidad de saberes técnicos particulares buscando que la política sea un saber especializado cuya tarea radicaría en administrar la *pólis*.

---

30 Respecto del coraje democrático en relación con la noción de *tólma* y sus cognados, particularmente en el texto de Tucídides, Balot (2014: 28-29 [análisis de Tucídides, 2.40.3], 39, 110-113, 119, 128, 146-147).

El tono abstracto de estas últimas formulaciones no implica que las mismas sean menos ciertas respecto de la condición subjetiva inherente a la soberanía de la práctica asamblearia en la democracia radical ateniense. Si la instauración de la subjetividad política del *dêmos* se asocia con la supremacía de la asamblea a partir de la situación abierta por el acontecimiento de la revolución de Efialtes, lo que se instituyó entonces como requisito para ese proceso de subjetivación fue la confianza en la propia capacidad, la convicción en la propia potencia.

En definitiva, el funcionamiento de la palabra política en la asamblea y los factores a ella ligados (oratoria, contraposición y debate de enunciados, división de la verdad, decisión colectiva de la verdad de un enunciado) expresan fundamentalmente que existía un margen de precariedad e inconsistencia inherente al procedimiento asambleario. Esta indefinición se ligaba a la posibilidad de introducir nuevos enunciados, nuevas decisiones, nuevas verdades, un plus de sentido que habilitaba la introducción de sentidos nuevos para los discursos: un nuevo sentido introducido en la asamblea ateniense no era otra cosa que una nueva decisión política.

El conflicto asambleario

La invención de enunciados y prácticas sin precedentes como efecto de la productividad política asamblearia había llamado la atención de los propios contemporáneos. Aristófanes concebía una inversión de la realidad poniendo al frente del gobierno a las mujeres:

> [A ellas] no se las verá jamás intentar temerarias novedades. En cambio, la ciudad de los atenienses, aunque un sistema le fuera bien, no se salvaría sin dar vueltas y vueltas afanosamente en busca de cualquier innovación (*Asambleístas*, 215-220).

Lo paradójico del texto aristofánico es que criticaba el accionar de la asamblea pero situaba la acción allí mismo y planteaba la posibilidad (cómica) de una innovación mayúscula decretada por la asamblea misma: dejar el gobierno en manos de las mujeres. Para lo cual las mujeres, disfrazadas de hombres, utilizaban las instancias y los mecanismos de la asamblea, es decir, se presentaban en la reunión, pedían la palabra, hablaban, hacían propuestas, argumentaban, persuadían al auditorio (compuesto por una mayoría de mujeres disfrazadas de hombres), debatían, convencían y finalmente lograban una votación mayoritaria. Más adelante, el poeta volvía a insistir en la contraposición entre las viejas costumbres y las invenciones permanentes (vv. 575-580): lograr la felicidad común implicaba, dadas las circunstancias, la salvación de la ciudad, que solo podía provenir de una innovación radical. Claramente, lo que para los atenienses se había impuesto como modo de existencia de la política era la innovación de las decisiones del pueblo reunido en asamblea, porque "lo nuestro es la novedad y no los principios impuestos (*arkhês*), y todo lo antiguo no nos importa nada" (vv. 583-587). Aristófanes indicaba así que cualquier cambio en la ciudad debía realizarse por medio de las decisiones del pueblo, lo cual nos mostraría que la instancia en verdad soberana era la asamblea, pues sus decretos resultaban ineludibles.

¿Qué significaba esta imprevisibilidad inherente a la producción de innovaciones, ligada al procedimiento asambleario? Con sus decisiones, la asamblea podía producir acontecimientos nuevos que resignificaban y refundaban de ese modo las bases mismas del funcionamiento de la política ateniense. (Recuérdese en este contexto los ya comentados sucesos de 462 y 411, cuando sendas decisiones asamblearias establecieron y abolieron, respectivamente, la democracia radical). Se abría así un campo de acción en el que el debate de las propuestas y las decisiones tomadas podían posibilitar la creación de novedades no calculables, efectos imprevistos, que generaban conflictos entre los ciudadanos. La asamblea ateniense se caracterizaba, pues, por la presencia de lo indiscernible ligado al carácter de la decisión democrática.

En este sentido, podemos afirmar que las prácticas políticas producidas por los ciudadanos en la asamblea donaban un sentido a la idea de comunidad, sentido que, como hemos visto, venía dado tanto por la forma de habitar la situación asamblearia como por el propio acto de decidir, por el hecho de tomar decisiones. Esta idea de comunidad significada por las prácticas realizadas colectivamente aparecía ligada a la producción de innovaciones de la situación que se plasmaban en las mutaciones de la ley. En este plano, vemos delinearse una comunidad divida en virtud de una escisión que instituía al cuerpo de ciudadanos no a partir

de una homogeneidad preexistente sino sobre la base de la heterogeneidad y la multiplicidad de sus partes integrantes. Esto era
sinónimo de una tensión presente en las prácticas colegiadas del
sujeto político conformado en la asamblea, cuya operatoria práctica, según las formas de habitar la situación y los modos de debatir
y decidir, producía una cohesión a partir de esa heterogeneidad y
multiplicidad inicial, la división sobre la que la política se fundaba.

La división del cuerpo político se percibe claramente en la
propia *ekklesía* porque la contradicción constitutiva de la política
radica en la lucha permanente por obtener la victoria en la decisión
colectiva. El conflicto era la forma por la cual la política trazaba
su camino. La contienda retórica y el debate de las propuestas
constituían los procedimientos mediante los cuales se manifestaba
la división del cuerpo asambleario, reunión de los ciudadanos
que ponía en acto la *stásis* de una comunidad enfrentada consigo
misma. El antagonismo, al traer a la situación un punto de desli-
gadura, permitía la circulación de la política como un exceso entre
las partes múltiples y heterogéneas y el conjunto asambleario,
que para poder afirmarse como tal debía darse a la tarea de un
pensamiento en comunidad, sin por ello anular la división, sino
haciéndole un lugar a través de una serie de dispositivos prácticos
que articulaban la circulación y la toma de la palabra, la enunciación de propuestas, el debate de las mismas y, finalmente, la
decisión por medio de la votación mayoritaria. La producción política democrática podía acontecer de este modo porque el punto
de partida del proceso de cohesión asamblearia era la igualdad
ubicada *es méson* (cf. Eurípides, *Suplicantes*, 438-439), por encima
de cualquiera de las partes múltiples y heterogéneas del cuerpo
social (Gallego, 2003: 182-184).

En efecto, al haber posturas enfrentadas pero con iguales derechos de ser formuladas, el único modo de decidir era a través
del suplemento de la adhesión mayoritaria logrado por la fuerza
de la persuasión. Este era el carácter de la *stásis* que se producía
dentro de la comunidad a raíz de las disputas políticas[31]. Ahora

---

31 Finley (1986: 140) había puesto de relieve la multiplicidad de sentidos del concepto:
"Todos los niveles de intensidad eran abarcados por la espléndida palabra híbrida griega
stásis. Usada en un contexto sociopolítico, *stásis* tenía una amplia serie de significados,
desde la agrupación política o la rivalidad entre facciones (en su sentido peyorativo)
hasta la guerra civil abierta. Esto reflejaba correctamente la realidad política". En un

bien, la *stásis* permanente ocurría porque las luchas políticas entre los ciudadanos eran el único modo de establecer resoluciones para la ciudad. Pero el conflicto endémico no implicaba la violencia física como condición necesaria: aunque en ocasiones puntuales apareció en el horizonte de la política ateniense (el asesinato de Efialtes; los ajusticiamientos y las matanzas entre los años 411 y 403), no siempre ocurría así[32]. Por otra parte, en el debate y la lucha ninguno de los ciudadanos estaba por encima de los demás. El enfrentamiento en el contexto asambleario de los oradores y del público se daba entonces entre derechos iguales pero contrapuestos, no entre dominadores y dominados ubicados en una posición asimétrica unos respecto de otros –pues la élite tuvo que buscar y desarrollar su liderazgo sin afectar la participación igualitaria del pueblo–. En la Atenas de la segunda mitad del siglo V, la situación de conflicto no provenía de la explotación, la debilidad o el sometimiento de las clases populares en relación con los poderosos, ya que no hablamos del *dêmos* en su sentido de clase social dominada o subalterna sino en tanto sujeto político configurado por la decisión efectiva del cuerpo reunido en asamblea. Este poder del pueblo era consecuencia de la igualdad y la libertad de palabra, en definitiva, del espacio isonómico, que posibilitaban que la constitución misma y la ley de la ciudad pudieran ser puestas a prueba.

Se trata entonces de una lucha entre derechos iguales pero contrapuestos, un derecho que se enfrentaba a otro derecho en el terreno político, disputa que no era otra cosa que la oposición de los argumentos en la asamblea[33]. La división entre derechos

---

sentido similar se expresaba Vidal-Naquet (1989: 190-191): "En Atenas, el debate político, la lucha política son presentados la mayoría de las veces no como práctica normal de la ciudad democrática, sino como la *stásis*, por emplear un término cuyo sentido se despliega sobre el espectro que va de la simple posición vertical a la guerra civil pasando por la facción política". Loraux (2008a: 15-42, 145-169; 2008b: 105-133, 151-170) lo ha señalado con gran claridad al realizar una sistematización del problema: en la ciudad ateniense, atravesada por las luchas internas de los ciudadanos entre sí, la división se cierne como una amenaza absoluta.

32   Sobre este punto, ver Herman (1994: 99-117; 2006: 176-179, 205-206, 227-228, 411-413); Cohen (1995: 119-142). Cf. Johnstone (1999: 126-133). Respecto del problema de la coerción estatal ligada a la cuestión del monopolio de la violencia, Paiaro (2011a; 2011b); cf. asimismo Paiaro (2012; 2014).

33   Bertrand & Brunet (1993: 143-154) indican breve pero convincentemente esta situación y brindan un compendio de fragmentos documentales que muestran de qué

se instalaba a partir de una división en el uso de la palabra, que habilitaba el conflicto de opiniones a partir del debate y la contienda discursiva entre los ciudadanos, puesto que ninguno de ellos podía colocarse por encima de sus iguales. De modo que la contraposición de un derecho con otro resultaba similar a la oposición de un discurso contra otro en la asamblea.

Ningún sector o individuo podía atribuirse para sí mismo ser el dueño de las decisiones tomadas en la asamblea ateniense, ninguno excepto la asamblea misma que no era un sector o individuo sino un conjunto que llegaba a una cohesión sobre la base de dispositivos institucionales y procedimientos de pensamiento en comunidad. En virtud de este carácter genérico del cuerpo político colectivo reunido en la *ekklesía* ateniense sucedía que sus decisiones eran soberanas y legislaban. La asamblea operaba, pues, como el espacio efectivo de producción de política en la Atenas de la segunda mitad del siglo V, y a través de ella se manifestaba la potencia del pueblo como cuerpo político, la subjetivación protagonizada por el *dêmos*.

---

manera los atenienses disputaban entre sí a través de debates apasionados y continuos cuyo punto de detención era provisorio y atado a las circunstancias del momento.

Bibliografía

Balot, R. (2001). "Pericles' Anatomy of Democratic Courage", *American Journal of Philology* 122: 505-525.

Balot, R. (2014). *Courage in the Democratic Polis: Ideology and Critique in Classical Athens*, Oxford.

Bers, V. (1985). "Dikastic *Thorubos*", en P.A. Cartledge & F.D. Harvey (eds.), *Crux: Essays Presented to G. E. M. de Ste. Croix*, London: 1-15.

Bertrand, J. & Brunet, M. (1993). *Les Athéniens. À la recherche d'un destin*, Paris.

Bingen, J. (1975), "Préambule et promoteur dans le décret attique", en AA. VV., *Le monde grec. Hommages à Claire Préaux*, Bruxelles: 470-479.

Campagno, M., Gallego, J. & García Mac Gaw, C.G. (eds. 2011). *El Estado en el Mediterráneo Antiguo. Egipto, Grecia, Roma*, Buenos Aires.

Canfora, L. (1980). *Studi sull'Athenaion Politeia pseudosenofontea*, Torino.

Castoriadis, C. (1988). "La *polis* griega y la creación de la democracia", en Id., *Los dominios del hombre: las encrucijadas del laberinto* [1986], Barcelona: 97-131.

Châtelet, F. (1968). *El pensamiento de Platón* [1965], Barcelona.

Cohen, D. (1995). *Law, Violence, and Community in Classical Athens*, Cambridge.

Davies, J.K. (1981). *La democracia y la Grecia clásica* [1978], Madrid.

Detienne, M. (1981). *Los maestros de verdad en la Grecia arcaica* [1967], Madrid.

Detienne, M. (2003). "Des pratiques d'assemblée aux formes du politique. Pour un comparatisme expérimental et constructif entre historiens et anthropologues", en Detienne (ed. 2003): 13-30.

Detienne, M. & Vernant, J.-P. (1988). *Las artimañas de la inteligencia. La metis en la Grecia antigua* [1974], Madrid.

Detienne, M. (ed. 2003). *Qui veut prendre la parole?*, Paris.

Dobrov, G.W. (2001). *Figures of Play: Greek Drama and Metafictional Poetics*, Oxford.

Epstein, S. (2011), "Direct Democracy and Minority Rule: Athenian Assembly in Relation to the Demos", en G. Herman (ed.), *Stability and Crisis in the Athenian Democracy*, Stuttgart: 87-102.

Finley, M.I. (1977). "La constitución ancestral", en Id., *Uso y abuso de la historia* [1975], Barcelona: 45-90.

Finley, M.I. (1980). *Vieja y nueva democracia* [1973], Barcelona.

Finley, M.I. (1981). "Demagogos atenienses", en Id. (ed.), *Estudios sobre historia antigua* [1974], Madrid: 11-36.

Finley, M.I. (1983). "Política", en Id. (ed.), *El legado de Grecia. Una nueva valoración* [1981], Barcelona: 33-48.

Finley, M.I. (1986). *El nacimiento de la política* [1983], Barcelona.

Foucault, M. (1997). *Discorso e verità nella Grecia antica* [1983], Roma.

Frazier, F. (1997). "Réunion et délibération: la représentation des assemblées chez Thucydide", *Ktèma* 22: 239-255.

Gabba, E. (1988). "La società ateniense nel 'Vecchio Oligarca'", *Athenaeum* 66: 5-10.

Gallego. J. (2001). "Poder popular y escritura de la ley en la Atenas democrática", *Anales de Historia Antigua, Medieval y Moderna* 34: 7-33.

Gallego, J. (2003). *La democracia en tiempos de tragedia. Asamblea ateniense y subjetividad política*, Buenos Aires.

Gallego, J. (2010). "'Siempre es la pesadilla'. Las reformas de Efialtes y el derrotero de la democracia radical ateniense", en C. Fornis, J. Gallego, P. López Barja & M. Valdés (eds.), *Dialéctica histórica y compromiso social. Homenaje a Domingo Plácido*, Zaragoza: I, 85-102.

Gallego, J. (2011a). "Atenas, entre el *krátos* y la *arkhé*. El lenguaje de la hegemonía y el agotamiento de la democracia", en J.M. Cortés Copete, E. Muñiz Grijalvo & R. Gordillo Hervás (eds.), *Grecia ante los imperios. V Reunión de Historiadores del Mundo Griego Antiguo*, Sevilla: 155-166.

Gallego, J. (2011b). "La asamblea ateniense y el problema del Estado. Instauración y agotamiento de una subjetividad política", en Campagno, Gallego & García Mac Gaw (eds. 2011): 181-222.

Gallego, J. (2012a). "La liberación del *dêmos*, la memoria silenciada. Atenas, de la violencia oligárquica a la amnistía democrática", *Anales de Historia Antigua, Medieval y Moderna* 44: 11-31.

Gallego, J. (2012b). "Los *poneroí* y la crisis de la democracia radical ateniense. La propuesta del Viejo Oligarca sobre la esclavitud del *dêmos*", en F. Reduzzi (ed.), *Dipendenza ed emarginazione nel Mondo Antico e Moderno*, Roma: 89-101.

Gallego, J. (2016). "De la democracia a la oligarquía y de la oligarquía a la democracia, una y otra vez: Atenas, 411-403 a.C.", en M. Campagno, J. Gallego y C.G. García Mac Gaw (eds.), *Regímenes políticos en el Mediterráneo Antiguo*, Buenos Aires: 153-165.

Gallego, J. (2018a). *La anarquía de la democracia. Asamblea ateniense y subjetivación del pueblo*, Buenos Aires.

Gallego, J. (2018b). "La asamblea cómica de Aristófanes y la política democrática ateniense", *Phoînix* 24/2: 54-74.

Gallego, J. (2019). "Demo de Pnix: la asamblea ateniense en *Caballeros* de Aristófanes", *Emerita* 57: 23-46.

Garver, E. (2009). "Aristotle on the Kinds of Rhetoric", *Rhetorica* 27: 1-18.

Gil, L. (1970). "La irresponsabilidad del *demos*", *Emerita* 38: 351-373.

Goldhill, S. & Osborne, R. (eds. 1999). *Performance Culture and Athenian Democracy*, Cambridge.

Hansen, M.H. (1981). "Initiative and Decision: The Separation of Powers in Fourth-Century Athens", *Greek, Roman and Byzantine Studies* 22: 345-370.

Hansen, M.H. (1983). *The Athenian Ecclesia. A Collection of Articles 1976-1983*, Copenhagen.

Hansen, M.H. (1987). *The Athenian Assembly in the Age of Demosthenes*, Oxford.

Hansen, M.H. (1989). *The Athenian Ecclesia II. A Collection of Articles 1983-1989*, Copenhagen.

Hansen, M.H. (1991). *The Athenian Democracy in the Age of Demosthenes. Structure, Principles, and Ideology*, Oxford.

Hansen, M.H. (1996). "Reflections on the Number of Citizens Accommodated in the Assembly Place on the Pnyx", en B. Forsén & G. Stanton (eds.), *The Pnyx in the History of Athens*, Helsinki: 23-34.

Harris, E.M. (1986). "How often Did the Athenian Assembly Meet", *Classical Review* 36: 363-377.

Harris, E.M. (1991). "When Did the Athenian Assembly Meet? Some New Evidence", *American Journal of Philology* 112: 325-341.

Harris, E.M. (2013). "How to Address the Athenian Assembly: Rhetoric and Political Tactics in the Debate about Mytilene (Thuc. 3.37-50)", *Classical Quarterly* 63/1: 94-109.

Hedrick, C.W. (1999). "Democracy and the Athenian Epigraphical Habit", *Hesperia* 68: 387-439.

Herman, G. (1994). "How Violent Was Athenian Society?", en R. Osborne & S. Hornblower (eds.), *Ritual, Finance, Politics. Athenian Democratic Accounts Presented to David Lewis*, Oxford: 99-117.

Herman, G. (2006). *Morality and Behaviour in Democratic Athens. A Social History*, Cambridge.

Hesk, J. (1999). "The Rhetoric of Anti-Rhetoric in Athenian Oratory", en Goldhill & Osborne (eds. 1999): 201-230.

Hesk, J. (2000). *Deception and Democracy in Classical Athens*, Cambridge.

Hesk, J. (2007). "'Despisers of the Commonplace': *Meta-topoi* and *Para-topoi* in Attic Oratory", *Rhetorica* 25: 361-384.

Hornblower, S. (1991). *A Commentary on Thucydides, Vol. I: Books I-III*, Oxford.

Johnstone, S. (1999). *Disputes and Democracy: The Consequences of Litigation in Ancient Athens*, Austin.

Laix, R.A. de (1973). *Probouleusis at Athens: A Study of Political Decision Making*, Berkeley.

Landauer, M. (2012). "*Parrhesia* and the *Demos Tyrannos*: Frank Speech, Flattery and Accountability in Democratic Athens", *History of Political Thought* 33: 185-208.

Leduc, C. (1976). *La Constitution d'Athènes attribuée à Xénophon*, Paris.

Leduc, C. (1980). "En marge de l'*Athenaion Politeia* attribuée à Xénophon", *Quaderni di Storia* 7: 281-334.

Leduc, C. (1984). "Encore le Vieil Oligarque", *Dialogues d'Histoire Ancienne* 10: 429-437.

Lévy, E. (1976). *Athènes devant la défait de 404. Histoire d'une crise idéologique*, Paris.

Levystone, D. (2005). "La *Constitution des Athéniens* du Pseudo-Xénophon. D'un despotisme à l'autre", *Revue Française d'Histoire des Idées Politiques* 21/1: 3-48.

Loraux, N. (1993). *L'Invention d'Athènes. Histoire de l'oraison funèbre dans la "cité classique"*, 2ª ed. Paris.

Loraux, N. (2008a). *La ciudad dividida. El olvido en la memoria de Atenas* [1997], Buenos Aires.

Loraux, N. (2008b). *La guerra civil en Atenas. La política entre la sombra y la utopía* [2005], Madrid.

Marr, J.L. (1983). "Notes on the Pseudo-Xenophontic *Athenaion Politeia*", *Classica & Mediaevalia* 34: 45-54.

Meier, C. (1985). *Introducción a la antropología política de la Antigüedad clásica* [1984], México.

Missiou, A. (1992). *The Subversive Oratory of Andokides: Politics, Ideology and Decision-Making in Democratic Athens*, Cambridge.

Monoson, S.S. (2000). *Plato's Democratic Entanglements: Athenian Politics and the Practice of Philosophy*, Princeton.

Musti, D. (1985). "Pubblico e privato nella democrazia periclea", *Quaderni Urbinati di Cultura Classica* 20: 7-17.

Musti, D. (2000). *Demokratía. Orígenes de una idea* [1995], Madrid.

Nightingale, A. (2004). *Spectacles of Truth in Classical Greek Philosophy: Theoria in its Cultural Context*, Cambridge.

Ober, J. (1989). *Mass and Elite in Democratic Athens: Rhetoric, Ideology, and the Power of the People*, Princeton.

Ober, J. (1996). *The Athenian Revolution: Essays on Ancient Greek Democracy and Political Theory*, Princeton.

Ober, J. & Strauss, B. (1990). "Drama, Political Rhetoric, and the Discourse of Athenian Democracy", en J.J. Winkler & F.I. Zeitlin (eds.), *Nothing to Do with Dionysos? Athenian Drama in its Social Context*, Princeton: 237-270.

Osborne, R. (1999). "Inscribing Performance", en Goldhill & Osborne (eds. 1999): 341-358.

Ostwald, M. (1986). *From Popular Sovereignty to the Sovereignty of Law: Law, Society, and Politics in Fifth-Century Athens*, Berkeley.

Paiaro, D. (2011a). "Las ambigüedades del Estado en la democracia ateniense: entre la libertad y la coacción", en Campagno, Gallego & García Mac Gaw (eds. 2011): 223-242.

Paiaro, D. (2011b). "La ciudad democrática y el poder coercitivo de la *pólis*", en C. Ames *et al.* (eds.), *III Jornadas Nacionales / II Jornadas Internacionales de Historia Antigua*, Córdoba: 312-322, http:// publicaciones. ffyh.unc.edu.ar/index.php/antigua/ article/view/349.

Paiaro, D. (2012). "*Ándres gàr pólis*. Algunas reflexiones acerca de los debates recientes en torno a la estatalidad de la ciudad griega antigua a la luz del caso ateniense", en E. Dell'Elicine, H. Francisco, P. Miceli & A. Morin (eds.), *Pensar el Estado en las sociedades precapitalistas. Pertinencia, límites y condiciones del concepto de Estado*, Los Polvorines: 51-77, https://ediciones.ungs.edu. ar/libro/pensar-el-estado-en-las-sociedades-precapitalistas-2/.

Paiaro, D. (2014). "Salvajes en la ciudad clásica. Pierre Clastres y la antropología política de la democracia ateniense", en M. Campagno (ed.), *Pierre Clastres y las sociedades antiguas*, Buenos Aires: 119-140.

Perlman, S. (1963). "The Politicians in the Athenian Democracy of the Fourth Century B.C.", *Athenaeum* 41: 327-355.

Plácido, D. (1973). "El pensamiento de Protágoras y la Atenas de Pericles", *Hispania Antiqua* 3: 29-68.

Plácido, D. (1988). "La condena de Protágoras en la historia de Atenas", *Gerión* 6: 21-38.

Plácido, D. (1997). *La sociedad ateniense. La evolución social en Atenas durante la guerra del Peloponeso*, Barcelona.

Raaflaub, K.A. (1989). "Contemporary Perceptions on Democracy in Fifth-Century Athens", *Classica & Mediaevalia* 40: 33-70.

Rhodes, P.J. (1972). *The Athenian Boule*, Oxford.

Rhodes, P.J. (1980). "Athenian Democracy after 403 B.C.", *Classical Journal* 75: 305-323.

Rhodes, P.J. (2004). "Aristophanes and the Athenian Assembly", en D.L. Cairns & R.A. Konx (eds.), *Law, Rhetoric, and Comedy in Classical Athens: Essays in Honour of Douglas M. MacDowell*, Swan-sea: 223-237.

Rhodes, P.J. (2010). "The 'Assembly' at the End of Aristophanes *Knights*", en E.M. Harris, D.F. Leão & P.J. Rhodes (eds.), *Law and Drama in Ancient Greece*, London: 158-168.

Rocchi, G.D. (1971). "L'*Athenaion Politeia* del V secolo a.C.", *Parola del Passato* 26: 323-341.

Romilly, J. de (1956). *Histoire et raison chez Thucydide*, Paris.

Rusten, J.S. (1985). "Two Lives or Three? Pericles on the Athenian Character (Thucydides 2.40.1-2)", *Classical Quarterly* 35/1: 14-19.

Ruzé, F. (1997). *Délibération et pouvoir dans la cité grecque de Nestor à Socrate*, Paris.

Sancho Rocher, L. (1997). *Un proyecto democrático. La política en la Atenas del siglo V*, Zaragoza.

Sealey, R. (1987). *The Athenian Republic: Democracy or the Rule of Law?*, Pennsylvania.

Sickinger, J.P. (1999). *Public Records and Archives in Classical Athens*, Chapel Hill.

Sickinger, J.P. (2002). "Literacy, Orality, and Legislative Procedure in Classical Athens", en I. Worthington & J.M. Foley (eds.), Epea *and* Grammata: *Oral and Written Communication in Ancient Greece*, Leiden: 147-169.

Sinclair, R.K. (1999). *Democracia y participación en Atenas* [1988], Madrid.

Slater, N.W. (2002). *Spectator Politics: Metatheatre and Performance in Aristophanes*, Philadelphia.

Starr, C.G. (1990). *The Birth of Athenian Democracy: The Assembly in the Fifth Century B.C.*, Oxford.

Strauss, B. (1993). *Fathers and Sons in Athens: Ideology and Society in the Era of the Peloponnesian War*, London.

Tacon, J. (2001). "Ecclesiastic *Thorubos*: Interventions, Interruptions, and Popular Involvement in the Athenian Assembly", *Greece & Rome* 48: 173-192.

Todd, S.C. (1993). *The Shape of Athenian Law*, Oxford.

Todd, S.C. & Millett, P. (1990). "Law, Society and Athens", en P. Cartledge, P. Millett & S. Todd (eds.), *Nomos: Essays in Athenian Law, Politics and Society*, Cambridge: 1-18.

Vernant, J.-P. (1982). *Mito y sociedad en la Grecia antigua* [1974], Madrid.

Vernant, J.-P. (2008). *Atravesar fronteras. Entre mito y política, II* [2004], Buenos Aires.

Vidal-Naquet, P. (1989). "Edipo entre dos ciudades. Ensayo sobre el *Edipo en Colono*", en J.-P. Vernant & P. Vidal-Naquet, *Mito y tragedia en la Grecia antigua II* [1986], Madrid: 185-221.

Villacèque, N. (2013a). *Spectateurs de paroles! Délibération démocratique et théâtre à Athènes à l'époque classique*, Rennes.

Villacèque, N. (2013b). "Θόρυβος τῶν πολλῶν: le spectre du spectacle démocratique", en A. Macé (ed.), *Le savoir public. La vocation politique du savoir en Grèce ancienne*, Besançon: 287-311.

Wallace, R.W. (1997). "Poet, Public, and 'Theatrocracy': Audience Performance in Classical Athens", en L. Edmunds & R.W. Wallace (eds.), *Poet, Public, and Performance in Ancient Greece*, Baltimore: 97-111.

Will, E. (1978). "Un nouvel essai d'interprétation de l'*Athenaion Politeia* pseudoxénophontique", *Revue des Études Grecques* 91: 77-95.

Worthington, I. (1991). "Greek Oratory, Revision of Speeches and the Problem of Historical Reliability", *Classica & Mediaevalia* 42: 55-74.

3

Los objetos de la democracia:
materialidad y ciudadanía en la comedia de Aristófanes

Claudia N. Fernández
IdIHCS/Universidad Nacional de La Plata-CONICET

> "...L'objet est la signature humaine du monde".
> *Les planches de l'Encyclopédie de Diderot*
> *et d'Alembert vues par Roland Barthes*

Los textos de las tragedias y comedias griegas que han llegado hasta nosotros no son sino descarnados libretos de representaciones originales, tal vez con algunas incorporaciones provenientes de puestas en escena posteriores (Revermann, 2006: 95). Tales libretos inscriben en sus diálogos huellas de su efectiva representación, o al menos directrices de potenciales escenificaciones, aspectos que en los últimos años han recibido una especial atención por parte de los estudiosos de la "literatura" clásica. Para ahondar en estos análisis, han venido en auxilio también otras fuentes, como las pinturas de vasos que ilustran performances de obras teatrales o los datos provenientes de la arqueología acerca de la arquitectura teatral. Son estos tipos de estudios los que han revelado el significativo rol que desempeñaban en la escena antigua los objetos manipulados por los actores –sobre todo si tenemos en cuenta que la *orkhéstra* era esencialmente un espacio vacío, ocupado casi exclusivamente por el cuerpo de los comediantes–, así como la versatilidad con la que fueron explotados por los autores de teatro[1].

---

1   Consideramos objetos aquellos elementos escénicos tangibles, discretos, móviles, no animados, sobre los que el actor interviene, ya sea desplazándolos espacialmente o alterándolos de alguna forma. Sofer (2003) cree determinante, para su definición, el criterio de la manipulación, frente al de la portabilidad, lo que termina descartando

En tal sentido, si comparamos el tratamiento que la comedia y la tragedia han dado a los objetos, salta a la vista que los de la comedia poseen una dimensión más mundana y menos poética –se trata, en su mayoría, de alimentos y bebidas, seguidos por utensilios domésticos y mercancías de todo tipo, y los elementos propios de algún ritual (Tordoff, 2013)[2]–, al tiempo que son exhibidos en gran cantidad, para ser descartados con el mismo vértigo con el que llegaron (muchos sin motivo y desvinculados del progreso de la acción; Poe, 2000), mientras que la tragedia suele concentrarse en unos pocos objetos que capturan la atención del espectador por un lapso relativamente largo[3]. Las imágenes de la gran serie de vasos que ilustran episodios de comedia confirman esta percepción que se desprende del diálogo: muestran a menudo a actores cómicos rodeados de grandes y pequeños objetos como altares, árboles, sillas, además de cosas fáciles de llevar, como contenedores de variadas formas, instrumentos musicales, comidas, escaleras, tablitas, equipajes, etc. (Taplin, 1993: 35-36)[4].

La comedia lleva hasta los límites las posibilidades estéticas de los objetos, potenciando sus efectos e intensidad: no solo identifican o caracterizan a los personajes que los portan, sino que generan reacciones que impulsan la acción o respuestas afectivas de implicancias ideológicas, creando relaciones espaciales que comportan significados simbólicos, metafóricos o metonímicos; algunos aparentan tener autonomía y vida propia, razón por la que Mueller (2016) ha propuesto verlos como verdaderos actores. Una gran parte de estos objetos se relaciona con la experiencia personal y colectiva de los espectadores en el marco de su vida

---

elementos de alto valor simbólico como cuadros o estatuas presentes en la escena. Fischer-Lichte (1983), con un criterio no tan restrictivo, llama objeto a aquello que el actor usa en la representación y sobre el cual focaliza su gesto intencional.

2   También la vestimenta del actor deviene con frecuencia objeto, en consonancia con la alta incidencia de las rutinas de travestismo en escena; sobre el tema, véase Said (1987).

3   English (2000; 2005) observa que en las diecisiete piezas de Eurípides es posible contar apenas ochenta y dos objetos, mientras que en las comedias de Aristófanes como *Avispas*, *Paz*, *Aves* y *Tesmoforiantes* están rondando los cincuenta en cada una, y *Acarnienses* tiene más de cien.

4   Estas imágenes fueron asociadas erróneamente con escenas de *phlýakes* sicilianas, debido a su época (siglo IV a.C.) y procedencia. Sin embargo, los trabajos de Green (1994) y, sobre todo, Taplin (1993; 2007) han demostrado que se relacionan con reposiciones de comedias antiguas en la Magna Grecia.

Julián Gallego / Claudia N. Fernández (comps.)

política y social cotidiana, y, en esa dirección, transportan información económica, cultural, ideológica y afectiva de su tiempo; no arriban a la escena inocentemente, sino que acarrean su propia carga histórica y cultural, y sobre estos aspectos, pocas veces estudiados, reposa su impacto visual y cognitivo. Por este motivo, una disciplina como el materialismo cultural –heredero del nuevo historicismo– puede proveer una orientación teórica interesante para estudiarlos[5]. En efecto, antropólogos e historiadores han visto cómo la energía social circula en la producción material: las cosas están embebidas de –e involucradas con– el sentido de las actividades humanas y las relaciones sociales, y por ello están cargadas emocionalmente y son manifestaciones de la interacción de los sujetos entre sí y de los individuos con las cosas.

En atención a la incuestionable vinculación de la comedia antigua con la política de su tiempo[6], nos proponemos indagar, en las comedias conservadas de Aristófanes, cómo ciertas actividades políticas relacionadas con el ejercicio de la ciudadanía se materializan, icónica y simbólicamente, en la escena teatral[7]. Las responsabilidades cívicas –ejecutivas y legislativas– de un ciudadano adulto ateniense eran muchas y variadas: podía resultar elegido para ser uno de los 500 miembros del consejo, participar de las comisiones a cargo del tesoro, oficiar de auditor o controlador del mercado, etc. Sin embargo, hay tres servicios públicos

---

5   Dejaremos de lado las diferencias que algunos establecen entre objeto ("object") y cosa ("thing") u objeto y artefacto. Destacamos, en ese campo teórico, los trabajos de autores como Appadurai (ed. 1986); Latour (1991); Brown (2001; ed. 2004; ed. 2015); Miller (ed. 2005; 2008), y los aportes de pensadores de la cultura como Bourdieu, de Certeau, Foucault, Baudrillard, Augé. Todos ellos han infundido nueva vida al estudio de las cosas, poniendo en jaque la tradicional oposición entre objeto y sujeto.

6   La comedia antigua se dio en llamar comedia política y la etiqueta proviene de la propia Antigüedad; desde antiguo Aristófanes, Éupolis y Cratino fueron elegidos como los mayores exponentes del género. Con esa selección se deja de lado otra vertiente muy importante, más centrada en la intriga evasiva o la burla mítica, de cuya existencia dan cuenta algunos fragmentos y títulos, y que autores como Crates y Ferécrates parecen haber cultivado. Sobre estos dos filones del género cómico, véanse, entre otros, Mastromarco (1994), Csapo (2000), y muchos de los capítulos en el manual sobre comedia editado por Fontaine & Scafuro (eds. 2014).

7   Las comedias de Aristófanes, con las excepciones de *Aves* y *Ranas*, se desarrollan en Atenas o en el Ática. Le gusta a la comedia sobrepasar las barreras entre comedia y espectador y esta es una forma de hacerlo. Las alusiones a la topografía de Atenas o a la geografía del Ática, junto con los objetos, mencionados o presentes en escena, tienen en principio una función referencial y contribuyen a crear un efecto "tópico".

que se arrogaban el protagonismo de la vida política democrática; nos referimos a: 1) la participación en la asamblea soberana; 2) el servicio militar en la guerra; 3) el enrolamiento como juez en las cortes. De las tres prácticas mencionadas da sobrada cuenta la comedia de Aristófanes, y nuestra intención es plantear algunas observaciones a partir de la manipulación de los objetos relacionados con ellas, para lo cual optamos por seleccionar algunos ejemplos representativos en los que la exhibición de la parafernalia asociada con las prácticas políticas en los años de la democracia más radical implican la construcción de roles cívico-sociales y la toma de posición respecto del mundo.

El asambleísta

La asamblea soberana (*kyría ekklesía*) era el órgano deliberativo más importante en el ejercicio de la ciudadanía[8]. La amplitud de su agenda incluía la toma de decisiones en casi todas las cuestiones públicas, ya sea el arbitrio de acciones concernientes a la guerra, la paz, las leyes, o la resolución de asuntos administrativos más ordinarios y menos trascendentes. Aristófanes recrea en escena el desarrollo de encuentros asamblearios en dos de sus comedias, *Acarnienses* y *Asambleístas*. La primera expone *in extenso* el desenvolvimiento de la reunión de los atenienses en la Pnix (vv. 1 ss.), con el fin de parodiar el irresponsable comportamiento de los ciudadanos involucrados y exhibir algunos de sus personajes más bizarros, como los embajadores autóctonos y las delegaciones extranjeras por igual. Las críticas más evidentes de su sátira apuntan a la despreocupada negativa del pueblo ateniense por tratar el tema de la paz, situación que lleva al protagonista de la pieza, Diceópolis, al arreglo de una concertación privada con los espartanos. A decir verdad, la crítica al comportamiento ciuda-

---

8   Con las reformas de Clístenes, las leyes y las acciones públicas empezaron a ser responsabilidad del pueblo de Atenas gracias a su intervención en la asamblea y el consejo de los 500. Las evidencias arqueológicas demuestran que durante el siglo v a.C. la Pnix, colina al sudoeste del ágora donde se celebraba la asamblea, permitía albergar unas seis mil personas, número que se incrementó, con su remodelación, en el siglo venidero, cuando las deliberaciones al año rondaban las cuarenta. Podían participar todos los ciudadanos varones mayores de dieciocho años enrolados en el registro de su demo y, a partir del 392 a.C., recibían el pago de tres óbolos. Véase el análisis de Gallego en el Capítulo 1: *Participación asamblearia y cultura política en la Atenas democrática.*

dano permea la totalidad de las comedias del autor, pero son *Caballeros*[9] y, sobre todo, *Asambleístas* las que recogen las principales acusaciones. El argumento mismo de esta última, que se asienta en la necesidad de justificar el golpe de estado femenino a causa de la inconsistente política de Atenas, explica la razón de este compendio de escarnios dirigidos a los atenienses; entre ellos, un gran desinterés por las cuestiones de la *pólis*, la elección de líderes corruptos (vv. 176 ss.), la imposibilidad de llegar a acuerdos (197-198), la inconstancia en sus opiniones (199 ss.), el egoísmo individualista y el afán de lucro personal.

En esta comedia, una de las últimas conservadas (391 a.C.), asistimos al ensayo de las mujeres (vv. 1 ss.), previo a la infiltración en el debate asambleario que les permitirá quedarse con el destino de la ciudad, y de cuyo efectivo desenvolvimiento sabremos luego, a través de la versión de Cremes, uno de sus eventuales asistentes (376 ss.). El hecho mismo de que las mujeres tengan que hacerse pasar por asambleístas permite dejar al descubierto los mecanismos y materiales necesarios para alzarse con la ciudadanía de la que están normalmente excluidas. La apropiación de la indumentaria propia del "hábito" masculino, como el manto (v. 75: θαἰμάτια τἀνδρεῖα), el calzado laconio (74: Λακωνικάς) y el bastón (74: βακτηρίας), señalados por la heroína Praxágora junto con algunos protocolos del comportamiento varonil, no materiales, como el modo de hablar (v. 149) –los hombres no juran por las diosas femeninas, por ejemplo– y de andar masculinos (545: "hacía ruido con los pies"), asegurarán la apariencia deseada y el consiguiente engaño[10]. Sin embargo, en el largo episodio que ocupa el travestismo en escena, el diálogo señala con obstinación un objeto que termina concentrando toda la atención y absorbiendo, en su manifestación, la expresión misma del ansiado estatus ciudadano. Nos referimos a las barbas postizas que atan las mujeres a sus mejillas, mencionadas –directa o indirectamente– al menos once veces en los 273 versos que recrean el ensayo femenino (indistintamente como πώγων o γένειον; vv. 25, 68, 70, 71, 99, 118, 121, 123,

---

9   En *Caballeros*, Demo, personificación del pueblo ateniense, es un viejo tonto, siempre gustoso de ser halagado, y que es manipulado sin más por uno de sus esclavos, Paflagonio, no otro que el demagogo Cleón.

10   Las mujeres, además, se han expuesto al sol para aparecer bronceadas como los hombres y han dejado de depilar su vello.

127, 145, 273, vueltas a nombrar en el 494, cuando son desatadas de los rostros y descartadas). Debemos suponer que cada una de estas menciones se ve acompañada de algún gesto particular que, o bien las señale, o bien efectivamente las manipule, separándolas físicamente del cuerpo de los actores. El texto se ocupa por explicar que las mujeres ya las llevan puestas o las están por colgar de sus rostros y que, aunque las consideran "bellas" (v. 70: καλόν; 71: οὐκ ὀλίγῳ καλλίονα), se imaginan ridículas con ellas (126-127: "como quien atara barbas a una sepia"; 502: "una bolsa pegada en las mejillas"), por lo que preferirían no tenerlas (145).

Las barbas, es casi una obviedad decirlo, operan como indicadoras de género y edad: esto es, masculinidad y adultez, que son los parámetros que determinan el estatuto ciudadano del griego. La comedia no se contenta con reflejar meramente este dato, sino que lo destaca y enfatiza. Se trata de una característica de índole orgánica o natural, la de "barbado", la que queda equiparada sin más a la categoría político-social del "ciudadano". La ciudadanía era efectivamente una condición de tipo biológica, pues se nacía potencialmente ciudadano, es decir, parte integrante del reducido grupo de los libres con derechos, y deberes, públicos[11]. Los estudios de género, en particular, han destacado el carácter inherentemente "machista" de la política ciudadana en Atenas, y las barbas postizas de las mujeres de *Asambleístas* vienen a reproducir, refrendar y "objetivar", en su ridículo exhibicionismo, esta circunstancia.[12]

Asimismo, las barbas, en realidad la abundancia de vello en general, se asociaban con la valentía y la virilidad, las virtudes cardinales de la masculinidad[13]. Esta misma ecuación, que equipara virilidad con ciudadanía, está en la base de la concepción que considera homosexuales, afeminados o pervertidos a los ciudadanos o políticos perversos, como los demagogos. En *Nubes*, la denuncia de corrupción generalizada –que alcanza a tragediógrafos, oradores del pueblo y público teatral– se resume en el calificativo de "culianchos" que los describe (1085, 1090, 1091, 1093, 1098: εὐρύπρωκτοι).

---

11 A partir de Pericles, se debía ser hijo de padre y madre ateniense.

12 Lo que no significa que la comedia haga una defensa de las mujeres; la ironía que permea toda la obra, pero sobre todo la segunda parte, ofrece reparos sobre el sentido utópico de la ginecocracia impuesta por Praxágora; cf. Flashar (1967).

13 Véase la mención al estratego Mirónides, en *Lisístrata*, 202-203, peludo y un "culonegro para todos sus enemigos".

Pero no acaba allí la cosa. La "factoría del vello" que se ha montado en *Asambleístas* al servicio de la "manufacturación" de la ciudadanía consigue desplazarla de su ámbito natural, el de la *phýsis*, hacia el ámbito de la convención y la cultura: la performance de las mujeres ha probado ser exitosa y la simulación no impidió el normal desarrollo de la asamblea. Se ha señalado que la actuación de las mujeres pone sobre el tapete el carácter artificial y engañoso de los agentes políticos que quedan equiparados a los protagonistas del quehacer teatral[14]. La observación va más allá, porque es la identidad misma del género masculino la que se alcanza con el disfraz y la actuación adecuados, lo que implica el despojamiento de cualquier contenido ontológico. Siempre que las barbas femeninas son nombradas, se recuerda que se trata de una mentira: se reitera que están "cosidas" (24: ἐρραμμένους) y "atadas" alrededor de la cara (v. 100: περιδησόμεσθ'; 118: περιδουμένη; 121: περιδοῦ; 273: περιδεῖσθε): que nadie se engañe ni las confunda con la que llevan los actores que interpretan papeles masculinos, aunque ambas son igual de artificiales y parte de la utilería teatral.

Podría afirmarse que, habida cuenta del desenvolvimiento típico de la asamblea, con votaciones a mano alzada[15], sin necesidad de ninguna instrumentación material específica, como la requerida en otras prácticas cívico-políticas, la expresión material del ciudadano asambleísta se ve reducida a una mera cuestión de pilosidad.

El militar

Todo adulto libre griego formaba parte del ejército alguna vez en su vida, y cumplía de este modo con uno de los deberes más importantes del ciudadano[16]. A los dieciocho años, tras su registro en un demo y la aprobación del consejo, el efebo recibía el entrenamiento militar junto con los de su tribu y, a partir de allí, permanecía virtualmente activo durante cuarenta años (hasta los 60), lapso en que podía enrolarse por propia voluntad para participar en las contiendas o ser reclutado compulsivamente (*ek katalógou*). Como

---

14 Cf. Taaffe (1993: 103): "The manipulation of costume and disguise also links the workings of theatre directly to the workings of government".

15 Salvo excepciones en que ciertas magistraturas se votaban utilizando vasijas.

16 También los metecos podían ser soldados y una proporción también minoritaria de marineros eran extranjeros residentes, aliados y esclavos.

la de Atenas era una cultura pro bélica, instaba a los ciudadanos a incorporarse en algunos de sus cuerpos militares, una decisión que se veía determinada por el rango de sus ingresos: los caballeros, seguidos de los hoplitas, pertenecían a las clases más acomodadas; en el extremo opuesto se encontraba el cuerpo de los marineros, integrado por los ciudadanos de menores ingresos, junto con un número indeterminado de esclavos que inclusive obtuvo su liberación con la participación en algunas de estas incursiones, como Arginusas (406 a.C.). Por estas actuaciones el ciudadano alcanzaba el reconocimiento de toda la sociedad, tal como se deja ver en las honras de los funerales públicos dedicados a los muertos en combate, que no repara en la clase social de los involucrados[17].

Es posible pensar que la participación militar extendida a todos los estratos de la población impactó sobre la emergencia y consolidación de la democracia: el sacrificio que suponía la vida militar y la lealtad a la patria eran considerados como la mejor defensa de sus ideales y de la justicia (cf. Pritchard, 2010). El afán imperialista característico de estos años también hizo lo suyo: generó la perfección en las formas de combate y fortaleció la preeminencia del poder militar[18].

De las tres comedias de Aristófanes cuyos argumentos se nutren de la guerra del Peloponeso, nos referimos a *Acarnienses*, *Paz* y *Lisístrata*, tan solo esta última presenta entre sus personajes un cuerpo colectivo de soldados. No los hay en *Paz*, y *Acarnienses* cuenta con un único, pero emblemático, exponente, el general Lámaco[19], que vale más como un compendio cuasi trágico de los ma-

---

17 Las celebraciones fúnebres involucraban una procesión con las cenizas de los muertos, que iba desde el mercado, donde habían sido honrados por tres días, hasta el Cerámico (el cementerio público). La honra se extendía también a aquellos muertos cuyos cuerpos no habían sido rescatados. Sobre el honor que suponía la participación en la guerra da sobradas muestras la propia comedia en los comentarios de los viejos que han participado en Maratón; cf. *Acarnienses*, 696-697; *Caballeros*, 781, 1334; *Lisístrata*, 285; etc.

18 Antes de las reformas democráticas de Clístenes, las campañas militares de Atenas no eran ni iniciadas ni supervisadas por las instituciones políticas ni lideradas por ciudadanos designados públicamente. Es obra de la democracia (501 a.C.) la institución de un cuerpo de diez generales para controlar el ejército. Asimismo, hacia 483 a.C., la flota se expandió hasta alcanzar el número de doscientos trirremes, y crecieron los cuerpos de caballería y arqueros (inclusive los marineros); Pritchard (2010).

19 Fue elegido efectivamente general apenas unos meses luego de la representación de esta comedia. Probablemente la elección de su participación como personaje de comedia se deba a la etimología de su nombre, que contiene la palabra griega μάχη

les ocasionados por la guerra, como una patética encarnación de la política belicista, antes que como modelo del ciudadano militar. Resulta normal que sobre los objetos que componen su armadura –casco, escudo y lanza–, cada uno nombrado y manipulado por igual, recaiga la burla y el repudio, elocuentemente ilustrado con la actitud de Diceópolis, dispuesto a vomitar sobre el escudo del militar (*Acarnienses*, 587). En ese sentido, su manifiesto deterioro luego de la batalla (la Gorgona de su escudo se ha despertado, se han caído las plumas de su casco) visibiliza los quebrantos de una vida sin paz[20]. Mientras que en la tragedia, escudo y espada reciben la misma honrosa consideración que el héroe que los porta, como si fueran una extensión de su propio cuerpo (cf. *Siete contra Tebas* de Esquilo, o *Troyanas* de Eurípides)[21], repitiendo en esto la perspectiva de la épica homérica (cf. el despojo de las armas del guerrero abatido o el significado de la armadura de Aquiles, antes y después de muerto el héroe), en la comedia, en cambio, el escudo simboliza la guerra que es repudiada –colgar el escudo era la expresión que se usaba cuando se abandonaba el campo de batalla (*Acarnienses*, 58, 279)–, y por ello las mujeres de *Lisístrata* se negarán a sacrificar sobre él cuando tengan que jurar fidelidad a su plan (189-190: "Por favor, Lisístrata, no jures sobre un escudo nada que tenga que ver con la paz").

De los militares de *Lisístrata* nos devuelve el diálogo una imagen muy distinta a la del acorazado Lámaco, arropado en su armadura de general. Por ejemplo, no sabemos siquiera si van armados, pues nada se dice sobre el asunto, aunque es dable suponerlo ya que se acercan a escena tras abandonar el campo de batalla (980).

("batalla"). Sommerstein (1981), en su edición de la pieza, propone que su presencia en escena se vea acompañada por un grupo de soldados, tanto en su primera como en su última aparición. Es cierto que en la escena final, luego del combate, apela a la ayuda de sus "amigos", para sostenerse de pie, dado su estado delicado. No es tan claro que antes no estuviera solo en escena.

20   Observa Douglas Olson (2002: lxvii-lxviii): "Lamacho's undoing at the end of the play is accordingly described in large part by means of an account of the ruin of his costume: his great «boaster-bird» feather escapes from his helmet (1182-3), the forgon is knocked loose from his shield (1181), and when he is finally carried on, groaning with pain, his fine clothes are most likely tattered and smeared with mud as a result of his fall into an irrigation ditch (1186)".

21   En tragedia, el escudo, más que la lanza y espada, es el arma más representativa del hoplita; Noel (2015). Recordemos que los escudos extraídos a los espartanos en el 425/4 en Pilos estaban colgados como trofeos en la estoa Poikile.

Sea como fuere, la atención ya no recae sobre la armadura, sino sobre el falo de los soldados, que ha venido, implícita y explícitamente, a ocupar su lugar: "¿Y para eso llegas con una lanza bajo el sobaco?", en referencia al falo del heraldo (*Lisístrata*, 985).

Si bien el falo identificaba a todos los actores de comedia a cargo de roles masculinos –se dejaba ver bajo sus túnicas–, lo distintivo de *Lisístrata* reside en el hecho de que esta parte habitual del disfraz adquiere una apariencia y estándar nuevos, al recibir el tratamiento dramático propio de un verdadero objeto teatral. Su primera incidencia es la de generar una fuerte cohesión en la totalidad de la tropa masculina, atenienses y espartanos por igual, dejando afuera a los varones ancianos[22]. Tematizado recurrentemente en el diálogo y calificado por los propios personajes como una enfermedad (vv. 1085, 1088; una desgracia: 997, 1078), condensa en su expresión material, y desde la perspectiva masculina inscripta en la obra, la historia de una derrota. El falo, erguido como se exhibe, es la señal más evidente de la desgracia caída sobre los maridos, sometidos por unas esposas que los han doblegado por medio de una huelga sexual. Convulsionados como están (1089), los falos son verdaderos estigmas que ellos se ocupan por esconder sin éxito (1094, 1096), y no les quedará otra salida que concertar el acuerdo de paz que las mujeres reclaman.

Podrá resultar gracioso, pero no sorprendente, que el falo monopolice el rango de objeto caracterizador de los esposos militares, cuando es el deseo sexual ingobernable el que los deja a merced de las mujeres. Pero, ¿qué decir cuando en un contexto diferente –sin mujeres, ni huelga sexual, ni nada relacionado–, nos enfrentamos con la imagen de un ciudadano militar igualmente caracterizado? Nos referimos a la pintura de una vasija de vino del siglo V (publicada por K. Schauenburg), con la imagen de un soldado ateniense semidesnudo, pene en mano, pronto a penetrar a un arquero persa –la vestimenta de este último no deja lugar a dudas– quien, desde el otro lado de la vasija, parece preparado para el asalto, inclinado hacia delante como está, el trasero eleva-

---

22   Unos versos antes (831), Cinesias (nombre derivado de κινέω, vulgarismo para expresar el acto sexual), de la tribu Peónidas (también alusivo a las relaciones sexuales, de παίω), llega desesperado en búsqueda de su mujer, Mírrina (también nombre parlante que remite al mirto, asociado con Afrodita), y alude en reiteradas ocasiones a su falo erecto (vv. 848, 863, 928, 937, 953, 956).

do, con las manos a ambos lados de la cabeza, en un claro gesto de aflicción un tanto afeminado. El sentido de la imagen ha recibido varias, y hasta disímiles, interpretaciones. Cartledge (1998), por ejemplo, ha creído ver en el ateniense en cuestión a un militar en servicio, sexualmente activo, es decir, un retrato del hoplita ateniense enfrentado al militar bárbaro, cuya imagen afeminada era habitual entre los griegos, que consideraban sus relajadas costumbres ajenas al autocontrol que la virilidad griega requería[23]. En la misma dirección, Winkler (1990), esta vez a partir de un pasaje de un discurso de Esquines (2.150-151)[24], sostiene que el militar hoplita constituía el modelo de virilidad en el mundo griego, razón por la cual se consideraba al *kínaidos*, el "pervertido", su opuesto social, aquel que violaba o contravenía la definición social dominante de la masculinidad[25]. El mismo Winkler trae a cuento como prueba de estas asociaciones el título alternativo de *Andrógynoi* (*Hombres afeminados*) que recibía una comedia de Éupolis llamada *Astráteutoi* (*Los que evitan el servicio militar*). Se esperaba que en el ejército los hombres demostraran fortaleza, coraje, autocontrol y disciplina, todos ellos rasgos típicos de la virilidad.

La homologación de las virtudes de la masculinidad y el arrojo militar están en la base etimológica de la *andreía*, en su doble acepción de virilidad y coraje (etimológicamente proviene de ἀνήρ, "varón")[26]. El adjetivo ἀνδρεῖος designa el valor del soldado que resiste con coraje su puesto en la línea de batalla, vale decir que la guerra es el terreno propicio para su manifestación (cf. Rosen & Sluiter, eds. 2003). Desde de esta perspectiva, el plan de las mujeres de *Lisístrata* cobra un nuevo sentido, porque ellas han

---

23 La ilustración viene acompañada de una inscripción: "Soy Eurimedón, estoy inclinado hacia adelante". Eurimedón es el nombre del río donde los atenienses (al mando de Cimón) vencieron a los persas en el 467 a.C., de modo que la imagen de la dominación sexual debe interpretarse como señal de victoria. Si bien Cartledge vincula la figura con el imperialismo, en su sentido cultural e ideológico, hay otras interpretaciones, como la de Miller (2010), por ejemplo, para quien lo que se representa es la visión despreciativa y denigratoria de las clases altas frente a la flota de marineros.

24 ¿Piensas que desearían ser diez mil hoplitas (ὁπλίτας) iguales a Filón –no solo así de bien dispuestos con respecto al cuerpo sino también así de sensatos con respecto al alma– o treinta mil pervertidos (κιναίδους) como tú?

25 Según Winkler (1990), los tres componentes de la acusación dirigida contra el *kínaidos* son promiscuidad, pago y pasividad.

26 En Platón, *Timeo*, 90e, los hombres cobardes se reencarnan en mujeres; cf. Dover (1974: 95-102).

sabido atacar a los hombres con golpe certero allí donde reside, simbólicamente, su fortaleza guerrera. Paradójicamente, también allí reside su mayor debilidad. Diallage (la personificación de la Reconciliación) conduce, asiéndolos de sus respectivos falos, a un soldado ateniense y a un soldado espartano para que acuerden un tratado de paz (1115-1121). No hay imagen más elocuente: el vigor sexual se vuelve objeto y la metáfora cuerpo; la burla lanza sus dardos contra la falocracia reinante y se desnuda ante el público la vulnerabilidad del ciudadano militar.

El juez

Una de las críticas más sostenidas de la comedia aristofánica es la dirigida a la manía de los ciudadanos atenienses de participar como jurados en las cortes populares, una "enfermedad" (*Avispas*, 87) que forma parte de su obsesiva inclinación por litigar en todos los órdenes[27]. Se consideraba un mal extendido entre los varones de Atenas, y, en verdad, no faltaban ocasiones para despuntar el vicio, si tenemos en cuenta que habría habido sesiones tribunalicias durante aproximadamente 200 días al año (cuanto menos 150).

Los jurados conformaban un subgrupo entre los ciudadanos, compuesto por varones adultos de más de treinta años[28]. También las cortes fueron un componente esencial de la consolidación del gobierno democrático, interviniendo en la toma de decisiones en cuestiones como la administración de la justicia y la supervisión de los magistrados[29]. Los jueces tenían un gran poder, si pensa-

---

27   La comedia asocia sin más al ateniense con el juez, y es por eso que Estrepsíades, en *Nubes*, 208, se sorprende cuando en el mapa de Atenas no se ven los jueces sentados en el tribunal. En *Asambleístas*, 460, la primera objeción del marido de Praxágora, cuando las mujeres toman las riendas de la ciudad, es la imposibilidad de seguir siendo juez. Véase el examen de Buis en el Capítulo 6: *Efectos afectivos, afectos efectivos: acerca de las regulaciones emocionales de la justicia en* Avispas *de Aristófanes*, en este mismo volumen.

28   Los jurados estaban conformados por 201 ciudadanos (en casos importantes el número podía ascender a 1001, 1501, o 2001) y funcionaban diez cortes al mismo tiempo. Para su selección se usaba, en el siglo IV, el dispositivo conocido con el nombre de *klerotérion*, pero en el siglo V, a juzgar por *Avispas*, era suficiente con que el futuro juez llegara temprano a ocupar un asiento en alguna de las cortes. Sobre la importancia política de los tribunales, véase el estudio de Requena en el Capítulo 5: *Imperio de la ley y democracia ateniense*.

29   El espectáculo de las cortes también formó parte de la imaginería de los vasos, a diferencia de lo ocurrido con la asamblea o el consejo, de cuyo desenvolvimiento no

mos que sus veredictos no solo concernían a casos rutinarios, sino que trataban también posibles violaciones procedimentales de las asambleas, como decidir, por ejemplo, si un decreto o ley votado era o no constitucional, y, en tanto podían revertir estas decisiones, se constituían en la autoridad suprema[30]. Por otro lado, también en las cortes se decidían algunas cuestiones militares, o se adjudicaba la *dokimasía* (que determinaba la capacidad de los ciudadanos para el ejercicio de derechos y deberes públicos). A su vez, en los discursos forenses solía aludirse al servicio militar de los implicados como prueba de su ayuda al estado.

Ninguna comedia mejor que *Avispas* para ilustrar el fervor que despertaba el sistema judicial ateniense, así como para compendiar cada una de las denuncias que podían esgrimirse contra su ejercicio, detalladas en boca de Bdicleón, el hijo del juez-avispa, con el afán, poco efectivo, de convencer a su padre, el heliasta Filocleón, un fanático de los juicios: los demagogos han convertido a los jueces en sus esclavos, con una paga miserable, en tanto ellos se quedan con la mejor tajada de todos los ingresos públicos (vv. 655 ss.). La comedia materializa el vigor de las cortes con una aparatosa parafernalia de objetos ligados al protocolo tribunalicio, en ocasión de la transposición del *dikastérion* al *oîkos* de Filocleón. En principio, estos elementos funcionan metonímicamente –son una parte para representar un todo– y generan una superposición grotesca de paisajes y entornos que se repelen entre sí (*Avispas*, 819 ss.). El *dikastérion* formaba parte importante del paisaje político-social de la Atenas del momento y los objetos relacionados con él capturan estándares sociales, políticos y también morales, compartidos por la ciudadanía ateniense. Cuando son separados de su entorno público natural, como en el caso de *Avispas*, transportan consigo la simbolización del espacio que los contiene. En ese sentido, la corte hogareña, sede del juicio contra el perro Labes[31], constituye la materialización de un absurdo.

---

hay registro en imágenes; cf. Neer (2002), que comenta la ilustración de una escena de este tipo en un vaso atribuido al pintor de Stieglitz.

30　Cf. Demóstenes, 57.56: "Pues veo, atenienses, que los tribunales (τὰ δικαστήρια) tienen más autoridad (κυριώτερ᾽ ὄντα), no solo que los votos de los halimusios, sino incluso que el consejo y la asamblea (τῆς βουλῆς καὶ τοῦ δήμου), y con razón (δικαίως), ya que todas vuestras sentencias son las más justas".

31　Dos perros domésticos litigan en la casa por el robo de un queso. Se trata del perro Labes ("Apañador") –en verdad el general Laques– y el perro de Cidateneo –el

Para poder llevar a cabo el juicio doméstico, el anciano heliasta reclama la valla que resguardaba los tribunales, la estatua de Lico plantada a su entrada (v. 819), los tablones de anuncios y denuncias (848), una clepsidra (857)[32], las urnas (853), objetos que uno a uno son ingresados e integrados en el hogar. Exponentes de muchos de estos artefactos ocupan hoy un lugar en los anaqueles del museo del ágora ateniense, donde precisamente fueron hallados (cf. Lang, 2004)[33]. Se trata de bienes culturales, "cosas del estado", distintas de los enseres y pertenencias privadas, y de las mercancías comercializadas en el propio mercado. En su base se encuentra la inscripción "DE", una abreviatura de *demosíon* ("del pueblo"), lo que nos hace pensar en la contravención que suponía que cosas de propiedad pública se infiltraran en un ámbito privado.

Pero no se trata solo de una transgresión espacial o de la mera dislocación de las cosas. Todo ello está al servicio de visibilizar la anómala relación que con los tribunales tenía Filocleón –y una gran parte de la ciudadanía ateniense–, que había convertido el lugar en sus hogares (Crane, 1998)[34]. La distorsión afectiva que el viejo manifiesta por los objetos que allí se encuentran advierte sobre el inapropiado rol de una institución democrática como las cortes populares: el hombre pide ser enterrado en el tribunal, bajo la misma valla (386: "si me pasa algo, tras recoger el cadáver y llorarme, enterradme bajo la valla"), duerme agarrado al pilar (105) y llama hermoso al embudo de la urna en la que se vota (99).

La teoría de las cosas (*thing theory*; cf. Brown, 2001; ed. 2004) llama la atención sobre la capacidad de los objetos para afectar a la gente, su solvencia para actuar, inclusive para eludir o resistir el fuerzo humano de objetivarlas. En esa dirección, los objetos del tribunal de *Avispas* provocan respuestas, generan creencias,

---

curtidor Cleón–; el robo del queso aludiría a la malversación de fondos públicos destinados a la expedición a Sicilia (837 ss.).

32 Reloj de agua que limita el tiempo en que los litigantes exponen sus casos, de acuerdo con el monto de dinero involucrado según la seriedad del delito.

33 El ágora era el centro neurálgico de la vida ciudadana: el lugar del mercado, las procesiones religiosas, las competencias atléticas, el entrenamiento militar y algunas representaciones teatrales, amén de su cercanía con edificios claves para la democracia, como el *bouleutérion*, la sede de los magistrados, los archivos, la casas de la moneda, las cortes y oficinas cívicas. Mantiene una relación contigua con la Pnix, el areópago y la Acrópolis.

34 Según Crane (1998), asistimos en *Avispas* a un golpe de devolución del *oîkos*, que se apropia de los símbolos y las prácticas de las cortes.

y logran dar vuelta la lógica que supone que son los humanos los que le dan su forma, para ser ellos los que dan forma a los humanos. Las cosas del tribunal han dejado su huella en el cuerpo del juez, quien, de la costumbre de sujetar la piedra de votación, se despierta apretando los tres dedos (94-95), y lleva rastros de cera con la que vota en sus manos (107-108: "parece una abeja o un moscardón con los dedos completamente llenos de cera caliente")[35]. Y no es solo la sorprendente pugna de los objetos por meterse en el cuerpo del juez, sino que él mismo pide ser convertido en objeto: "conviérteme en piedra sobre la que se cuentan los votos" (332).

No escapa tampoco el heliasta a aquella lógica fetichista que otorga a las cosas un poder sobrenatural, como se suponía tenían los monumentos religiosos o los objetos mágicos; y es esta creencia la que hace que se refiera a ellos como "cosas sagradas" (831: τῶν ἱερῶν). Se nos ocurre pensar que la exagerada devoción de Filocleón para con ellos se vea reflejada en una exagerada desproporción de sus dimensiones, como sabemos que efectivamente ocurría con otros objetos de comedia[36]. Los objetos, en *Avispas*, están al servicio de una acérrima crítica, y denuncia, contra una de las instituciones más caras a la ciudadanía ateniense.

Algunas conclusiones

No parece de antemano evidente o necesario que algo inmaterial, como es el estatus ciudadano, forzosamente deba manifestarse de forma material. Sin embargo, en la práctica teatral, cuya esencia misma es la presencia física de actores y públicos en un mismo

---

35 No es el único caso. De demagogos (*Caballeros*, 205, 1083) y estatuas de dioses por igual (*Asambleístas*, 782-783), nos dice la comedia que andan con las manos para arriba para recibir los sobornos.

36 La comedia *Paz*, por ejemplo, exhibe dos objetos gigantes: el escarabajo sobre el que se monta Trigeo (82 ss.) y el enorme mortero en el que Pólemo machaca las ciudades griegas para hacerlas puré (236 ss.). Objetos de grandes dimensiones habrían sido también la red que impide que Filocleón se escape de su casa en *Avispas* (131-132), la balanza en *Ranas* (1364 ss.), la estatua de *Paz* (520 ss.), la jarra con la que se jura en *Lisístrata* (199 ss.), la canasta en que aparece Sócrates (*Nubes*) etc.; cf. Revermann (2013). La pintura de vasos ratifica esta inclinación de la comedia antigua a exhibir grandes objetos en escena, como se ve por el busto de Dioniso de grandes dimensiones que aparece en una crátera de Apulia (390-380 a.C., Museo de Arte de Cleveland), con dos actores cómicos a cada uno de sus lados, o el huevo gigante en otro vaso de la misma región (380-370 a.C., Museo Arqueológico de Bari), que podría estar relacionado con el nacimiento de Helena; cf. Csapo (2010: 53 ss.).

espacio, la materia se vuelve vehículo insoslayable de la comunicación, y, en ese contexto, el objeto resulta un recurso clave de la creación poética. Nuestro estudio viene a ratificar esta instancia en lo que a la comedia aristofánica se refiere, con el análisis de las formas en las que una categoría cívico-política se torna objeto, esto es, materia en escena, una perspectiva de estudio distinta a la tradicional, a partir de la cual arribamos a la formulación de algunas observaciones significativas.

Si nos atenemos a los objetos que las identifican –barbas y falos–, las actividades de asambleístas y guerreros muestran un fuerte vínculo con lo biológico y lo natural –la ciudadanía se inscribe en el cuerpo-objeto del ciudadano–, a diferencia de lo que ocurre con la práctica judicial, para cuya recreación la escena se puebla de objetos comunitarios e institucionales, claros exponentes de la cultura material de la época. Podría aducirse que esta elección se ve motivada por las restricciones que impone la trama argumental en cada comedia, y sin duda existen estos condicionamientos. Sin embargo, el cotejo con otras fuentes –literarias y pictográficas– ratifican esta tendencia, como la identificación entre vigor sexual y coraje militar, lo que nos habla de un imaginario social del que los objetos teatrales también informan.

En efecto, el voto en la asamblea se percibe como una expresión natural del varón ciudadano, a diferencia de lo que sucede con el voto de los heliastas, pura convención cultural, sobre el que recaen las críticas más duras, gran parte por medio de la exhibición y manipulación irónica de los objetos propios del protocolo de las cortes. Estos objetos –dislocados, manipulados, adorados por un juez apasionado– pugnan por (entro)meterse, "anti natura", en el cuerpo del viejo, que termina presentándose más bien como una víctima del engranaje judicial y de la política democrática más radical. En cambio, la actividad de los asambleístas así como la del guerrero se sitúan del lado de la *phýsis*. De este modo la guerra constituye el espacio natural para la manifestación de la virilidad, que acaba siendo, entonces, una virtud política. De allí que la corrupción, tanto moral como cívica, se vincule con el afeminamiento y la homosexualidad; esto vale tanto hacia el interior de la *pólis*, para los demagogos, o hacia el exterior, para los persas (cf. *Acarnienses*, 661-664: "...el bien y lo justo serán mis aliados, jamás seré atrapado siendo cobarde (δειλός) y maricón (λακαταπύγων) como aquel [Cleón]".

Desplazados de su contexto natural, o deformados, los objetos estudiados devienen el soporte cómico crítico, la piedra de toque para poner al desnudo la anomalía política que exige ser interrogada. La cosificación del cuerpo, total o parcial, así como la separación y reagrupación que implica el desplazamiento de objetos hacia la escena, implica una alteración, morfológica o espacial, que insta a modificar también el lugar de nuestra percepción, y objetan, nunca mejor dicho, los modos de hacer política ciudadana.

Bibliografía

Appadurai, A. (ed. 1986). *The Social Life of Things: Commodities in Cultural Perspective*, Cambridge.

Brown, B. (2001). "Thing Theory", *Critical Inquiry* 28: 1-22.

Brown, B. (ed. 2004). *Things*, Chicago.

Brown, B. (ed. 2015). *Other Things*, Chicago.

Cartledge, P. (1998). "The Machismo of the Athenian Empire –Or the Reign of the Phaulos?", en L. Foxhall & J. Salmon (eds.), *When Men were Men: Masculinity, Power and Identity in Classical Antiquity*, London: 54-67.

Crane, G. (1998). "Oikos and Agora: Mapping the Polis in Aristophanes' *Wasps*", en G. Dobrov (ed.), *The City as Comedy. Society and Representation in Athenian Drama*, Chapel Hill; 198-229.

Csapo, E. (2000). "From Aristophanes to Menander? Genre Transformations in Greek Comedy", en M. Depew & D. Obbink (eds.), *Matrices of Genre: Authors, Canons, and Society*, Cambridge: 115-134.

Csapo, E. (2010). *Actors and Icons of the Ancient Theatre*, Oxford.

Douglas Olson, D. (2002). *Aristophanes: Acharnians* (ed., intr. y com.), Oxford.

Dover, K. (1974). *Greek Popular Morality in the Time of Plato and Aristotle*, Los Angeles.

English, M. (2000). "The Diminishing Role of Stage Properties in Aristophanic Comedy", *Helios* 27: 149-162.

English, M. (2005). "The Evolution of Aristophanic Stagecraft", *Leeds International Classical Studies* 4/3: 1-16.

Fischer-Lichte, E. (1983). *Semiotik des Theater*, Tübingen.

Flashar, H. (1967). "Zur Eigenart des Aristophanischen Spätwerks", *Poetica* 1: 154-175.

Fontaine, M. & Scafuro, A.C. (eds. 2014). *The Oxford Handbook of Greek and Roman Comedy*, Oxford.

Green, R. (1994). *Theatre in Ancient Greek Society*, London.

Harrison, G. & Liapis, V. (eds. 2013). *Performance in Greek and Roman Theatre*, Leiden.

Lang, M. (2004). *The Athenian Citizen. Democracy in the Athenian Agora*, Princeton.

Latour, B. (1991). *Nous n'avons jamais été modernes. Essai d'anthropologie symétrique*, Paris.

Mastromarco, G. (1994). *Introduzione a Aristofane*, Roma.

Miller, D. (ed. 2005). *Materiality*, Durham.

Miller, D. (2008). *The Comfort of Things*, London.

Miller, M. (2010). "I Am Eurymedon: Tensions and Ambiguities in Athenian War Imagery", en D. Pritchard (ed.), *War, Democracy and Culture in Classical Athens*, Cambridge: 304-338.

Mueller, M. (2016). *Objects as Actors: Props and the Poetics of Performance in Greek Tragedy*, Chicago.

Neer, R. (2002). *Style and Politics in Athenian Vase-Painting: The Craft of Democracy, ca. 530-460 BCE*, Cambridge.

Noel, A-S. (2015). "Les mises en scène du politique: discours visuel et questionnement démocratique dans la tragédie grecque", en C. Courtet, M. Besson, F. Lavocat, & A. Viala (eds.), *Corps en scènes*, Paris : 151-164.

Poe, J.P. (2000). "Multiplicity, Discontinuity and Visual Meaning in Aristophanic Comedy", *Rheinisches Museum* 14/3: 256-295.

Pritchard, D. (2010). "The Symbiosis between Democracy and War: The Case of Ancient Athens", en Id. (ed.), *War, Democracy and Culture in Classical Athens*, Cambridge: 1-62.

Revermann, M. (2006). *Comic Bussiness: Theatricality, Dramatic Technique, and Performance Contexts of Aristophanic Comedy*, Oxford.

Revermann, M. (2013). "Generalizing about Props: Greek Drama, Comparator Traditions, and the Analysis of Stage Objects", en Harrison & Liapis (eds. 2013): 77-88.

Rosen, R. & Sluiter, I. (eds. 2003). *Andreia: Studies in Manliness and Courage in Classical Antiquity*, Leiden.

Saïd, S. (1987). "Travestis et travestissements dans les comédies d'Aristophane", *Cahiers du Groupe Interdisciplinaire du Théâtre Antique* 3: 217-248.

Sofer, A. (2003). *The Stage Life of Props*, Ann Arbor.

Sommerstein, A. (1981-2001). *The Comedies of Aristophanes* (ed. y com.), Warminster.

Taaffe, L. (1993). *Aristophanes and Women*, London.

Taplin, O. (1993). *Comic Angels and other Approaches to Greek Drama through Vase-Paintings*, Oxford.

Taplin, O. (2007). *Pots and Plays. Interactions between Tragedy and Greek Vase-Painting of the Fourth Century B.C.*, Los Angeles.

Tordoff, R. (2013). "Actors' Properties in Ancient Greek Drama: An Overview", en Harrison & Liapis (eds. 2013): 89-110.

Winkler, J. (1990). *The Constraints of Desire. The Anthropology of Sex and Gender in Ancient Greece*, New York.

4

LAS TENSIONES ENTRE LA ARISTOCRACIA Y LOS SECTORES DEMÓTICOS EN LA COMEDIA TEMPRANA DE ARISTÓFANES

María Jimena Schere
IdIHCS/Universidad Nacional de La Plata-CONICET-
Universidad de Buenos Aires

Introducción

L a comedia temprana de Aristófanes se desarrolla durante el período dominado por la influencia política de Cleón, que lideraba a los sectores populares de la democracia radical. Las obras conservadas de esta etapa inicial, datadas del año 425 al 422 a.C., ubican a Cleón como uno de sus blancos privilegiados y despliegan una serie de críticas recurrentes contra el líder: entre ellas, favorecer la continuidad de la guerra del Peloponeso, perseguir a sus detractores, hostigar a los ciudadanos ricos, robar fondos públicos y manipular a los jueces atenienses. La sátira que la comedia emprende contra Cleón y, en general, contra los "políticos nuevos"[1] ha hecho que parte de la crítica aristofánica asociara al comediógrafo con el ala conservadora de la política ateniense[2].

Si bien es innegable que los líderes de la democracia radical constituyen un blanco predilecto de la comedia temprana, tampoco los otros actores políticos de la democracia ateniense, como la clase aristocrática, quedan al margen de la crítica. Algunos

---

1 Los "políticos nuevos", en términos de Connor (1992), no pertenecían a la aristocracia tradicional, sino que su riqueza provenía de actividades comerciales.

2 La orientación política del autor ha generado posturas antagónicas. Por ejemplo, Couat (1902) sostiene que el comediógrafo representa a la nobleza. Otros autores, como Ste. Croix (1996) y Carrière (1979: 171), lo consideran un conservador moderado. Por su parte, Dover (1972: 33-34) afirma que no se puede ubicar a Aristófanes en un sector político del ala derecha porque, si bien Aristófanes ridiculiza a los líderes contemporáneos, nunca ataca la estructura constitucional de la democracia ni el derecho del *dêmos* a gobernar. Al respecto, cf. Gil Fernández (1996: 81-90).

estudiosos de la comedia se han focalizado en destacar que el autor presenta en *Caballeros* una visión esperanzada de la nobleza y aspira a propiciar una alianza entre este estamento y el *dêmos* ateniense (*e.g.* Edmunds, 1987; Henderson, 2003). Sin embargo, la comedia también expresa en algunos pasajes las tensiones existentes entre los sectores populares de la Atenas contemporánea y las élites aristocráticas: los personajes demóticos, que suelen protagonizar las comedias tempranas, denuncian los privilegios de los que goza la nobleza, su incomprensión hacia al pueblo y las limitaciones de los líderes tradicionales para asumir un lugar de liderazgo efectivo sobre el *dêmos*.

La visión crítica de la nobleza está presente en todas las comedias conservadas del periodo desarrollado bajo el liderazgo de Cleón: *Acarnienses* (425 a.C.), *Caballeros* (424 a.C.) *Nubes* (423 a.C.)[3] y *Avispas* (422 a.C.). A partir del análisis de estas obras, signadas por la fuerte polémica contra la democracia radical, intentaremos extraer conclusiones sobre los aspectos que el comediógrafo reprocha no solo a los "políticos nuevos" sino también a los líderes tradicionales y a la clase aristocrática. Los cuestionamientos contra la aristocracia y la puesta en escena de sus conflictos con los sectores demóticos constituyen aspectos poco estudiados en el autor, que permiten apreciar la variedad de blancos coexistentes en las obras y la complejidad que reviste la sátira política en el comediógrafo.

La visión campesina de la aristocracia en *Acarnienses*

En la comedia temprana de Aristófanes se suele cuestionar a las élites políticas y militares por sacar beneficios de la guerra del Peloponeso. La crítica contra estos sectores privilegiados de la vida política ateniense ya está presente en *Acarnienses*, la primera comedia conservada del autor. En esta obra el personaje de Lámaco, a quien se le atribuye el cargo de general[4], representa el fraude que la guerra significa para el pueblo, en especial, para el campesinado.

---

3 Se conserva una segunda versión de la obra, datada hacia 417 a.C.

4 Olson (2002: 221-222) sostiene que es imposible saber si el Lámaco histórico fue taxiarca o general en 426/5, aunque con seguridad se desempeñó como general en 425/4. Sin embargo, argumenta que sería natural asumir que también fue general en 426/5 en tanto el personaje aparece como general en la obra.

La continuación de la guerra, desde la perspectiva aristofánica, esconde el interés personal de ciertos personajes poderosos, como Lámaco, que obtienen prestigio y beneficios económicos gracias a ella, mientras que el pueblo sufre sus efectos negativos.

Si en *Acarnienses* Lámaco personifica la posición belicista, en la comedia *Caballeros* ese lugar es asumido por Paflagonio, que representa al líder Cleón. Cleón apoya la continuidad de la guerra porque esto le permite consolidar y mantener su dominio sobre el *dêmos* (vv. 792-809). En obras posteriores, como *Paz* (421 a.C.), la política en favor de la guerra es asumida por otros líderes de la democracia radical que sucedieron a Cleón, como por ejemplo Hipérbolo (cf. *e.g. Paz*, 681). En definitiva, los cuestionamientos contra la política belicista, sostenida en función de un beneficio personal, constituyen un eje central de la sátira aristofánica contra los "políticos nuevos". Sin embargo, tampoco la nobleza queda exenta de esta crítica en *Acarnienses*. El héroe cómico Diceópolis, el personaje campesino que representa en la pieza la posición en contra de la continuidad de la guerra, incluye en su denuncia no solo a Lámaco sino también a personajes de procedencia noble. Diceópolis, que ha concertado una tregua privada con Esparta para él y su familia, se enfrenta con el general Lámaco y expresa sus denuncias hacia blancos diversos (vv. 593-614):

Δικαιόπολις
ταῦτ᾽ οὖν ἐγὼ βδελυττόμενος ἐσπεισάμην,
ὁρῶν πολιοὺς μὲν ἄνδρας ἐν ταῖς τάξεσιν,
νεανίας δ᾽ οἵους σὺ διαδεδρακότας,
τοὺς μὲν ἐπὶ Θρᾴκης μισθοφοροῦντας τρεῖς δραχμάς,
Τεισαμενοφαινίππους Πανουργιππαρχίδας…
αἴτιον δὲ τί
ὑμᾶς μὲν ἀεὶ μισθοφορεῖν ἀμηγέπῃ,
τωνδὶ δὲ μηδέν᾽; ἐτεόν, ὦ Μαριλάδη,
ἤδη πεπρέσβευκας σὺ πολιὸς ὢν μίαν;
ἀνένευσε. καίτοι γ᾽ ἐστὶ σώφρων κἀργάτης.
τί δαὶ Δράκυλλος κεὐφορίδης καὶ Πρινίδης;
εἶδέν τις ὑμῶν τἀκβάταν᾽ ἢ τοὺς Χάονας;
οὔ φασιν. ἀλλ᾽ ὁ Κοισύρας καὶ Λάμαχος…

Diceópolis (*a Lámaco*):
Por repugnancia de estas cosas hice la tregua,
al ver a hombres canosos en las filas,
y a jóvenes como tú, que han escapado de esto;
unos en Tracia, cobrando sueldos de tres dracmas,

como los Tisámenos y Fenipos y los malvados-Hipárquidas...
¿Y cuál es la causa
de que a vosotros, de un modo u otro, siempre se os pague un salario
y no a ninguno de estos? De verdad, Marilades,
tú que tienes canas, ¿has sido alguna vez embajador?
Lo niega con la cabeza; sin embargo, es sensato y trabajador.
¿Y qué decir de Dracilo, Eufórides y Prínides?
¿Vio alguno de vosotros Ecbátana o a los cánoes?
Dicen que no. Pero sí el hijo de Césira y Lámaco...[5].

En este parlamento, Diceópolis acusa a Lámaco de cobrar sueldos durante la guerra (v. 608) por sus servicios ocasionales de
embajador (Olson, 2002: 227). En el verso 603 se menciona también
un par de nombres inventados, compuestos a partir del componente -ιππος, de carácter aristocrático. Se trata de personajes de
identidad incierta, pero que sugieren un nacimiento noble. De
esta forma, se contrapone el ciudadano común, representado por
el héroe Diceópolis, que sufre las consecuencias negativas de la
guerra, a las familias poderosas, que sacan de ella un provecho
económico. También se nombra como beneficiario de las embajadas al hijo de Césira (v. 614), mujer de la familia aristocrática de
los Alcmeónidas, a la que pertenecía Megacles.

Más adelante, a partir del verso 609, Diceópolis menciona una
serie de nombres relacionados con el oficio de carbonero (Olson,
2002: 231-232) y destaca que, en contraposición con la nobleza,
ellos jamás han sido embajadores. A propósito de estas denuncias
del personaje, Olson (1991: 200) ha sugerido que la motivación
principal de Diceópolis para reclamar por la paz es de carácter
económico: Diceópolis está disconforme con su vida urbana, nueva
condición imperante para el campesinado a causa de la guerra; la
vida en la ciudad, por cierto, ha privado a los campesinos de su
medio natural de subsistencia y los ha obligado a vivir de salarios
públicos[6].

En definitiva, la nobleza se incluye dentro de las élites que se
benefician con la guerra y que pueden propiciar su continuidad
por su propia conveniencia, mientras que el pueblo se empo-
brece, integra las filas de los combatientes y queda excluido de

---

5   Utilizamos la edición de Olson (2002). Las traducciones son propias.

6   También en la comedia *Paz*, representada poco después de la muerte de Cleón, se
     ubica al sector campesino como el único verdadero defensor de la paz (vv. 508-511).

la posibilidad de cobrar sueldos por realizar embajadas. En este punto, los líderes políticos y militares de la democracia radical se emparientan con la aristocracia en tanto ambos sectores obtienen idénticos privilegios de la guerra. Diceópolis, como personaje campesino, es el portavoz que denuncia las desigualdades entre las élites y los sectores demóticos.

Las críticas contra la aristocracia en *Caballeros*

El blanco central de la comedia *Caballeros* es, sin duda, el líder político Cleón, atacado a través del personaje de Paflagonio, un esclavo fraudulento y adulador de su amo Demos, que representa al pueblo ateniense. El coro aristocrático de caballeros aparece como el principal aliado del Morcillero, el rival de Paflagonio, que se dispone a vencerlo y suplantarlo en su lugar de liderazgo. Además de los caballeros, los esclavos Demóstenes y Nicias[7], también servidores de Demos, conforman la coalición opuesta a Paflagonio.

Nos interesa, en primer lugar, detenernos en el análisis de la figura del esclavo que representaría a Nicias y, en cierta manera genérica, a los líderes políticos opuestos a Cleón. Nicias pertenecía a la nobleza y fue estratego durante el momento en que se produjo la campaña de Pilo. Formaba parte de la fracción moderada del poder político, opuesta al sector popular liderado por Cleón[8]. Por su parte, Demóstenes, el otro esclavo de Demos, fue el general responsable del plan táctico en la victoria de Pilo (425 a.C.), episodio que había consolidado la fama de Cleón y fortalecido su poder en la asamblea ateniense.

En la comedia antigua se suele ridiculizar la falta de confianza de Nicias y su carácter poco resolutivo[9]. También en la primera escena de *Caballeros* el esclavo que representa a Nicias se resiste a proponer una solución para enfrentar a Paflagonio-Cleón y limitar su poder sobre Demos (vv. 11-14):

Δημοσθένης
τί κινυρόμεθ᾽ ἄλλως; οὐκ ἐχρῆν ζητεῖν τινα

---

7   Sommerstein (1981: 144-145) acepta la identidad específica de los dos esclavos. En cambio, Henderson (2006: 222 n. 2) sostiene que son personajes genéricos.

8   El testimonio de Tucídides (4.27; 29) confirma la enemistad de Nicias con Cleón.

9   Sommerstein (1981: 145) menciona los ejemplos de *Avispas*, 640, y el fr. 100, entre otros.

σωτηρίαν νῷν, ἀλλὰ μὴ κλάειν ἔτι;
Νικίας
τίς οὖν γένοιτ᾽ ἄν;
Δημοσθένης
λέγε σύ.
Νικίας
σὺ μὲν οὖν μοι λέγε,
ἵνα μὴ μάχωμαι.

Demóstenes: ¿Por qué nos lamentamos sin razón? ¿No deberíamos buscar alguna
salvación para ambos y dejar ya de llorar?
Nicias: ¿Y qué salvación podría haber?
Demóstenes: Dila tú.
Nicias: Dímela tú para que no peleemos[10].

La caracterización del Nicias aristofánico asume la misma tendencia de los demás comediógrafos contemporáneos a ridiculizar su propensión a la dilación y su rechazo a tomar responsabilidades (Sommerstein, 1981: 145). En todo momento, la iniciativa corre por cuenta del esclavo-Demóstenes, la misma versión de los hechos sugerida por el historiador Tucídides (4.1-41)[11].

De la representación del Nicias aristofánico se desprende que el político carece de capacidad de liderazgo. Por cierto, los esclavos de Demos apelan a un líder de origen popular, el Morcillero, para hacer frente con eficacia a Paflagonio-Cleón. La obra parece sugerir que si bien es cierto que los "políticos nuevos" dominan al pueblo, tampoco la clase aristocrática tradicional es capaz de presentar figuras políticas destacadas, dispuestas a asumir un papel de conducción efectiva en la asamblea. En definitiva, el esclavo-Nicias, en tanto servidor de Demos, no solo representa al personaje histórico en sí mismo sino también al conjunto de los políticos rivales de Cleón. Sin duda, el estamento de los nobles rivalizaba políticamente con Cleón, ya que el surgimiento de líderes de origen no aristocrático había mermado el poder de la nobleza. *Caballeros* parece sugerir, entonces, que parte de la responsabilidad por el avance de los "políticos nuevos" se debe también a las limitaciones de la aristocracia tradicional. El propio coro de

---

10 Utilizamos la edición de Sommerstein (1981). Las traducciones son propias.
11 Para un estudio detallado sobre la función de Demóstenes en la pieza, Schere (2013). Woodcock (1928: 101) interpreta, por el contrario, que la línea argumental de Aristófanes en *Caballeros* no coincide con Tucídides.

caballeros apoya al líder popular, el Morcillero, y no ofrece otras alternativas de liderazgo emanadas de su estamento.

Edmunds (1987: 47) ha postulado que la obra presenta una alternativa de reconciliación entre el *dêmos* y los caballeros. Pero para que esta unidad se produzca se requiere, argumenta, que los caballeros sacrifiquen sus valores apolíticos, su ideología de ἡσυχία ("inactividad", "calma", "paz"). También Henderson (2003) reafirma que Aristófanes propulsa una alianza final entre el *dêmos* y la élite de los caballeros. Sin duda, la obra aspira a generar una unidad entre estos dos sectores, pero no por eso deja de señalar algunas de las limitaciones que provienen de la propia aristocracia y que dificultan esta cooperación. La renuncia al ideal de inactividad y de alejamiento de los asuntos públicos, que menciona Edmunds, es otro de los puntos que está presente en la obra como un aspecto crítico de la aristocracia. Esa misma pasividad deja el terreno libre a los líderes populares que asumen, por el contrario, una actitud activa de liderazgo. En su primera aparición el coro de caballeros retrata de manera bastante caricaturesca la actitud temerosa de aquellos que se mantienen al margen de la vida pública, y denuncia cómo Paflagonio-Cleón se aprovecha de esta situación (vv. 261-265):

Χορός
καὶ σκοπεῖς γε τῶν πολιτῶν ὅστις ἐστὶν ἀμνοκῶν,
πλούσιος καὶ μὴ πονηρὸς καὶ τρέμων τὰ πράγματα.
κἄν τιν᾽ αὐτῶν γνῷς ἀπράγμον᾽ ὄντα καὶ κεχηνότα,
καταγαγὼν ἐκ Χερρονήσου, διαβαλὼν ἀγκυρίσας,
εἶτ᾽ ἀποστρέψας τὸν ὦμον αὐτὸν ἐνεκολήβασας.

Coro (*a Paflagonio*):
Miras cuál de los ciudadanos tiene mente de cordero,
es rico, no es malvado y es temeroso de los asuntos públicos.
Y si descubres que alguno de estos es ajeno a los asuntos públicos y boquiabierto
lo traes desde el Quersoneso, poniéndole la zancadilla con calumnias,
entonces, dando vuelta su hombro, te lo engulles.

Este pasaje no solo denuncia la conducta de Paflagonio sino que también satiriza la actitud pasiva y temerosa de los ciudadanos pertenecientes a las clases acomodadas, que se desentienden de los asuntos públicos y se convierten en presas fáciles del líder.

Otro de los puntos de conflicto que dificulta la alianza entre el *dêmos* y la nobleza es la actitud de incomprensión y de subestimación que la aristocracia suele manifestar hacia el pueblo. Esta dificultad se denuncia hacia el final de la obra (vv. 1111 ss.), en este caso en boca del propio Demos. Se trata de un diálogo entre Demos y el coro, que funciona a modo de bisagra para el pasaje hacia la competencia final entre los dos rivales, el Morcillero y Paflagonio (vv. 1111-1130):

Χορός
ὦ Δῆμε, καλήν γ᾿ ἔχεις
ἀρχήν, ὅτε πάντες ἄν-
θρωποι δεδίασί σ᾿ ὥσ-
περ ἄνδρα τύραννον.
ἀλλ᾿ εὐπαράγωγος εἶ,
θωπευόμενός τε χαί-
ρεις κἀξαπατώμενος,
πρὸς τόν τε λέγοντ᾿ ἀεὶ
κέχηνας· ὁ νοῦς δέ σου
παρὼν ἀποδημεῖ.

Δῆμος
νοῦς οὐκ ἔνι ταῖς κόμαις
ὑμῶν, ὅτε μ᾿ οὐ φρονεῖν
νομίζετ᾿· ἐγὼ δ᾿ ἑκὼν
ταῦτ᾿ ἠλιθιάζω.
αὐτός τε γὰρ ἥδομαι
βρύλλων τὸ καθ᾿ ἡμέραν,
κλέπτοντά τε βούλομαι
τρέφειν ἕνα προστάτην
τοῦτον δ᾿, ὅταν ᾖ πλέως,
ἄρας ἐπάταξα.

Coro: Demos, bello es
el poder que tienes, cuando todos
los hombres te temen
como a un tirano.
Pero eres fácil de llevar por mal camino,
y te gusta ser halagado
y engañado
y ante el que te habla siempre
te quedas boquiabierto; y tu mente
se ausenta, aun estando presente.
Demos: La mente no está en vuestras melenas,
cuando consideráis que no pienso.
Pero yo deliberadamente

hago estas tonterías.
Me gusta
cada día reclamar a gritos la bebida,
y quiero a un ladrón
alimentar como único líder;
y cuando está lleno,
una vez arriba, lo golpeo.

En su respuesta al coro, Demos ridiculiza "las melenas" (v.
1121) de los caballeros, que era la moda vigente entre los jóvenes ricos[12]. De este modo, se burla de los gustos sofisticados de
la aristocracia y, al mismo tiempo, critica la subestimación que
manifiestan los nobles respecto del pueblo ("La mente no está en
vuestras melenas cuando consideráis que no pienso", vv. 1121-
1123). Por medio de este diálogo, que ha generado interpretaciones
diversas[13], Aristófanes deja en claro, por un lado, el apoyo de los
caballeros al sistema democrático ("Bello es el poder que tienes",
v. 1111); pero, por otro lado, destaca al mismo tiempo la actitud
arrogante de los caballeros hacia el pueblo. La falta de comprensión que denuncia Demos era, sin duda, uno de los obstáculos
que encontraba la nobleza para asumir una función de liderazgo
efectivo sobre el conjunto de los ciudadanos.

Las tensiones entre la nobleza y el campesinado en *Nubes* y *Avispas*

La comedia *Nubes* también pone en escena, de manera indirecta, los conflictos entre la nobleza y el campesinado. El campesino
Estrepsíades se encuentra endeudado por la afición de su hijo
Fidípides a los caballos. Ante su desesperada situación económica
lamenta su casamiento con una aristócrata, sobrina de Megacles
(vv. 40-47), a quien hace responsable de la pasión de su hijo (v. 74).

---

12   De manera indirecta, la burla puede implicar una acusación oblicua de simpatía por los
     espartanos. Como señala MacDowell (1995: 159), los espartanos también utilizaban
     el cabello largo.

13   Yunis (1996: 57-58), por ejemplo, argumenta que los comentarios de Demos son una
     compensación por las críticas anteriores, incluidos a los fines de no ofender al público.
     En otra línea de lectura, algunos autores interpretan que Demos se autoengaña, por
     ejemplo, Zumbrunnen (2004: 671-672) y Olson (2010: 66-67). Brock (1986: 19-20),
     por el contrario, entiende que esta escena representa un momento culminante en el
     proceso de creciente consciencia que demuestra tener Demos.

En el comienzo de la pieza Estrepsíades describe a Fidípides como un joven aristócrata, de cabello largo (v. 14), a la usanza de los jóvenes ricos, obsesionado por la equitación, actividad que por su costo demandaba un nivel socioeconómico elevado[14]. Estrepsíades añora entonces su tranquila vida campesina, antes del casamiento con la aristócrata, a quien describe en términos peyorativos como una mujer pretenciosa y amante del lujo (vv. 46-48):

Στρεψιάδης
ἔπειτ' ἔγημα Μεγακλέους τοῦ Μεγακλέους
ἀδελφιδῆν ἄγροικος ὢν ἐξ ἄστεως,
σεμνήν, τρυφῶσαν, ἐγκεκοισυρωμένην.

Estrepsíades: Después me casé con la sobrina de Megacles, hijo de Megacles, de la ciudad, yo, un campesino, con una presuntuosa, amante del lujo, del estilo de Césira[15].

Para referirse a su esposa, Estrepsíades usa, en primer lugar, el participio τρυφῶσαν, que significa "vivir de manera suntuosa" (cf. Liddell & Scott, 1996: *s.v.*); luego, emplea el participio ἐγκεκοισυρωμένην ("encesirada"), construido sobre el sustantivo propio Κοισύρα (Césira), el nombre de una mujer perteneciente la familia de Megacles (Olson, 2002: 232; Sommerstein, 1982: 161). La expresión "encesirada" alude a la mujer de vida lujosa y arrogante. En *Acarnienses*, en el verso 614 citado anteriormente, hemos observado que se mencionaba al hijo de Césira para referirse a los nobles beneficiarios de las embajadas rentadas, de las que el pueblo quedaba excluido.

La caracterización negativa de la mujer de Estrepsíades y de su hijo, a través de la mirada del campesino, conllevan una sátira contra el gusto por el lujo y el estilo de vida arrogante y dispendioso de la aristocracia[16]. Por cierto, la situación de endeudamiento de Estrepsíades indica que el nivel de vida del campesino no era equiparable al de la nobleza, que contaba con dinero suficiente como para financiarse los deportes hípicos. Ambrosino (1986: 110 ss.) ha observado que la situación de Estrepsíades reproduce la

---

14 Ambrosino (1986: 101) asocia al personaje de Fidípides con la figura histórica de Alcibíades.

15 Utilizamos la edición de Dover (1968). Las traducciones son propias.

16 Ehrenberg (1951: 99) observa que la nobleza en el siglo V se reconoce especialmente por su forma y estilo de vida.

condición de pobreza en la que se encontraba el pueblo y la desigualdad social existente entre la nobleza y el *dêmos* en el interior de la ciudad. En varias comedias se describe también la situación de pobreza que sufre el campesinado a partir de la guerra, hacinado en la ciudad (cf. *Caballeros*, 92 ss.). En definitiva, la ridiculización del estilo de vida aristocrático, suntuoso y arrogante, deja entrever una denuncia contra la desigualdad económica existente entre la élite y el campesinado ateniense. Además, el matrimonio desgraciado entre el campesino y la aristócrata puede representar también, de manera simbólica, la incomprensión entre los dos sectores sociales.

Esta misma desavenencia entre los dos estamentos tiene un despliegue mayor en *Avispas*, en la escena del simposio en el que participan el viejo campesino Filocleón y su hijo Bdelicleón. El joven Bdelicleón, que representa a las clases ricas y acomodadas de Atenas[17], lleva a cabo una serie de infructuosos y cómicos intentos para instruir a su padre, el juez Filocleón, en los hábitos de la alta sociedad y de la vida simposíaca (vv. 1122 ss.). Toda la escena ridiculiza al rústico Filocleón por su incapacidad para aprender las enseñanzas del hijo[18] y al hijo por obstinarse en enseñarle.

El par Filocleón / Bdelicleón resulta, en cierto modo, una variante de la pareja Estrepsíades / Fidípides en tanto pone en escena el conflicto entre un padre de origen campesino y un hijo con costumbres aristocráticas. Filocleón es un anciano inescrupuloso, adicto a la actividad judicial, mientras que Bdelicleón encarna la figura de un joven refinado que trata de alejar a su padre de los tribunales e incluirlo en la vida de la alta sociedad.

Antes de acudir al simposio, Bdelicleón intenta que su padre reemplace su andrajoso manto y sus sandalias por una capa nueva y por sandalias laconias; además, le pide que camine con ademanes de hombre rico (vv. 1122 ss.). El anciano protesta diciendo que usó ese viejo manto en un glorioso enfrentamiento contra los persas; además, asocia el modo de caminar de los ricos con una conducta afeminada. Podemos observar que este episodio no solo ridiculiza

---

17 Cf. MacDowell (1971: 10); Rothwell (1995: 240); Konstan (1995: 17-28); McGlew (2004: 17 n. 15).

18 Storey (1995), por ejemplo, considera que el tema central del episodio del simposio es la incapacidad de Filocleón de comportarse adecuadamente en un evento de la alta sociedad.

la rusticidad del anciano, sino también los modos arrogantes y el gusto por el lujo de las clases acomodadas. Por cierto, la crítica ha coincidido en señalar que la escena del simposio caricaturiza las costumbres de las clases altas, su estilo pretencioso y afecto al lujo. Storey (1985), por ejemplo, ha indagado la posible identidad de los asistentes al simposio y argumenta que todos pertenecerían a la aristocracia y que Aristófanes ridiculiza su arrogancia y su sofisticado estilo de vida[19].

La escena vuelve a plantear, además, el problema de la incomprensión de la nobleza hacia los estamentos populares: el hijo no comprende, por ejemplo, el valor afectivo del manto de su padre, signado por el heroísmo de la lucha contra los persas; además, intenta inculcarle modos de comportamiento afectado, que el anciano lógicamente rechaza.

Cabe destacar que Bdelicleón, por un lado, cumple una función positiva en la pieza en tanto logra orientar al coro campesino de jueces-avispas y concientizarlo, por medio del *agón*, de que los jueces son esclavos y títeres de los demagogos; además, consigue alejar a su nocivo padre de los tribunales. En este sentido, su actitud resulta beneficiosa y constituye un buen guía para el pueblo, representado a través del coro de jueces. Sin embargo, la pieza revela también que la nobleza, representada por Bdelicleón, manifiesta cierto desconocimiento del pueblo y del campesinado cuando intenta transformarlo para que adopte exactamente su propio estilo de vida. Esta limitación de la nobleza, incapaz de comprender y valorar un modo de vida diferente, quizás menos refinado, pero más austero y propio de los sectores populares, deja en evidencia cierta rigidez de clase que le impide comunicarse de manera efectiva con otros sectores y generar propuestas políticas que contemplen los intereses comunes.

Conclusiones

La comedia temprana de Aristófanes tiene como blanco predilecto a los líderes de la democracia radical, en especial, a Cleón. También los personajes demóticos son objeto de censura, aunque

---

19   Vaio (1971: 337) también señala que la escena presenta una caricatura de las costumbres de los aristócratas. Cf. MacDowell (1995: 3) y Pütz (2003: 127).

siempre se los rescata por alguna vía: los héroes cómicos representan por lo general la postura avalada en la pieza, como Diceópolis
en su defensa de la paz. Por su parte, los coros demóticos, si bien
en un comienzo suelen oponerse al héroe, terminan abrazando su
punto de vista (*e.g.* el coro de *Acarnienses* y *Avispas*). Del mismo
modo, el Demos de *Caballeros* reniega de Paflagonio-Cleón al final
de la pieza. Las obras conservadas de la primera etapa suelen
ubicar en el eje del ataque la adhesión del *dêmos* hacia Cleón y
su política; por lo tanto, se concentran en satirizar esta relación y
abogan por el quiebre de la influencia política que Cleón ejerce
sobre el pueblo.

En este contexto, la aristocracia suele jugar un papel positivo
que contribuye a quebrar el lazo entre el pueblo y su líder. En
Caballeros, los nobles se alían con un líder popular, el Morcillero,
para desplazar a Paflagonio-Cleón; en *Avispas* Bdelicleón orienta
en el *agón* al coro de avispas y le hace reconocer que mantiene una
relación de sumisión frente al poder político, en particular, frente
a Cleón. En definitiva, en las dos obras la función de la nobleza
favorece la autonomía del pueblo frente a sus líderes. Sin embargo,
también se deslizan al mismo tiempo algunas críticas significativas contra este estamento, que permiten observar sus conflictos
latentes con los sectores demóticos. *Caballeros* deja entrever las limitaciones de la nobleza para asumir un papel activo de liderazgo,
a través de las burlas contra Nicias y de la elección de un líder
de origen popular como el Morcillero. También *Avispas*, si bien
presenta la acción benéfica de Bdelicleón sobre el coro, destaca al
final de la pieza, mediante la escena del simposio, las dificultades
que la nobleza tiene para entenderse con las clases demóticas y
descentrarse de su propios gustos y estilo de vida. La distancia e
incomprensión de la aristocracia hacia el pueblo, que el Demos
de *Caballeros* también le reprocha al coro señalando su tendencia a
subestimarlo (vv. 1121 ss.), significa un importante obstáculo para
que este estamento asuma una función protagónica de liderazgo.
Las propias limitaciones de la nobleza dejan el terreno libre para
los "políticos nuevos", al estilo de Cleón, que pueden generar una
comunicación más directa con el *dêmos*.

La tensión entre las clases nobles y populares, sus estilos de
vida dispares y las diferentes concepciones que estos modos de
vida representan también se manifiestan en el conflictivo ma-

trimonio de Estrepsíades. Tanto *Nubes* como *Avispas* satirizan a través de las palabras y acciones de sus personajes demóticos el modo de ser arrogante y dispendioso de las clases altas. Este blanco de burla deja en evidencia la desigualdad social existente entre el pueblo y sus élites, sea la nobleza o los líderes dirigentes, que es motivo de denuncia permanente en la obra temprana. En *Acarnienses*, según vimos, no solo las élites políticas y militares de la democracia radical son acusadas de obtener beneficios económicos de la guerra sino también la aristocracia. En este sentido, el pueblo queda excluido de los privilegios de los que gozan las élites y asume los mayores costos de la guerra, por contraposición con la nobleza y los líderes populares.

En suma, si bien la crítica aristofánica se concentra sobre todo en los "políticos nuevos" de la democracia radical, también la aristocracia recibe cierta parte de la responsabilidad: no solo saca beneficios económicos de la guerra, que seguramente sirven para financiar su costoso estilo de vida, sino que también demuestra cierta incapacidad para erigirse en un líder efectivo de las clases demóticas. Esta incapacidad se debe a una serie de factores: en primer lugar, su propio ideal de alejamiento de los asuntos públicos y su gusto por la vida dispendiosa y hedonista, que lo aleja de la vida política; en segundo orden, su falta de comunicación y compresión del *dêmos* y de sus necesidades específicas. Los nobles tienden a subestimar al pueblo o bien, incapaces de descentrarse de su propio círculo de pertenencia, intentan asimilarlo por completo a sus modos de vida, gustos y necesidades.

Los cuestionamientos contra la nobleza, si bien no constituyen el blanco central de la comedia temprana, también forman parte de la sátira aristofánica y contribuyen a construir un retrato político complejo de la realidad ateniense, que aspira a mejorar la democracia a través de la crítica dirigida contra todos los actores políticos relevantes de la *pólis*: los líderes de la democracia radical, el pueblo votante y la nobleza. La comedia logra llevar a escena las tensiones existentes entre estos actores diversos que conforman la vida ciudadana y asigna a cada uno parte de la responsabilidad sobre el rumbo político de Atenas.

Bibliografía

Ambrosino, D. (1986). "Aristoph. *Nub.* 46 s. (*Il matrimonio di Strepsiade* e la democrazia ateniense)", *Museum Criticum* 21-22: 95-127.

Brock, R.W. (1986). "The Double Plot in Aristophanes' *Knights*", *Greek, Roman and Byzantine Studies* 27/1: 15-27.

Carrière, J.C. (1979). *Le carnaval et la politique. Une introduction à la comédie grecque suivie d'un choix de fragments*, Paris.

Connor, W.R (1992). *The New Politicians of Fifth-Century Athens* [1971], 2ª ed. Indianapolis.

Couat, A. (1902). *Aristophane et la ancienne comédie attique*, Paris.

Dover, K.J. (1968) *Aristophanes. Clouds* (ed. y com.), Oxford.

Dover, K.J. (1972). *Aristophanic Comedy*, Berkeley.

Edmunds, L. (1987). *Cleon,* Knights *and Aristophanes' Politics*, Lanham.

Ehrenberg, V. (1951). *The People of Aristophanes. A Sociology of Old Attic Comedy*, Oxford.

Gil Fernández, L. (1996). *Aristófanes*, Madrid.

Henderson, J. (2003). "Demos, Demagogue, Tyrant, in Attic Old Comedy", en K.A. Morgan (ed.), *Popular Tyranny. Sovereignty and its Discontents in Ancient Greece*, Austin: 155-179.

Henderson, J. (2006). *Aristophanes* [1998] (ed. y trad.), Cambridge, Mass., 3 vols.

Konstan, D. (1995). *Greek Comedy and Ideology*, New York.

Liddell, H. & Scott, R. (1996). *A Greek-English Lexicon, with a Revised Supplement*, Oxford.

MacDowell, D.M. (1971). *Aristophanes.* Wasps (ed. y com.), Oxford.

MacDowell, D.M. (1995). *Aristophanes and Athens. An Introduction to the Plays*, Oxford.

McGlew, J.F. (2004). "'Speak on my Behalf': Persuasion and Purification in Aristophanes' *Wasps*", *Arethusa* 37/1: 11-36.

Olson, D.S. (1991). "Dicaeopolis' Motivations in Aristophanes' *Acharnians*", *Journal of Hellenic Studies* 111: 200-203.

Olson, D.S. (2002). *Aristophanes. Acharnians* (ed. y com.), Oxford.

Olson, D.S. (2010). "Comedy, Politics, and Society", en G.W. Dobrov (ed.), *Brill's Companion to the Study of Greek Comedy*, Leiden: 35-69.

Pütz, B. (2003). *The Symposium and Komos in Aristophanes*, Stuttgart.

Rothwell, K.S (1995). "Aristophanes' *Wasps* and the Sociopolitics of Aesop's Fables", *Classical Journal* 93/4: 233-254.

Schere, M.J. (2013). "La función argumentativa del personaje de Demóstenes en la comedia *Caballeros* de Aristófanes", *Circe de Clásicos y Modernos* 17/1: 67-84.

Sommerstein, A.H. (1981). *The Comedies of Aristophanes, 2. Knights* (ed., trad. y com.), Warminster.

Sommerstein, A.H. (1982). *The Comedies of Aristophanes, 3. Clouds* (ed., trad. y com.), Warminster.

Ste Croix, G.E.M. de (1996). "The Political Outlook of Aristophanes" [1972], en E. Segal (ed.), *Oxford Readings in Aristophanes*, Oxford: 42-64.

Storey, I.C. (1995). "*Wasps* 1284-91 and the Portrait of Kleon in *Wasps*", *Scholia* 4: 3-23.

Vaio, J. (1971). "Aristophanes' *Wasps*: The Relevance of the Final Scenes", *Greek, Roman and Byzantine Studies* 12; 335-351.

Woodcock, E.C. (1928). "Demosthenes, Son of Alcisthenes", *Harvard Studies in Classical Philology* 39: 93-108.

Yunis, H. (1996). *Taming Democracy: Models of Political Rhetoric in Classical Athens*, Ithaca.

Zumbrunnen, J. (2004). "Elite Domination and the Clever Citizen: Aristophanes' *Archarnians* and *Knights*", *Political Theory* 32/5: 656-677.

♦ 5 ♦

IMPERIO DE LA LEY
Y DEMOCRACIA ATENIENSE

Mariano J. Requena
PEFSCEA/Universidad de Buenos Aires-Universidad Nacional de
General Sarmiento-Universidad Nacional de San Martín

La multitud y la ley

Democracia e imperio de la ley en la Atenas clásica parecen encontrarse en tensión según cierta tradición historiográfica. Eder (1997:10) lo planteó de la siguiente manera: "¿Debemos concluir, por lo tanto, que más ley es igual a menos democracia?". Según Aristóteles:

> Otra forma de democracia es aquella en la que todos participan de las magistraturas, con solo ser ciudadano (*polítes*), pero es la ley la que manda (*árkhein dè tòn nómon*). Otra forma de democracia es en lo demás igual que ésta (*t'âlla mèn eînai t'autá*), pero es soberano el pueblo (*kýrion d'eînai tò plêthos*) y no la ley; esto se da cuando los decretos son soberanos y no la ley (*hótan tà psephísmata kýria hê allà mè ho nómos*) (*Política*, 1292a 2-6).

De esta manera, habría dos democracias. En ambas, bastaba con ser ciudadano (*polítes*) pero en una mandaba la ley (*nómos*) y en la otra la multitud (*plêthos*). La primera sería recta mientras que en la segunda, por causa de los demagogos (1292a 7), el pueblo (*dêmos*) se volvería un tirano o un monarca (1292a 17-18). Así la ley (*nómos*) se oponía como gobierno (*arkhé*) a la autoridad (*kýrios*) de la multitud (*plêthos*). En la "buena" democracia, síntesis recta de la voluntad colectiva, se gobernaba por la ley; en la "mala" democracia, expresión de la multitud, se gobernaba por decretos, lo que la volvía tiránica y arbitraria[1].

---

[1]   Cf. Miller (1995: 82); Kallet (2003: 121-122); Vega (2013). En *Política*, 1287a 18-30, se señala que el *nómos* es orden (*táxis*) y por eso es conveniente que mande la ley

En la tradición del pensamiento occidental, la diferencia establecida por Aristóteles traerá consigo la estigmatización de la democracia como aquel régimen que daría poder a la "plebe", siempre peligrosamente a mano de cualquier político astuto con capacidad de embaucarla; mientras que la noción de república (tomada de la tradición romana) permitirá ponderar las capacidad cívicas de los ciudadanos, cuya salvaguarda quedaría establecida por la primacía de las leyes[2]. Tocqueville (1994: 13) resumía de alguna manera el tono con el cuál la experiencia democrática fue pensada en los albores del pensamiento político moderno (cf. Canfora, 2006: 19):

> Tengo un gusto intelectual por la democracia, pero soy aristocrático por instinto —es decir, desprecio y temo a la muchedumbre–. Amo apasionadamente la libertad, el imperio de la ley y el respeto por los derechos, pero no la democracia. Esta es la profundidad de mis sentimientos. Odio la demagogia… No pertenezco ni al partido revolucionario ni al partido conservador. Sin embargo, cuando todo está dicho y hecho, me preocupo más por este último que por el primero. De hecho, difiero de este último respecto de los medios más que de los fines, mientras que del primero difiero respecto tanto de los medios como de los fines.

El "amor por la libertad", el "imperio de la ley" y el "respeto por los derechos" son claramente puestos en oposición con la "democracia", enlazada directamente con la "demagogia" y una "chusma" atemorizante. Contraposición que parece remitir al pasaje antes citado de Aristóteles. Así llegamos a propuestas más modernas en las cuales tal contrapunto parece seguir siendo

---

(*nómon árkhein*) por sobre cualquiera de los ciudadanos (*è tôn politôn héna tiná*), haciendo de éstos los guardianes (*nomophýlakes*) y servidores de las leyes (*hyperétas toîs nómois*). De modo que quienes exhortan el poder de la ley (*tòn nómon keleúon árkhein*) defienden un poder divino (*árkhein tòn theón*), a diferencia de quienes buscan un gobierno humano (*ho d'ánthropon*) que porta una animalidad salvaje (*theríon*); cf. Cohen (2000: 37 ss.). Comparación singular si se piensa en las palabras que se atribuyen a Demóstenes al hablar del *dêmos* como *theríon* en el trato que le depara a sus líderes; Plutarco, *Demóstenes*, 26.3; cf. Knox (1985). Así, el imperio de la ley implicaría el respeto al orden establecido, el imperio de los dioses, que limitaría la animalidad ineludible que parece ser el destino de unas masas empoderadas.

2   Sobre el impacto y evolución del ejemplo ateniense y romano en la tradición política occidental, Guerci (1979: 167-192); Wood (1988, 5-41); Hansen (1992; 2005: 5-43); Roberts (1994); Vidal-Naquet & Loraux (1996); Rhodes (2003: 27-33); Canfora (2006); Piovan (2008); Cartledge (2009); Wagner (2013); cf. Gallego (2014), para la distinción entre democracia y república como "soberanía popular" contra "imperio de la ley".

un elemento de la interpretación histórica. Tal distinción parece operar al establecerse una jerarquización de los tribunales sobre la asamblea. Ostwald (1986: 524) sugería un pasaje de la "soberanía del pueblo" a la "soberanía de la ley", tras la restauración democrática de 403, cuando la democracia ateniense cambiaría su carácter:

> Atenas era aún una democracia en el molde de los *pátrios politeía* tal como existía desde los días de Efialtes. Pero el consejo y la asamblea se retiraron a un segundo plano en asuntos de política interna, y los tribunales ocuparon el centro de la escena... [En] asuntos de legislación, la asamblea renunció a su última palabra ante los *nomothétai*. Así, la democracia logró estabilidad, coherencia y continuidad cuando la soberanía superior del *nómos* limitó la soberanía del pueblo.

También Sealey (1987) hará del imperio de la ley la característica principal de Atenas, reduciendo la "democracia" a un mero eslogan político. Según el autor, Atenas fue siempre una república respetuosa y obediente de las normas y las instituciones. Solo una historiografía muy avocada a ver "lucha de clases" por doquier habría perdido de vista tan importante elemento de su historia. Con mayor insistencia, Hansen (1978a; 1978b; 1981/2; 1989a; 1991; 1997; 2010) ha profundizado en la transformación institucional de la democracia ateniense tras la caída de los Treinta: la *ekklesía* perdería poder frente a los *dikastéria* y la comisión de los *nomothétai*. Así, según Hansen (1991: 303-304):

> Si los atenienses no lograron crear algo radicalmente diferente de la democracia 'radical', quizás no era eso lo que estaban intentando hacer... A pesar de los filósofos, apenas puede negarse que los atenienses en el siglo IV estaban cansados de los principios 'radicales' extremos y estaban tratando de establecer en su lugar una democracia 'moderada', por ende 'modificada', en la que los tribunales y los *nomothétai* eran el órgano de control para mantener a la asamblea y los líderes políticos en su lugar y para restablecer el respeto por las leyes.

Para Ostwald, la soberanía de la ley "limitó" la soberanía del pueblo; para Hansen, "puso en su lugar" a la asamblea y sus líderes "restableciendo el respeto por las leyes"; para Sealey, directamente la "democracia" nunca habría existido. El régimen ateniense pasó, así, de una democracia "extrema" (donde la asamblea expresaba los intereses, deseos y caprichos del pueblo) a una democracia "moderada" o "diferente" (donde dichos intereses, deseos o caprichos quedaban limitados por la autoridad superior de la ley). Se presenta el "imperio de la ley" como opuesto a la práctica democrática, la ley como garante de un orden donde la voluntad popular –siempre aleatoria, caprichosa e irracional– quedaría limitada y sometida[3].

Estas miradas no han sido las únicas. Ober (1989; 1996) sugiere que no habría diferencias tras el cambio de siglo. Tras la victoria sobre los Treinta la ideología democrática adquirió la solidez suficiente para alcanzar la hegemonía, de modo que, más allá de las intenciones o los discursos, tanto en las prácticas como en las instituciones, los intereses sectoriales de la elite debieron circunscribirse a la voluntad de las masas. Mossé (1995: 173-178; 2007: 133-143) piensa que la asamblea no retrocedió en su importancia, aunque abona la idea de una moderación de la democracia debido a una mayor profesionalización de la función política, por lo que el *dêmos* se convertiría en una ciudadanía cada vez más "pasiva" frente a sus dirigentes. Más importante aún, Cammack (2013) plantea que todo el debate se ha centrado en una consideración que atribuiría a la asamblea un papel demasiado importante, cuando en realidad la mayor innovación democrática habría estado en el rol y la autoridad de los ciudadanos como jurados. Para la autora la mejor definición para Atenas, desde el siglo V en adelante, no sería otra que la de una "democracia dicástica"[4].

Por consiguiente, ¿en qué medida la autoridad popular fue contraria a las leyes? O, dicho de otra manera, ¿por qué es necesario pensar que el ejercicio democrático, sustentado en una base de masas, para nada tendría a la ley y sus instituciones como operadores políticos? Dedicaremos este escrito a reflexionar sobre estas cuestiones.

La *pólis* y la ley

El primer punto que nos interesa resaltar tiene que ver con cómo situar la problemática de la ley en la evolución de la historia ateniense. De las posturas antes esgrimidas parece desprenderse la idea según la cual no sería sino hasta el siglo IV cuando la ley adquirió el peso que le correspondería. Sin embargo, tal visión

---

3   Otros autores que siguen –con matices– dicha perspectiva, cf. Carey (1996); Musti (2000); Gallego (2003: 76-78); Blanshard (2004); Sacho Rocher (2005; 2008; 2009).

4   Cf. Todd (1993: 298-300); Lane Fox (1994); Thomas (1994); Cohen (1995a; 1995b); Johnstone (1999); Lanni (2006); Wohl (2010); Harris (2016).

parece tomar como dado el esfuerzo normativo que la ciudad desarrolló como colectivo comunitario e igualitario, poniendo fin a las prácticas arcaicas de índole doméstica[5]. Pese a que se reconoce el esfuerzo legislativo, éste quedaría siempre a la deriva de las decisiones políticas producto de las luchas facciosas que se desarrollaban en la ciudad. Así, las leyes y su puesta en práctica quedaban presas indefectiblemente del humor político, siendo la asamblea la caja de resonancia por excelencia, puesto que esta última sería realmente soberana tanto en la práctica como institucionalmente (cf. Gallego, 2003: 118-128, 149-152).

Sin embargo, la aparición de la *pólis* exigió un nuevo marco regulatorio que abandonase las prácticas familiares de usufructo de la justicia. Se trata de un nuevo marco de sociabilidad donde las nuevas capacidades del ciudadano ya no se encontraban regidas solamente por fidelidades domésticas, sino por un conjunto de normativas que tenían la facultad de restringir, modificar y reconstruir los lazos que los unían. Tales transformaciones, por supuesto, no fueron inmediatas, pero la actividad legislativa que dicha construcción supuso no puede tomarse solo como meramente episódica. La cuestión institucional tiene importancia, por lo que no se puede ser indiferente respecto del papel que la ley jugaba en la vida colectiva de la *pólis* (cf. Canevaro, 2017). Tales esfuerzos normativos significaron la construcción de un discurso y una práctica jurídicos, cuya institucionalidad y racionalidad no operaba por fuera de su contexto político y social. Se trata de una praxis abierta cuyo principal valor radicaba en la capacidad de someterse como procedimiento a las diferentes instituciones de la que podían servirse los ciudadanos[6]. De acuerdo con esto, la

---

5   Cf. Ehrenberg (1960: 22-24); Romilly (2004: 15); Finley (1978: 128-134); Gschnitzer (1987: 96-106); Lintott (1982: 174-175); Gagarin (1986; 2008).

6   Cf. Osborne (1985: 52-53), para quien los procedimientos legales constituyen una especie de "drama" cuya exhibición pública permitía corregir los desequilibrios sociales. La ley en Atenas tenía un carácter procedimental, acorde a las prácticas participativas y democráticas de la ciudad, lo que no niega la capacidad normativa del derecho; pero éste nunca llegaba a emanciparse del contexto político y social del cual constituía tanto un emergente como una instancia que lo modificaba. Según Foxhall & Lewis (1996: 7): "Lo que está ausente en gran medida en Grecia es cualquier sentido de la ley como una disciplina autónoma, divorciada en la práctica de todas las consideraciones políticas, religiosas o sociales. La autonomía de la ley, una noción que impregna los sistemas legales modernos y da lugar a nociones como el Imperio de la Ley y la Separación de Poderes, es una idea que se encuentra por primera vez entre los romanos". Para Lanni (2006: 176): "La constante negociación

relación ley / política / institucionalidad no tiene que tomarse como una relación directa mediante la cual sin la primacía de la primera el resto quedaría sumido en una práctica anárquica. Al contrario, la importancia de la ley se encontraba en su capacidad de "metabolizar" sus múltiples prácticas y tensiones[7]. El desarrollo de una praxis colectiva, comunitaria, participativa e isomórfica significó la adecuación (y, por lo tanto, la novedad) de una construcción normativa que posibilitó una vida comunitaria de acuerdo con dichas características. Como afirman Foxhall & Lewis (1996: 7): "La ley, para los griegos, era una herramienta no un amo".

Consideramos importante destacar que en la *pólis* no se reconocía la división moderna entre estado y sociedad, por lo que no se asumía una mediación "representativa" entre el colectivo cívico y sus instituciones[8]. Esto es por demás significativo puesto que condiciona nuestra comprensión del lugar a partir del cual se establece su lazo funcional. En este sentido, el cuerpo cívico atravesaba todo el "aparato" institucional en el cual se realizaba en concreto (cf. Sinclair, 1999: 48-52, 210-236) y que se concebía bajo la figura de un "nosotros" (cf. Loraux, 2007a: 251; Gallego, 2011: 194-198). Si lo que operaba era un "nosotros", que se articulaba según

---

entre flexibilidad y consistencia [de los procedimientos judiciales] indica que para los atenienses el objetivo principal de los tribunales era resolver las disputas en forma justa, teniendo en cuenta las circunstancias de cada caso. En este sentido, los tribunales de Atenas servían para fines 'legales' más que sociales o políticos. Pero decir que los tribunales atenienses sirvieron para fines legales no es dotarlos de todos los poderes legales que tienen los tribunales modernos: los tribunales atenienses resolvieron las disputas ante ellos, pero no pudieron ni intentaron hablar (como lo hacen muchos tribunales modernos) de si las disputas futuras debían resolverse de la misma manera. Por el contrario, las decisiones atenienses fueron totalmente ad hoc, y probablemente hicieron poco para asegurar a los atenienses que un curso de conducta particular era apropiado. Por supuesto, Atenas tenía normas y costumbres, y éstas deben haber sido reflejadas en, reforzadas e incluso influenciadas por los veredictos de los tribunales. Pero no había nada acreditado en una decisión particular como lo hace en la mayoría de las jurisdicciones modernas de derecho común". Wohl sostiene (2010: 30): "'Las leyes', entonces, fueron un marcador privilegiado de autoridad en la oratoria forense, pero su autoridad es inmanente e interesada, no autónoma o absoluta…".

7   Cf. Cohen (1995a), que cuestiona la mirada evolucionista sobre el desarrollo del derecho griego, como el pasaje de una sociedad organizada por la violencia a una pacificada por la ley. El derecho antiguo no eliminaba su forma agonística sino que la expresaba por otros medios.

8   Cf. Paiaro (2011), que realiza una discusión *in extenso* de este debate. La insistencia de la bibliografía en identificar a la ciudad con el estado supone las dificultades modernas para desembarazarse del concepto mientras que la conjunción *pólis* / estado supone otorgar a la ciudad los atributos de este último.

diferentes procedimientos, entonces las actividades institucionales no tienen que tomarse como constricciones operativas. Pensar la articulación práctica entre el "nosotros" y sus procedimientos supone superar las conceptualizaciones modernas, muy atadas a criterios de "representación", "delegación", "comités", "división de poderes", con su respectivas articulaciones jerárquicas[9]. En este sentido, se hace posible ver en los acontecimientos de la historia ateniense una fuerte impronta normativa que organizó a la comunidad como un todo. Sin ser exhaustivos, mencionemos los siguientes seis ejemplos:

1) Tras el intento de tiranía de Cilón, Dracón provee a los atenienses su primer "código" de leyes (ca. 621), por lo que los eupátridas ya no tenían el monopolio del "saber" legal[10].

2) También Solón (ca. 594) dotó a la ciudad de una cantidad de "leyes" y estableció asimismo los "tribunales populares" (helíaia) junto con la posibilidad de iniciar una demanda por parte de cualquier ciudadano pese a no pertenecer a la parte injuriada (ho boulómenos) y de apelar (éphesis) las decisiones de los magistrados frente a los tribunales[11].

3) Clístenes reformó el sistema de tribus y estableció una nueva boulé sentando las nuevas bases territoriales a partir de la cual se organizó el poder político ateniense. La reforma instaura el principio de isonomía que favoreció la unidad del cuerpo cívico a partir de la nueva posición que ocuparon los demos. Se introduce el consejo de estrategos elegidos anualmente por el pueblo; y la tradición le atribuye la ley de ostracismo, aun cuando recién se habría aplicado en el año 487. Asimismo, Clístenes habría proporcionado a la asamblea la capacidad de

---

9   Cabe destacar la postura de Gagarin (2008: 77), que al hablar sobre la escritura de la ley durante el arcaísmo señala la unidad entre la escritura de la ley, su publicidad y la configuración de la *pólis* como una comunidad.

10 Cf. Gagarin (1981; 2008: 93-109); Hansen (1991: 29); Forsdyke (2005: 84-90).

11 *Helíaia*: Aristóteles, *Política*, 1373a 35-b 3; *Constitución de los atenienses*, 7.3; 9.1; Plutarco, *Solón*, 18.2; Lisias, *Contra Teomnesto I*, 15; Demóstenes, *Contra Timócrates*, 105, 114; *ho boulómenos*: Aristóteles, *Constitución de los atenienses*, 9.1; Plutarco, *Solón*, 18.6; Rhodes (1993: 159-160); Wilson (2004: 214); *éphesis*: Solón, fr. 40 D; Demóstenes, *Contra Aristócrates*, 28; *Contra Timócrates*, 105. Cf. Smith (1925); Sealey (1964; 1983; 2007); Rhodes (1972: 191 n. 5, 203, 209; 1993: 160); MacDowell (1978: 29-33); Hansen (1981/2; 1991: 30, 178 ss.); Ostwald (1986: 9-12 y nn. 27-28); Domínguez Monedero (2001: 71-76, 85-94); Lanni (2006: 15-40).

---

tratar los juicios políticos, facultad hasta entonces privativa del Areópago[12].

4) Efialtes procede a "disminuir" los poderes políticos y judiciales del Areópago, transfiriéndolos poderes al consejo, la asamblea y los tribunales[13]. Consideramos significativo la importancia que adquieren los tribunales tras Efialtes, cuya mejor puntualización la hallamos en Plutarco (*Cimón*, 15.2): "...la multitud (*hoí polloí*) se alborotó y trastornó el orden establecido...; y siendo líder Efialtes, quitó al consejo del Areópago todos los juicios salvo algunos, y tras volverse ella misma soberana de los tribunales (*kaì tôn dikasteríon kyríous heautoùs poiésantes*), introdujo en la ciudad una democracia absoluta" (cf. Aristóteles, *Política*, 1274a 1-11, Gallego: 2010, 89 y n. 14). También corresponde señalar la introducción posterior por parte de Pericles de la *misthophoría* para los tribunales, que constituyeron los primeros "salarios" para servicios cívicos y cuyos beneficiarios fueron aquellos ciudadanos que participaban como jurados (Aristóteles, *Constitución de los Atenienses*, 27.4; cf. Rhodes: 1993, 338). En este sentido, es notable que tanto la reforma de Efialtes como la introducción de los pagos por Pericles tuvieran a los *dikastéria* como eje principal de sus acciones.

5) En los últimos decenios del siglo V la guerra del Peloponeso tensionó las condiciones de dominación democrática permitiendo la emergencia de facciones oligárquicas que en la práctica pasaron a la disputa por el control de la ciudad (Shear, 2011). El debate por la *pátrios politeía* se remonta a la situación previa y posterior al golpe del 411. La mayoría de los estudiosos han centrado sus análisis en los programas y los grupos que actuarían bajo la consigna de la "constitución ancestral"[14]. Cabe notar que para los demócratas dicho eslogan significaría siempre la democracia tal como ella se encontraba antes de los golpes de 411 y 404. Las figuras de Teseo y Solón se convirtieron en los guardianes de la

---

12 Cf. Lévêque & Vidal-Naquet (1964: 24-32); Whitehead (1986: 3-38, 253-326); Hansen (1991: 34-36); Mossé (2007: 38-43); Ober (2007).

13 Cf. Hignett (1952: 193-213); Wallace (1989: 83-87); Piccirilli (1988: 33-43); Fornara & Samons (1991: 61-71); Gallego (2003: 65-94; 2010).

14 Tucídides, 7.76.6; Aristóteles, *Constitución de los atenienses*, 29.3; Dionisio de Halicarnaso, *Demóstenes*, 3 (= fr. 85 B1 DK). Cf. Fuks (1953); Cecchin (1969); Finley (1977: 45-90); Walters (1976); Mossé (1979); Ostwald (1986: 337-395); Hansen (1989b; 1991: 297-304); Strauss (1993: 181-188); Shear (2011: 19-70).

demokratía, el primero por ser quien habría fundado la ciudad democrática y el segundo por ser quien la garantizaba a través de sus *nómoi* (cf. Teofrastro, *Caracteres*, 26.6; Hansen, 1991: 298). Los demócratas no distinguirían entre *pátrios politeía* y *pátrioi nómoi* (Tucídides, 7.74-7; Jenofonte, *Helénicas*, 2.4.42), unificando así a la ciudad y sus leyes en una única tradición histórica que funcionaría como soporte de su hegemonía política (cf. Carugati, Calvert & Weingast, 2016: 27-29).

6) Antes del 415 se introduce la *graphè paranómon* como procedimiento para evitar cambios radicales en las leyes de la ciudad. Para finales del siglo V, con la codificación de las leyes, se establece una jerarquía entre leyes y decretos, siendo las primeras normas de valor supremo y permanente superiores a los segundos. En teoría, ningún decreto podía contradecir una ley, salvo que la ley preexistente fuera derogada. Siguiendo estas reformas, se crea otro procedimiento para cuestionar leyes nuevas (*graphè nómon mè epitédeion theînai*). La tarea quedaría a cargo de los *nomothétai*, un grupo seleccionados de entre los 6.000 atenienses que podían participar de los *dikastéria*. En este sentido, los nuevos procedimientos parecen suplantar la práctica del ostracismo, limitar las mociones de los dirigentes en la asamblea y asegurar un mecanismo de control contra cambios radicales en el orden democrático[15].

Según este breve repaso por algunos acontecimientos importantes de la historia ateniense, creemos poder dar cuenta de la importancia de la ley en sus transformaciones y la aparición de la democracia. No cabe suponer de modo taxativo que la legalidad fuera secundaria respecto del orden político como si el gobierno del *dêmos* fuese una "bestia salvaje" que desconociera su importancia (Sinclair, 1999: 291-301)[16]. En verdad, el juicio de Aristóteles

---

15   Cf. Ostwlald (1986: 111-129); Yunis (1988); Ober (1989: 95-96); Hansen (1991: 205-212); Carawan (2007); Lanni (2010); Lanni & Vermeule (2013); Carugati, Calvert & Weingast (2016).

16   Cf. Knox (1985: 152): "¿El *dêmos* trató a sus políticos de manera injusta e imprudente? Se han hecho y deben hacerse reservas: no todas las condenas fueron injustas; la vida política tenía sus compensaciones; la democracia ateniense era preferible a la *stásis* de Corcira. Pero al final, si nos vemos obligados a estar con Plutarco o en contra suyo en este tema, no deberíamos dudar. Incluso si lo dijo por la razón equivocada, Plutarco dijo lo correcto: el *dêmos* fue en verdad una bestia muy dañina. *¡Qué Zeus nos preserve de algo semejante!*" (cursivas añadidas). Uno no puede dejar de sor-

así lo asume, pero constituye una valoración política más que un atributo propio del régimen.

Tribunales y poder popular

Tradicionalmente se plantea la soberanía de la asamblea como el órgano institucional dominante de la democracia durante el siglo V (cf. Cammack, 2013: 10-20). A partir de esto, se construye la oposición con los tribunales como institución "soberana" para el siglo siguiente. Ahora bien, ¿hasta qué punto la democracia radical consistió solamente en un régimen asambleario? Aristóteles (*Constitución de los atenienses*, 41.2) afirmaba lo siguiente, tras la restauración democrática: "El pueblo (*dêmos*) se ha hecho a sí mismo dueño (*kýrion*) y gestiona todo (*pánta diokeîtai*) mediante votaciones de decretos y por medio de los tribunales (*psephísmasin kaì dikasteríois*), en los que el pueblo es poderoso (*ho dêmós estin ho kratôn*)".

Aristóteles no especificaba jerarquía alguna entre las formas en que se expresaba el *krátos* popular: asamblea y tribunales serían ambos mecanismos por los cuales el pueblo gobernaba. Solamente un imaginario que opone la acción de la multitud, como un descalabro anárquico, al cumplimiento de las normas puede pasar por alto semejante igualdad[17]. Así, la ley y la institucionalidad se volverían excusas contrarias a la afirmación de un poder plebeyo en el seno del gobierno. No se trataría de que la ley no rigiera, sino de quienes la ejercían y el modo en que lo hacían. Las reformas de Efialtes y Pericles tuvieron como uno de sus ejes centrales los tribunales. Si para éstos hubieran sido indiferentes, si desde la perspectiva popular solo hubiera importado su decisión ma-

---

prenderse frente a semejante juicio. En el fondo retumba la imagen de una multitud pérfida, rencorosa, ingrata, inflexible y, ciertamente, injusta. Como si el papel de las multitudes no debiera ser otro que el del acompañamiento dócil y agradecido para con sus dirigentes, de seguro motivados solamente por pura solidaridad y filantropía. De nuevo nos encontramos con un razonamiento que parece subordinar la relación entre la élite y las masas a meros vínculos morales, donde, por supuesto, la multitud se llevaría la peor parte. Con independencia del juicio que Plutarco le atribuye a Demóstenes, la cuestión radica en que las relaciones entre líderes y multitud no puede resolverse desde una posición moral. El funcionamiento de cualquier relación política excede con creces tal postura y constituye una función sistémica de la organización social; y la "maldad" que se le atribuye al *dêmos* ateniense bien debiera tenerse como ejemplo del control social que ejercía sobre aquellos que decidían actuar en su favor; cf. Finley (1980: 9-48, 121-163); Ober (1989: 333-339).

17 Sobre el problema de la anarquía, cf. Gallego (2016).

yoritaria en la asamblea, ¿por qué garantizar una participación masiva y plebeya de (y en) la justicia? Dejemos de lado la referencia a Efialtes, que sigue siendo un problema complejo para la historiografía[18], y concentrémonos en Pericles, cuya figura es menos cuestionada.

De acuerdo con Aristóteles (*Constitución de los atenienses*, 27.3-4; *Política*, 1274a 1-11; cf. Platón, *Gorgias*, 515e; Plutarco, *Pericles*, 9.1-3), Pericles instaurará los pagos a los jurados como parte de su competencia con Cimón por los favores de la multitud, debido a que éste era más rico que aquél. Se trataría antes que nada de una competencia por el liderazgo de la ciudad y el reconocimiento de las masas a través de mecanismos clientelares (cf. Connor, 1992: 18-22; Mossé, 1994). Lo interesante radica en la forma innovadora empleada por Pericles, puesto que destinó los recursos de la ciudad a aquellos que participaban como jurados. Si lo que estaba en juego era la capacidad de mejorar su liderazgo, la asamblea debió de presentársele como una institución mucho más favorable, puesto que allí su capacidad de influir sobre la multitud hubiera sido más eficaz. Según Sealey (2007: 246)[19], el *misthòs heliastikós* se instauró debido al crecimiento de las tareas tribunalicias y, por consiguiente, a la necesidad de satisfacer una mayor convocatoria que no se habría conseguido sin algún tipo de compensación a cambio. Sin embargo, no tenemos información sobre inconvenientes de este tipo[20]. Aun más, dado que la mayoría de los estudiosos considera que los *dikastéria* se desarrollaron antes de las reformas de Efialtes, el sistema de jurados debió de funcionar sin necesidad de tales pagos[21]. Los críticos de

---

18   Cf. Gallego (2010), quien da cuenta de las dificultades de tratar el asunto.

19   Cf. Rhodes (1993: 338); Hansen (1991: 188); Loomis (1998: 9-10).

20   Cf. Hansen (1991: 181-182), que analiza, siguiendo a Kroll (1972: 69-90), las *pinakía* o "tiques" (todas ellas procedentes del siglo IV) que recibían aquellos que se habían inscripto como jurados y donde se anotaban los nombres de los ciudadanos participantes. Según el estudio realizado sobre estas placas, cinco de cada seis tenían el nombre original borrado y superpuesto un nombre nuevo; incluso más, se evidencian múltiples nombres de hasta seis tenedores sucesivos. Las conclusiones de Hansen son por demás sugerentes, puesto que, según el autor, tales "cambios de manos" demostraría que había competencia por los lugares.

21   Cf. Hignett (1952: 216-218); Rhodes (1972: 168 y 204, n. 1); Hansen (1981/2); Lanni (2006: 105-114); Sealey (2007: 246-247); cf. Ostwald (1986: 70): "No conocemos ningún evento o circunstancia en Atenas antes del 462/61 a.C. que pudiera explicar el desarrollo de los *dikastéria*…". Cabe señalar que nuestra afirmación solo se sostiene

esa época hacían hincapié en la predisposición ateniense a asistir a los tribunales[22]. Si la razón hubiera sido administrativa o la necesidad de garantizar la asistencia deberíamos tener noticias, tal como ocurre con la introducción del *misthós* para la asamblea a finales del siglo V o inicios del IV (Aristóteles, *Constitución de los atenienses*, 41.3). Se dice que Nicias dispensaba entre los ciudadanos parte de sus riquezas para evitar ser llevado ante los tribunales (Plutarco, *Nicias*, 4.3-5.1), una situación similar a la que lleva a Critón a "contratar" a Arquedemo (Jenofonte, *Memorables*, 2.9.1-7; Zelnick-Abramovitz, 2000). El Viejo Oligarca (*República de los atenienses*, 1.18) afirmaba que los extranjeros, que acudían a los tribunales, debían "adular al pueblo" (*tòn dêmon kolakeúein*) puesto que esa era "la costumbre ateniense" (*hós esti dè nómos Athénesi*). En la oratoria forense el desempeño litúrgico ocupará un lugar prominente como forma de ganarse el beneplácito de los jurados (Ober, 1989: 226-230). Por consiguiente, la acción de Pericles, que se postula como una disputa entre aristócratas, puede que tuviera como objetivo congraciarse con aquellos que cumplían funciones judiciales (cf. Dillon, 1995: 33).

Pero el efecto de la novedad periclea fue más allá e instauró una lógica política que permitió evadir el patrocinio privado y asegurar una participación plebeya en la administración de la justicia[23], dotando a las clases populares de una mayor autonomía política (cf. Requena, 2013). En plena democracia radical, el Viejo Oligarca (*República de los Atenienses*, 1.13) se quejaba del papel de los tribunales diciendo: "Y en los tribunales no les importa una sentencia justa, sino mucho más su propia conveniencia", refiriéndose no solo al predominio del *dêmos* sino al uso de tal poder. Casi un siglo más tarde, el personaje del oligarca estereotipado por Teofrato (*Caracteres*, 26.5) seguía insistiendo en el mal que tal participación traía aparejada: "En los tribunales sufrimos un pésimo tratamiento", dando cuenta así del desprecio que le tenían a

---

si la introducción del *misthós* fue posterior al ostracismo de Cimón (*ca.* 461); cf. Rhodes (1993: 338-340).

22 [Jenofonte], *República de los atenienses*, 1.16-18; 3.2; Tucídides, 1.77.1; Aristófanes, *Nubes*, 206 ss.; *Avispas*, 88 ss., 800-804; *Paz*, 349, 505; *Aves*, 39-48; cf. Harris (2005: 20-23).

23 Sobre el estatus de los jueces, de los cuales probablemente la mayoría fuese pobre, cf. Jones (1957: 17-18, 49-50, 80-81); Markle (1985); Todd (1990); Dillon (1995: 35-36 n. 46).

los jurados por ser miembros del común y sembrando la sospecha de que sus sentencias se encontraban motivadas por un sentido clasista. Más importante resulta la comedia *Avispas* (*ca.* 422) de Aristófanes donde se da cuenta de la transcendencia que tuvo la participación popular en los tribunales durante la democracia radical[24]. En efecto, en dicha comedia Aristófanes se burlaba de la "tribunalofilia" (v. 88: *phileliastés*) que caracterizaba el comportamiento cívico ateniense. No solo ridiculizaba a los ciudadanos que ejercían como jurados sino que cuestionaba también las políticas que llevaban adelante los líderes atenienses (cf. Konstan, 1985: 27-46). En la obra resaltan los personajes de Filocleón, un anciano combatiente de las Guerras Médicas que pasaba sus días en los tribunales, partidario de la democracia y seguidor de las políticas de Cleón, y su hijo Bdelicleón, un opositor a líderes como Cleón, crítico del imperialismo naval, que cuestionaba el comportamiento de los jueces. En la medida en que la comedia permite ponderar el peso de los tribunales frente a otras instituciones como la asamblea, es suficiente para nuestros fines resaltar la defensa que hace Filocleón de su rol de jurado. Bdelicleón lo exhorta a abandonar su práctica de juez puesto que la considera una burla que lo convierte en esclavo de los demagogos; pero el padre responde que su condición lo hace superior: "yo mando sobre todos (*árkho tôn hapánton*)" (vv. 516-517). E insiste en las virtudes de ser miembro de la Heliea (vv. 548-632):

> Pues demostraré inmediatamente, desde la misma línea de salida, que nuestro poder (*arkhês*) no es inferior a ninguna realeza (*basileías*). ¿Qué hay hoy en día más feliz y venturoso que ser juez…? ¿Qué ser hay más temible (*è deinóteron zôion*), y eso aun siendo uno un viejo? Yo, a quien tan pronto me deslizo de la cama, aguardan… hombres importantes (*ándres megáloi*)… Y luego, en cuanto me acerco… me suplican haciendo reverencias… Ese individuo jamás habría sabido de mi existencia… ¿Qué cantidad de adulaciones podrá llegar a oír un juez? Unos se lamentan de su pobreza y la ponen de pretexto; otros cuentan fábulas; otros, algún chiste…; otros se ponen a hacer gracias… Nosotros, entonces, aflojamos un poco la hebilla de nuestra cólera. ¿Qué, no es eso realmente un poder enorme (*megále arkhé*) que puede burlarse de la riqueza (*ploútou*)?… Más aún, cuando el consejo y la asamblea no ven claro qué decisión tomar en un asunto importante, por decreto prescribe que se entreguen los culpables a

---

24 Cf. Buis (2017), acerca de la fuerte impronta jurídica que se encuentra en la comedia.

los jueces (*epséphistai toùs adikoûntas toîsi dikastaîs paradoûnai*)... Y en la asamblea popular (*tô démo*) nadie ha conseguido jamás imponer su opinión (*gnómen oudeìs pópot' eníkesen*) sin proponer la disolución de los tribunales (*eàn mè eípe tà dikastéri' apheînai*) inmediatamente después de que hayan juzgado una causa. El mismísimo Cleón... solo a nosotros no se nos traga, sino que nos acoge en sus brazos y nos espanta las moscas... ¡Ah, y se me olvidaba lo más agradable de todo, que es cuando me voy a casa con mi salario (*misthón*)! A causa del dinero todo el mundo festeja mi llegada... y no tengo necesidad de mirar hacia ti (*k' ou mé me deése es sè blépsai*)... Con esto cuento como bastión frente a los males y armadura que me defiende de los dardos... ¿No es verdad que mando un gran mando (*megálen arkhèn árkho*), que en nada es inferior al de Zeus (*kaì toû Diòs oudèn elátto*), yo que oigo decir las mismas cosas que oye Zeus (*hóstis akoúo t' aúth' háper ho Zeús*)? Pues si nosotros armamos escándalo, dicen todos los presentes: '¡Cómo truena el tribunal, oh Zeus soberano!' (*hoîon brontâ tò dikastérion, ô Zeû basileû*). Y cuando tiro un relámpago, chasquean sus labios, y se me asustan los ricos y los muy orgullosos (*k' agkekhódasín m' hoi ploutoûntes kaì pány semnoí*).

Más allá de la hipérbole cómica, las palabras de Filocleón resaltan, por su radicalidad, las capacidades de los jurados: se sienten poderosos; su función hace que los ricos los adulen y les teman; la ciudad no se mueve sin sus opiniones; los líderes deben tenerlos en consideración y agasajarlos; el sueldo les da la independencia necesaria para no depender de nadie. Su *arkhé* es como una *basileía* que nada tiene que envidiar el poder de los dioses. Así, el mando de los jurados se proyecta como una cualidad monárquica, cuasi divina, que los hace superiores. Bdelicleón insiste en que son esclavos de los demagogos y en la necesidad de estar bajo su influencia (vv. 516, 655-664, 667-679, 682-695, 699-712, 715-724). De este modo, el *agón* entre ambos personajes plantea la tensión entre la élite y las masas que atravesaba una instancia institucional constitutiva del régimen: la mirada de Filocleón hacía hincapié en el aspecto social e institucional al ligar la *arkhé* de los *dikastéria* con la masa popular (cf. v. 593: *toû pléthous*; v. 594: *tô demô*); por el contrario, la mirada de Bdelicleón los subordinaba como masa de arrastre de los líderes (cf. Tucídides, 2.65.9; Platón, *Menéxeno*, 238c-e). Pero este registro cómico deja vislumbrar la autoridad de los jurados, en la medida en que nos brinda un ejemplo de la superioridad que sentían aquellos que ejercían como tales, y al mismo tiempo coloca a la institución como un instrumento con el que el *dêmos* contaba para ejercer su poder. Las palabras de Filocleón indican incluso que su autoridad es superior a la ejercida por la *ekklesía*. En efecto, el personaje insiste en que la disolución de los tribunales se volvía una necesidad para aquellos que no podían imponerse en la asamblea. Tal afirmación podría estar en relación con los usos de Cleón del sistema judicial, puesto que cansado de ser ridiculizado habría llevado a Aristófanes ante los tribunales (cf. MacDowell: 1971, 1-4; Ste Croix, 1972: 362-371). Pero además del guiño hacia la audiencia, las palabras de Filocleón bien podrían señalar el peligro que suponía para los líderes no contar con el beneplácito de los tribunales. De modo que, de atenernos a lo que Aristófanes hacía decir a Filocleón, en plena democracia radical los jurados parecerían ser muy conscientes de su lugar en el juego político ateniense.

La asamblea y las paradojas de Mogens Herman Hansen

Hansen (1991: 151-153; cf. Musti, 2000: 206-209) desarrolla las "limitaciones" al poder de la asamblea durante el siglo IV señalando los siguientes siete puntos: 1) a partir del 403/2 su capacidad de establecer leyes fue transferida a los *nomothétai*; solo podía elegir magistrados, juzgar determinadas causas políticas y pasar decretos sobre política exterior y causas administrativas; 2) los decretos solo podían ser consistentes con las leyes, que tenían mayor rango; 3) la asamblea perdió el control de las finanzas públicas; 4) a partir del 355 perdió la capacidad jurisdiccional sobre las causas políticas, que pasaron a los tribunales; 5) toda decisión de la asamblea debía pasar primero por el consejo de los quinientos; 6) todo decreto podía ser impugnado bajo el procedimiento de la *graphè paranómon*; 7) la elección de los magistrados (*dokimasía*) pasaba a ser controlada por los tribunales, por lo que Hansen concluye que solo cien magistrados eran elegidos por la asamblea, siendo el resto seleccionados por sorteo.

Sin embargo, el propio Hansen (1991: 152) señala que, si bien todo parece indicar una pérdida de poder de la asamblea y su transformación en una institución secundaria, esto "*sería un error, como se puede ver si volvemos a nuestros siete puntos con más comentarios*" (cursivas mías). Seguiremos sus matices, dando cuenta al mismo tiempo de nuestra postura:

1) Solo la asamblea podía convocar a los *nomothétai*, reteniendo así la iniciativa legislativa; Hansen aclara además que contamos con decretos que adquirieron rango de ley. Podemos concluir que se convocaba a los *nomothétai* según el criterio de la asamblea, la cual no perdía entonces la iniciativa legislativa, mientras que la diferencia entre decretos y leyes no parece haber sido tan precisa (cf. Ober, 1989: 101-102, 299-304). Ciertamente, cambian los procedimientos pero no se observa una pérdida significativa de poder.

2) En cuanto al rango superior de las leyes sobre los decretos, esto no se aplicaba a cuestiones de política exterior, en las que la asamblea tenía autoridad y autonomía absoluta. De nuevo, no se verifica una pérdida significativa de poder. Tampoco se entiende por qué esto supondría una limitación para la democracia; todo parece indicar que se sigue el mismo camino que en el siglo V, más aún si se piensa en situaciones como la de la asamblea contra la rebelión de Mitilene (*ca.* 428/7) que suele ponerse de ejemplo de la soberanía absoluta del *dêmos* y sus excesos[25]. En todo caso, la asamblea quedaría limitada a cuestiones de política interior, impidiendo las transformaciones en el orden interno; pero no le restaría poder respecto de contra quien hacer la guerra, fijar alianzas, etc. Y cabe señalar, además, que muchas veces los intereses que movilizaban la política exterior eran de índole interna[26].

3) En relación con las finanzas, Hansen señala que la *eisphorá* siguió siendo una atribución de la asamblea y que ésta pasó decretos que eludían las prohibiciones que pesaban sobre ella, que luego fueron ratificados por los *nomothétai*. Por consiguiente, no cabe ver aquí una disminución en toda regla. Por una parte, la asamblea siguió a cargo de la *eisphorá*, lo cual es entendible en la medida en que se trataba de un "impuesto de guerra" y que tales cuestiones seguían estando a cargo de la asamblea. Tras su reforma en 378/7, todo parece apuntar a una mejora de la recolección según las diferencias de riqueza dentro de la élite, lo cual en nada disminuía la presión económico-políti-

---

25   Cf. Ostwald (1986: 444); Ober (1989: 301); Plácido (1997: 48-50).
26   Cf. Perlman (1968); Ste. Croix (1988: 343); Cawkwell (1981); Strauss (1986: 4-5, 58-63 y n. 89; 173); Badian (1995); Harding (1995).

ca sobre ella (cf. Christ, 2007: 165-171, 188-190). Asimismo, la asamblea podía hacer caso omiso de las regulaciones o innovar sobre estas cuestiones *ad referendum* de los *nomothétai*. Tal vez el mejor ejemplo sea la propuesta de Leptines (*ca.* 356) de anular las inmunidades (*atéleiai*) con las que la élite buscaba evitar sus desempeños litúrgicos, posiblemente rechazada mediante una *graphè nómon mè epitédeion theînai*[27].

4) Hasta 355, esto es, hacia la mitad del período de la "nueva democracia", la asamblea siguió siendo el lugar privilegiado de los "juicios" políticos. Y durante todo el período, señala Hansen, retiene el control de tales juicios debido a que los procesos de *eisangelía* o *apóphasis* solo llegaban a los *dikastéria* tras su sanción por la asamblea. Nuevamente, no vemos aquí ninguna limitación, pues hasta mediados del siglo IV siguió siendo un atributo de la asamblea; y posteriormente no llegaba a los tribunales sin que aquélla lo decidiera. Por consiguiente, en el peor escenario, podía haber perdido la capacidad efectiva de tener la última palabra, puesto que la condena quedaba en mano de los jurados, pero era la asamblea la que determinaba si daba curso o no a tales procesos.

5) Se desestima a la *boulé* como institución limitante porque sus propuestas meramente introducían un tema para la discusión, sin que por ello le fijaran a la asamblea límite alguno en lo que debía decidir. La asamblea podía ordenarle al consejo que introdujera un tema en la agenda; podía desestimar cualquier propuesta del consejo y sustituirla por otra que hubiera surgido durante el debate; había cuestiones que no necesitaban la autorización del consejo y que pasaban automáticamente a la asamblea, de

---

27 Según López Eire (1985: 164), la ley fue aprobada por la asamblea; según Sealey (1993: 126), fue aprobada por los *nomothétai*; también Harris (2008, 16) rechaza que fuera un decreto. Demóstenes menciona repetidas veces que se trata de un *nómos*. El procedimiento de la *graphè nómon mè epitédeion theînai* se realizaba contra leyes pero no contra decretos; cf. Hansen (1991: 212). Sin embargo, la propuesta de Leptines llega a juicio dos años después de haberse aprobado y habiendo sido objetada en primer lugar por Bátipo, posiblemente mediante una *graphè paranómon* que sí se aplicaba a los decretos; cf. Demóstenes, *Contra Leptines*, 145: *egrápsato*; Liddel & Scott, 1996: *s.v. grápho*; Demóstenes, *Contra Leptines*, 94, menciona que Leptines no habría cumplido ninguno de los procedimientos para promulgar una ley. En cuanto al resultado, Sealey (1993: 126-127); Badian (2000: 27-28); Burke (2002: 178-179); Plácido & Fornis (2011: 33); todos consideran que Leptines habría triunfado; *pace* Harris (2008: 20-21).

modo que, tomada la decisión, se la derivaba a los *nomothétai*. No hay aquí ninguna diferencia con respecto a su funcionamiento durante el siglo precedente, salvo la introducción de la instancia de control por parte de los *nomothétai*. Por consiguiente, excepto esto último, el consejo carecía de toda capacidad limitante.

6) Según las estimaciones de Hansen, los tribunales solo podían juzgar en promedio apenas una *graphè paranómon* por mes –es decir, alrededor de diez denuncias de ilegalidad al año–, mientras que la asamblea pasaba unos cuatrocientos decretos por año, aproximadamente. Frente a semejante estadística, Hansen reconoce que solo una escasa cantidad de decretos eran recurridos. Cabe preguntarse, entonces, ¿cuál habría sido la eficacia de semejante procedimiento? Ciertamente, la *graphè paranómon* podía servir como mecanismo disuasorio en las disputas entre los dirigentes. Por ejemplo, cuando Trasíbulo propuso otorgar derechos cívicos a aquellos que participaron en la restauración democrática (cf. Jenofonte, *Helénicas*, 2.4.25; Aristóteles, *Constitución de los atenienses*, 40.2), o cuando Hipérides (fr. 7), tras la derrota en Queronea, planteó la necesidad de restituir a exiliados, dar libertad a esclavos e incorporar extranjeros para combatir contra Macedonia (cf. Licurgo, *Contra Leócrates*, 36-37)[28]. Pero esto no habría sido más efectivo que lo que pudo ser el ostracismo, o las amenazas de los sicofantas hacia cualquier hombre público; en todo caso, puede que su éxito haya sido exagerado[29].

7) La gran mayoría de los cargos se proveían por sorteo y los más importantes eran seleccionados por la asamblea. Incluso más, indica Hansen, las fuentes muestran que los procesos por *dokimasía* llevados a cabo por los tribunales eran una mera formalidad. Entonces, la asamblea retuvo el nombramiento de los cargos políticamente importantes; el procedimiento del sorteo –procedimiento democrático, por cierto– se mantiene y los controles tribunalicios fueron una mera formalidad.

---

28   Si bien la propuesta de Trasíbulo no prosperó, en 401/400 se votó un decreto por el que algunos extranjeros y esclavos recibieron finalmente la ciudadanía, o al menos la *isotéleia*, como recompensa por su participación en la restauración democrática; cf. Rhodes & Osborne (2004: 20-26). En cuanto a Hipérides, que salió absuelto, téngase en cuenta que su contexto era más negativo, ya que Atenas había perdido contra Macedonia; cf. Yunis (1988: 376-377).

29   Cf. Paiaro (2012), Osborne (1990), Lanni & Vermeule (2013: 910-912) y Lanni (2010), respectivamente.

¿Qué conclusiones sacar de este listado de las "limitaciones" al funcionamiento de la asamblea? Ciertamente, la existencia de los *nomothétai* y procedimientos tales como la *graphè paranómon* pudieron restringir decisiones asamblearias[30]. Pero para que esto sucediera alguien tenía que acusar primero y luego la asamblea darle curso. Y por el comentario del propio Hansen al punto 6, se podría considerar que la gran mayoría de los decretos no habrían sido apelados. Por lo que su capacidad de intervención como freno a su voluntad puede considerarse más bien excepcional que regular. Asimismo, nada indicaba a priori que la resolución de los *nomothétai* fuese contraria a lo votado[31]. Si bien los decretos ya no tenían el mismo estatus que las leyes tampoco hay por qué suponer que la asamblea iría *siempre* en contra de ellas. En consecuencia, todo parece indicar que su capacidad se resiente bastante poco, o al menos no parece haber una limitación tajante de la voluntad popular.

¿Qué *dêmos*? Un sujeto para la *demokratía*

Retornemos a las conclusiones aristotélicas (*Constitución de los atenienses*, 41.2), donde afirmaba que el pueblo se gobernaba mediante decretos y tribunales. Tal sentencia debería poner en entredicho las caracterizaciones que plantean una limitación de sus facultades respecto del imperio de la ley. Para Hansen (2010: 505-507, 523-524, cf. Id. 1991: 124, 154) el *dêmos* referido en el pasaje posee un claro significado "plebeyo", de claro valor sociopolítico, que fue el utilizado por los historiadores, filósofos y críticos del régimen. Para todos éstos, Atenas no habría cambiado en el siglo IV y seguiría siendo una "democracia radical" (Hansen, 1991: 71). Por el contrario, su propuesta consiste en aislar el término *dêmos* en un

---

30 Cf. Harris (2016: 75-76), para quien los nuevos procedimientos no significaron restricciones a la asamblea sino que, por el contrario, mejoraron sus capacidades para modificar o crear nuevas leyes.

31 Cf. Lanni (2010: 5): "No había una regla de decisión autorizada, y el panel de jurados se presentaba típicamente con una perspectiva altamente contextualizada de la disputa y quedaba en libertad para llegar a una resolución justa de cada caso. De esta manera, cada jurado era libre de decidir por sí mismo si las normas legales o extra-legales eran más importantes... Lo que es más importante aún... es que el jurado..., como en todos los casos de un tribunal popular ateniense, era libre de ignorar la ley a favor de la política u otras normas extralegales".

exclusivo sentido institucional, siendo la referencia específica para la asamblea y no para los tribunales (Hansen, 1978; 1989a; 1991: 150-155; 2010). Pese a las críticas recibidas ninguno ha cuestionado con eficacia dicho preciosismo terminológico (cf. Blanshard, 2004)[32]. Sin embargo, dicha evidencia no ha convencido aun cuando ni siquiera se esté en desacuerdo con el sentido institucional que desarrolla (como en el caso de Ostwald). Para la mayoría *dêmos* opera como un registro simbólico que implica la totalidad cívica representada en sus diferentes instancias, ya sea como "representación" (Ostwald, 1986: 34-35 n. 131), o como un "corte transversal" (Rhodes, 1993: 318), ya sea como "sinécdoque" (Ober, 1989: 146-147; 1996: 118 ss.), o como una "construcción discursiva" (Anderson, 2009: 11). Para Hansen (1989a: 103; 2010), estas tradiciones no hacen más que descuidar el aspecto institucional del funcionamiento de la democracia. Por nuestra parte, diremos que, pese a reconocerlo, su perspectiva institucionalista lo lleva a descuidar el aspecto sociopolítico (cf. Ober, 1996: 117). En efecto, puesto que la evidencia de Hansen respecto de la diferencia entre *dêmos* y *dikastéria* como indicaciones respectivas a la asamblea y los tribunales no se encuentra en disputa, la cuestión se desplaza a cuál es el sujeto que engloba la política ateniense. Las referencias citadas anteriormente hacen del *dêmos* (con D mayúscula al decir de Ober) el sujeto de la *pólis* que luego se realiza en sus diferentes instancias. Hansen no niega este punto pero insiste en su perspectiva institucional que no puede reducirse a la generalidad del todo. Es más, propone que, en términos de agencia, más que *dêmos* sería *pólis* lo que haría sinécdoque –siguiendo la formula de Ober–, aunque señala que también aquí hay poca evidencia para los tribunales (Hansen, 2010: 516-519).

Pero donde *dêmos* claramente abarca tanto a la asamblea como a los tribunales es en su sentido faccioso, es decir, en las concepciones críticas de la democracia, allí donde equivale a "los pobres de la ciudad, los artesanos, los comerciantes, los jornaleros y los ociosos que juntos constituían la mayoría de los ciudadanos" (Hansen, 2010: 506). Hansen desestima dicho criterio por no ser representativo

---

32 Ostwald (1986: 34-35 n. 131): "Es verdad que en el siglo IV *dêmos* refiere casi exclusivamente a la *ekklesía*"; Rhodes (1993: 318): "[*dêmos*] no se usa para los *dikastéria* como se usa para la asamblea"; Ober (1989: 145): "Hansen señala con toda razón que el término *dêmos*, aunque se usa con frecuencia para la asamblea, rara vez se usa para los tribunales".

Julián Gallego / Claudia N. Fernández (comps.)

de la ideología democrática, que sí se encontraría en los discursos oficiales y forenses. Pero esto no significa que tal mirada sea la más certera para explicar el cambio de registro de un siglo al otro, ni para dar cuenta de una "soberanía" de los tribunales sobre la "asamblea". Como ha señalado Loraux (2007b: 205-207), la mirada del partisano (en este caso, de los opositores de la democracia) tal vez contenga más verdad que la que se le reconoce. Para Aristóteles el *dêmos* era *kýrios* y ejercía su *krátos* a través de decretos y tribunales: el *dêmos* con un claro sentido faccioso. ¿Por qué desestimar semejante afirmación en clave institucionalista? La voluntad política de una multitud plebeya en Atenas parece seguir siendo difícil de admitir. Aceptamos de buen grado que no sería el lenguaje de los demócratas. ¿Por qué iba de serlo? Según Loraux (2008), la constitución de un "nosotros" homogéneo y sin fisuras era parte del imaginario político de la Antigüedad, donde se buscaba exorcizar de un modo permanente la potencialidad de la *stásis*, el conflicto y la división. Para Hansen, la ideología antidemocrática que marca el carácter conjunto del poder del *dêmos* debe ser rechazada del análisis, no así la ideología democrática que distingue una jerarquización institucional. Pero ambas son ideologías; ¿por qué creerle más a una que a otra? Allí donde la ideología democrática reafirma el poder de las leyes y los tribunales, la ideología antidemocrática va a reafirmar el poder de la plebe (*dêmos*) en la asamblea así como en los tribunales. Consideramos que no hay una sin la otra, y si tras el cambio del siglo la democracia pudo establecer el imperio de la ley fue porque el *dêmos* (en su sentido faccioso) la sostuvo.

Conclusiones: ¿fue la ley contraria a los intereses del pueblo?

En el inicio señalamos la pregunta de Eder respecto de si a más ley menor democracia, aunque no dijimos cuál era su respuesta. Para Eder, la verdadera democracia iniciaría su camino en el siglo IV, cuando el *dêmos* subordinó mediante el control tribunalicio a la asamblea, en la medida en que esto significó limitar la lucha facciosa entre los dirigentes. Pues bien, aceptemos que tal pudo haber sido el caso; pero creemos que la democracia se inició mucho antes, cuando la multitud plebeya de Atenas se hizo fuerte tanto en la asamblea como en los tribunales. Como señalamos desde un principio, la *pólis* supuso un impulso normativo que trató de organizar una vida comunitaria e isomórfica. En este sentido, la ley jugó un papel importante en toda su historia. En cuanto a la relación asamblea y tribunales, desde la segunda mitad del siglo V estos últimos jugaron un rol importante y contaron con una participación de masas que hizo del *dêmos* en su sentido restringido un elemento de poder propio del régimen, al igual que su participación en la asamblea. No vemos que el cambio de siglo trajera novedades sustanciales en este punto, ni supusiera una jerarquización institucional, ni el pasaje de una instancia a otra en términos de poder político. Ciertamente, se impusieron nuevos procedimientos que permitieron tener un mayor control respecto de ciertas decisiones resultantes de la asamblea. Pero esto no supuso un freno a la voluntad popular sino, en todo caso, al juego político de los líderes frente a aquélla. La discusión respecto de si *dêmos* abarcaba a los *dikastéria* constituye una mirada que pone demasiado peso en una lógica institucional pero que al hacerlo parece desmerecer la particularidad política de la democracia: el ejercicio del *krátos* por una masa plebeya, que no se limitaba al seguidismo aristocrático. En este sentido, el debate respecto al imperio de la ley parecería deberle mucho a ese "temor" del que hablaba Tocqueville. ¿Será que siempre que haya una participación plebeya deberíamos pensar que las instituciones, la norma o la libertad están riesgo? Creemos que no, y que el ejemplo ateniense pone de manifiesto que el cumplimento de la ley no era contrario al interés de la mayoría. Tal vez sea esa una de las cuestiones que los atenienses nos legaron y por eso sigue siendo importante para nosotros.

Bibliografía

Anderson, G. (2009). "The Personality of the Greek State", *Journal of Hellenic Studies* 129: 1-22.

Badian, E. (1995). "The Ghost of Empire: Reflections on Athenian Foreign Policy in the Fourth Century B.C.", en W. Eder & C. Auffarth (eds.), *Die Athenische Demokratie im 4. Jahrhundert v. Chr. Vollendung oder Verfall einer Verfassungsform?*, Stuttgart: 79-106.

Badian, E. (2000). "The Road to Prominence", en I. Worthington (ed.), *Demosthenes. Statesman and Orator*, London: 9-44.

Blanshard, A.J.L. (2004). "What Counts as the *Demos*? Some Notes on the Relationship between the Jury and "the People" in Classical Athens", *Phoenix* 58: 28-48.

Buis, E.J. (2017). "El derecho ateniense y su tratamiento en las fuentes cómicas (siglos V y IV a.C.): dispositivos normativos y dinámicas literarias.", en E.J. Buis (coord.), *Derecho griego antiguo. Revista Jurídica de Buenos Aires* XLII/94: 321-350.

Burke, E.M. (2002). "The Early Political Speeches of Demosthenes: Elite Bias in the Response to Economic Crisis", *Classical Antiquity* 21: 165-193.

Cammack, D.L. (2013), *Rethinking Athenian Democracy*, Ph.D. Dissertation, Cambridge, Mass., http://nrs.harvard.edu/urn-3:HUL.InstRepos:10423842.

Canevaro, M. (2017). "El imperio de la ley como criterio para la legitimidad política en las ciudades-estado griegas", en E.J. Buis (coord.), *Derecho griego antiguo. Revista Jurídica de Buenos Aires* XLII/94: 159-193.

Canfora, L. (2006). *Democracy in Europe. A History of an Ideology*, Malden.

Carawan, E. (2007). "The Trial of the Arginousai Generals and the Dawn of 'Judicial Review'", *Dike* 10: 19-56.

Carey, C. (1998). "The Shape of Athenian Laws", *Classical Quarterly* 48: 93-109.

Cartledge, P. (2009). "Hellenism in the Enlightenment", en G. Boys-Stones, B. Graziosi & P. Vasunia (eds.), *The Oxford Handbook of Hellenic Studies*, Oxford: 166-172.

Carugati, F., Calvert, R. & Weingast, B. (2016). *Constitutional Litigation in Ancient Athens. Judicial Review by the People Themselves* (Working Paper). https://www.researchgate.net/publication/305730422_Constitutional_Litigation_in_Ancient_Athens_Judicial_Review_by_the_People_Themselves.

Cecchin, S.A. (1969). Πάτριος πολιτεία. *Un tentativo propagandístico durante la Guerra del Peloponeso*, Torino.

Cawkell, G.L. (1981). "Notes on the Failure of the Second Athenian Confederacy", *Journal of Hellenic Studies* 101: 40-55.

Christ, M.R. (2007). *The Bad Citizen in Classical Athens*, Cambridge.

Cohen, D. (1995a). *Law, Violence and Community in Classical Athens*, Cambridge.

Cohen, D. (1995b). "The Rule of Law and Democratic Ideology in Classical Athens", en W. Eder & C. Auffarth (eds.), *Die Athenische Demokratie im 4. Jahrhundert v. Chr. Vollendung oder Verfall einer Verfassungsform?*, Stuttgart: 227-244.

Connor, W.R. (1992). *The New Politicians of Fifth-Century Athens*[2], Princeton.

Domínguez Monedero, A.J. (2001). *Solón de Atenas*, Barcelona.

Dillon, M.P.J. (1995). "Payments to the Disabled at Athens: Social Justice or Fear of Aristocratic Patronage?", *Ancient Society* 26: 27-57.

Eder, W. (1998). "Aristocrats and the Coming of Athenian Democracy", en I. Morris & K.A. Raaflaub (eds.), *Democracy 2500? Questions and Challenges*, Dubuque: 105-114.

Ehrenberg, V. (1960). *The Greek State*, New York.

Finley, M.I. (1977). *Uso y abuso de la historia* [1975], Barcelona.

Finley, M.I. (1978). *El mundo de Odiseo*[2] [1977], México.

Finley, M.I. (1980). *Vieja y nueva democracia* [1973], Barcelona.

Fordsyke, S. (2005), *Exile, Ostracism, and Democracy. The Politics of Expulsion in Ancient Greece*, Princeton.

Fornara, C.W. & Samons, L.J. (1991). *Athens from Cleisthenes to Pericles*, Berkeley.

Fuks, A. (1953), *The Ancestral Constitution. Four Studies in the Athenian Party Politics at the End of the Fifth Century BC*, London.

Foxhall, L. & Lewis, A.D.E. (1996). "Introduction", en Ead. & Id. (eds.), *Greek Law in its Political Setting. Justifications not Justice*, Oxford: 1-8.

Gagarin, M. (1981). "The Thesmothetai and the Earliest Athenian Tyranny Law", *Transactions of the American Philological Association* 111: 71-77.

Gagarin, M. (1986). *Early Greek Law*, Berkeley.

Gagarin, M. (2008). *Writing Greek Law*, Cambridge.

Gallego, J. (2003). *La democracia en tiempos de tragedia. Asamblea ateniense y subjetividad política*, Buenos Aires.

Gallego, J. (2010). "'Siempre es la pesadilla': las reformas de Efialtes y el derrotero de la democracia radical ateniense", en C. Fornis, J. Gallego, P. López Barja & M. Valdés (eds.), *Dialéctica histórica y compromiso social. Homenaje a Domingo Plácido*, Zaragoza: t. I, 85-102.

Gallego, J. (2011). "La asamblea ateniense y el problema del Estado: instauración y agotamiento de una subjetividad política", en M. Campagno, J. Gallego & C. García MacGaw (comps.), *El Estado en el Mediterráneo Antiguo. Egipto, Grecia y Roma*, Buenos Aires: 181-222.

Gallego, J. (2014). "La soberanía popular, entre la democracia y la república: de la Grecia antigua a la actualidad", en C. Ames & M. Sagristani (eds.), *Estudios interdisciplinarios de Historia Antigua IV*, Córdoba: 74-92.

Gallego, J. (2016). "Aristóteles, la democracia ateniense y el problema de la anarquía", *El Arco y la Lira: Tensiones y Debates* 4: 29-44.

Guerci, L. (1979). *Libertà degli antichi e libertà dei moderni. Sparta, Atene e i "philosophes" nella Francia del Settecento*, Napoli.

Gschnitzer, F. (1987). *Historia social de Grecia. Desde el período micénico hasta el final de la época clásica* [1981], Madrid.

Hansen, M.H. (1978a). "*Demos, Ecclesia* and *Dicasterion in Classical Athens*", *Greek, Roman and Byzantine Studies* 19: 127-146.

Hansen, M.H. (1978b). "*Nomos* and *Psephisma* in Fourth Century Athens", *Greek, Roman and Byzantine Studies* 19: 315-330.

Hansen, M.H. (1981/2), "The Athenian Heliaia from Solon to Aristotle", *Classica & Mediaevalia* 33: 9-48.

Hansen, M.H. (1989a). "*Demos, Ekklesia* and *Dikasterion*: a Reply to Martin Ostwald and Josiah Ober", *Classica & Mediaevalia* 40: 101-106.

Hansen, M.H. (1989b). "Solonian Democracy in Fourth-Century Athens", *Classica & Mediaevalia* 40: 71-99.

Hansen, M.H. (1991). *The Athenian Democracy in the Age of Demosthenes. Structure, Principles and Ideology*, Oxford.

Hansen, M.H. (1992). "The Tradition of the Athenian Democracy A.D. 1750-1990", *Greece & Rome* 39: 14-30.

Hansen, M.H. (1997). "One Hundred and Sixty Theses about Athenian Democracy", *Classica & Mediaevalia* 48: 205-266.

Hansen, M.H. (2005). *The Tradition of Ancient Greek Democracy and its Importance for Modern Democracy*, Copenhagen.

Hansen, M.H. (2010). "The Concepts of *Demos, Ekklesia* and *Dikasterion* in Classical Athens", *Greek, Roman and Byzantine Studies* 50: 499-536.

Harding, P. (1995). "Athenian Foreign Policy in the Fourth Century", *Klio* 77: 105-125.

Harris, E.M. (2005). "Was All Criticism of Athenian Democracy Necessarily Anti-Democratic?", en U. Bultrighini (ed.), *Democrazia e antidemocrazia nel mondo Greco. Atti del Convegno Internazionale di Studi, Chieti, 9-11 aprile 2003*, Alessandria: 11-24.

Harris, E.M. (2008). "Introduction", en M. Gagarin (ed.), *Demosthenes. Speeches 20-22*, Austin: 16-21.

Harris, E.M. (2016). "From Democracy to the Rule of Law? Constitutional Change in Athens during the Fifth and Fourth Centuries BCE", en Tiersch, C. (ed.), *Die Athenische Demokratie im 4. Jahrhundert. Zwischen Modernisierung und Tradition*, Stuttgart: 73-88.

Hignett, C. (1952). *A History of Athenian Constitution to the End of the Fifth Century BC*, Oxford.

Johnstone, S. (1999). *Disputes and Democracy. The Consequences of Litigation in Ancient Athens*, Austin.

Jones, A.H.M. (1957). *Athenian Democracy*, Oxford.

Kallet, L. (2003). "*Demos Tyrannos*: Wealth, Power, and Economic Patronage", en K.A. Morgan (ed.), *Sovereignty and its Discontents in Ancient Greece*, Austin: 117-154.

Knox, R.A. (1985). "'So Mischievous a Beaste?': the Athenian *Demos* and its Treatment of its Politicians", *Greece & Rome* n.s. 32: 132-161.

Konstan, D. (1985). "The Politics of Aristophanes' *Wasps*", *Transactions of the American Philological Association* 115: 27-46.

Kroll, J.H. (1972). *Athenian Bronze Allotment Plates*, Cambridge.

Lane Fox, R. (1994). "Aeschines and Athenian Democracy", en R. Osborne & S. Hornblower (eds.), *Ritual, Finance, Politics. Athenian Democratic Accounts Presented to David Lewis*, Oxford: 135-155.

Lanni, A. (2006). *Law and Justice in the Courts of Classical Athens*, Cambridge.

Lanni, A. (2010). "Judicial Review and the Athenian 'Constitution'", *Harvard Public Law Working Paper* Nº 10-21, https://dx.doi.org/10.2139/ssrn.1555858.

Lanni, A. & Vermeule, A. (2013). "Precautionary Constitutionalism in Ancient Athens", *Cardozo Law Review* 34: 893-915.

Lévêque, P. & Vidal-Naquet, P. (1964). *Clisthène l'athénien*, Paris.

Liddell, H.G. & Scott, R. (1996). *A Greek-English Lexicon, with a Revised Supplement*, Oxford.

Lintott, A. (1982), *Violence, Civil Strife and Revolution in the Classical City*, Baltimore.

López Eire, A. (1985). *Demóstenes. Discursos políticos*, Madrid, vol. 2.

Loraux, N. (2007a). "Notas sobre el uno, el dos y lo múltiple", en M. Abensour (comp.), *El espíritu de las leyes salvajes. Pierre Clastres o una nueva antropología política* [1987], Buenos Aires: 243-264.

Loraux, N. (2007b). *Nacido de la tierra. Mito y política en Atenas* [1996], Buenos Aires.

Loraux, N. (2008). *La ciudad dividida. El olvido en la memoria de Atenas* [1997], Buenos Aires.

Loomis, W.T. (1998). *Wages, Welfare Cost and Inflation in Classical Athens*, Michigan.

MacDowell, D.M. (1971). *Aristophanes. Wasps*, Oxford.

MacDowell, D.M. (1978). *The Law in Classical Athens*, London.

Markle, M.M. (1985). "Jury Pay and Assembly Pay at Athens", en P. Cartledge & F.D. Harvey (eds.), *Crux. Essays in Greek History Presented to G.E.M. de Ste. Croix on his 75th Birthday*, London: 265-297.

Miller, F.D. (1995). *Nature, Justice, and Rights in Aristotle's* Politics, Oxford.

Mossé, C. (1979). "Comment s'élabore un mythe politique: Solon, 'père fondateur' de la démocratie athénienne", *Annales ESC* 34: 425-437.

Mossé, C. (1994). "Peut-on parler de patronage dans l'Athènes archaïque et classique?", en J. Annequin & M. Garrido-Hory (eds.), *Religion et anthropologie de l'esclavage et des formes de dépendance. XX Colloque GIREA*, Besançon: 29-36.

Mossé, C. (1995). *Politique et société en Grèce ancienne. Le "modèle" athénien*, Paris.

Mossé, C. (2007). *Pericles. El inventor de la democracia* [2005], Madrid.

Musti, D. (2000). Demokratia. *Orígenes de una idea* [1995], Madrid.

Ober, J. (1989). *Mass and Elite in Democratic Athens. Rhetoric, Ideology and the Power of the People*, Princeton.

Ober, J. (1996). "The Nature of Athenian Democracy", en Id., *The Athenian Revolution. Essays on Ancient Greek Democracy and Political Theory*, Princeton: 107-122.

Ober, J. (2007). "'I Besieged that Man'": Democracy's Revolutionary Start", en K.A. Raaflaub, J. Ober, R. Wallace *et al.*, *Origins of Democracy in Ancient Greece*, Berkeley: 83-104.

Osborne, R. (1985). "Law in Action in Classical Athens", *Journal of Hellenic Studies* 105: 40-58.

Osborne, R. (1990). "Vexatious Litigation in Classical Athens: Sycophancy and the Sycophant", en P. Cartledge, P. Millet & S. Todd (eds.), Nomos. *Essays in Athenian Law, Politics and Society*, Cambridge: 83-102.

Ostwald, M. (1986). *From Popular Sovereignty to the Sovereignty of Law. Law, Society and Politics in Fifth-Century Athens*, Berkeley.

Paiaro, D. (2011). "Ambigüedades del Estado en la democracia ateniense: entre la libertad y la coacción", en M. Campagno, J. Gallego & C. García Mac Gaw (comps.), *El Estado en el Mediterráneo Antiguo. Egipto, Grecia, Roma*, Buenos Aires: 223-242.

Paiaro, D. (2012), "Defendiendo la libertad del *dêmos*: control popular y liderazgo político en la democracia ateniense", *Anales de Historia Antigua, Medieval y Moderna* 44: 33-62.

Perlman, S. (1968). "Athenian Democracy and the Revival of Imperialistic Expansion at the Beginning of the Fourth Century BC", *Classical Philology* 63: 257-267.

Piccirilli, L. (1988). *Efialte*, Genova.

Piovan, D. (2008). "Criticism Ancient and Modern: Observations on the Critical Tradition of Athenian Democracy", *Polis: Journal of the Society for Greek Political Thought* 25: 305-329.

Plácido, D. (1997). *La sociedad ateniense. La evolución social en Atenas durante la guerra del Peloponeso*, Barcelona.

Plácido, D. & Fornis, C. (2012). "Evergetismo y relaciones clientelares en la sociedad ateniense del siglo IV a.C.", *Dialogues d'Histoire Ancienne* 37: 19-47.

Requena, M.J. (2013). "¿Se puede hablar de un 'patronazgo estatal'?: liturgias y *misthophoría* en la Atenas clásica", *Socie-dades Precapitalistas: Revista de Historia Social* 2/2: 4-22.

Rhodes, P.J. (1972). *The Athenian Boule*, Oxford.

Rhodes, P.J. (1993). *A Commentary on the Aristotelian* Athenaion Politeia[2], Oxford.

Rhodes, P.J. (2003). *Ancient Democracy and Modern Ideology*, London.

Rhodes, P.J. & Osborne, R. (2004). *Greek Historical Inscriptions 404-323 BC*, Oxford.

Roberts, J.T. (1994). *Athens on Trial. The Antidemocratic Tradition in Western Thought*, Princeton.

Romilly, J. de (2004). *La ley en la Grecia clásica* [1971], Buenos Aires.

Sancho Rocher, L. (2005). "¿Qué tipo de democracia?: la *politeía* ateniense entre 403 y 322 a.C.", *Studia Historica. Historia Antigua*, 23: 177-229.

Sancho Rocher, L. (2008). "Democracia frente a populismo en Isócrates", *Klio* 90: 36-61.

Sancho Rocher, L. (2009). *¿Una democracia "perfecta"? Consenso, justicia y* demokratía *en el discurso político de Atenas (411-322 a.C.)*, Zaragoza.

Sealey, R. (1964). "Ephialtes", *Classical Philology* 59: 11-22.

Sealey, R. (1983). "The Athenian Courts for Homicide", *Classical Philology* 78: 275-296.

Sealey, R. (1987). *The Athenian Republic. Democracy or the Rule of Law?*, Pennsylvania.

Sealey, R. (1993). *Demosthenes and his Time. A Study in Defeat*, Oxford.

Sealey, R. (2007). "Democratic Theory and Practice", en L.J. Samons (ed.), *The Cambridge Companion to the Age of Pericles*, Cambridge: 238-257.

Shear, J.L. (2011). *Polis and Revolution. Responding to Oligarchy in Classical Athens*, Cambridge.

Sinclair, R.K. (1999). *Democracia y participación en Atenas* [1988], Madrid.

Smith, S.B. (1925), "The Establishment of the Public Courts at Athens", *Transactions and Proceedings of the American Philological Association* 56: 106-119.

Ste. Croix, G.E.M. de (1972). *The Origins of the Peloponnesian War*, London.

Ste. Croix, G.E.M. de (1988). *La lucha de clases en el mundo griego antiguo* [1981], Barcelona.

Strauss, B. (1986), *Athens after the Peloponnesian War. Class, Faction and Policy 403-386 BC*, Ithaca.

Strauss, B. (1993). *Fathers and Sons in Athens. Ideology and Society in the Era of the Peloponnesian War*, Princeton.

Thomas, R. (1994). "Law and the Lawgiver in the Athenian Democracy", en R. Osborne & S. Hornblower (eds.), *Ritual, Finance, Politics. Athenian Democratic Accounts Presented to David Lewis*, Oxford: 119-133.

Tocqueville, A. de (1994). *Scritti, note e discorsi politici (1839-1852)* [1990], Torino.

Todd, S.C. (1990). "Lady Chatterley's Lover and the Attic Orators: the Social Composition of the Athenian Jury", *Journal of Hellenic Studies* 110: 146-173.

Todd, S.C. (1993). *The shape of the Athenian Law*, Oxford.

Vega, J. (2013). "Aristotle on Practical Rules, Universality, and the Law", en F.J. Contreras (ed.), *The Threads of Natural*

Law. Unraveling a Philosophical Tradition, Dordrecht: 1-25.

Vidal-Naquet, P. & Loraux, N. (1996). "La formazione dell'Atene borghese: saggio di storia della storiografia 1750-1850", en P. Vidal-Naquet, La democrazia greca nell'immaginario dei moderni [1990], Milano: 165-218.

Wagner, P. (2013). "Transformations of Democracy: Towards a History of Political Thought and Practice in Long-Term Perspective", en P. Arnason, K.A. Raaflaub & P. Wagner (eds.), The Greek Polis and the Invention of Democracy. A Politico-Cultural Transformation and its Interpretations, Malden: 47-68.

Wallace, R. (1989). The Areopagos Council to 307 BC, Baltimore.

Walters, K.R. (1976), "The 'Ancestral Constitution' and Fourth-century Historiography in Athens", American Journal of Ancient History 1: 129-144.

Whitehead, D. (1986). The Demes of Attica 508/7-ca. 250 BC. A Political and Social Study, Princeton.

Wilson, P.J. (2004). "Demosthenes 21 (Against Meidias): Democratic Abuse", en E.W. Robinson (ed.), Ancient Greek Democracy. Readings and Sources, Malden: 211-231.

Wohl, V. (2010). Law's Cosmos. Juridical Discourse in Athenian Forensic Oratory, Cambridge.

Wood, E.M. (1988). Peasant-Citizen and Slave. The Foundations of Athenian Democracy, London.

Yunis, H. (1988). "Law, Politics, and the Graphe Paranomon in Fourth-Century Athens", Greek, Roman and Byzantine Studies 29: 361-382.

Zelnick-Abramovitz, R. (2000). "Did Patronage Exist in Classical Athens?", L'Antiquité Classique 69: 65-80.

◆ 6 ◆

Efectos afectivos, afectos efectivos:

acerca de las regulaciones emocionales de la justicia en *Avispas* de Aristófanes

Emiliano J. Buis
Universidad de Buenos Aires-Universidad Nacional del Centro-
CONICET

Introducción

Tal como se ha ocupado de señalar la crítica más reciente, la representación pública de las emociones en el mundo griego antiguo –lejos de estar signada por pulsiones incontroladas– respondía a patrones comunitarios que las convertían en verdaderos constructos culturales sujetos a valoración y control social. En el caso del teatro griego de fines del s. V a.C., la puesta en escena de una poética de los sentimientos, entonces, supone ante el público la reproducción o subversión de una normativa establecida y fijada en la Atenas clásica respecto de la exteriorización de las expresiones pasionales. A partir de la propuesta de la existencia de una normativa emocional en el contexto ateniense, nos interesa aquí estudiar, desde las categorías aristotélicas, las operaciones que, respecto de las emociones político-jurídicas, refleja la comedia antigua. En particular, el objetivo de este trabajo es indagar en las estrategias mediante las cuales Aristófanes representa (y transpone en clave humorística) la cólera dicástica, por un lado, y la conmiseración judicial, por el otro.

Si en el ámbito ateniense –como deja entrever la oratoria– el papel de los jueces está signado por la apelación natural a una ira colectiva destinada a castigar las injusticias en pos de proteger a la ciudad, el estudio de los alcances de dicha manifestación colérica y sus implicancias en *Avispas* (obra centrada en torno de las prácticas jurisdiccionales de la *pólis*) permitirá discernir un uso humorístico de la sintomatología emocional de los heliastas pro-demagógicos. Así, en la primera parte de esta contribución nos interesará proponer un examen de la *orgé* judicial y de los modos en que Filocleón (uno de los dos personajes centrales de la pieza) se apropia de su retórica popular para fines propios, lo que permitirá reflexionar acerca de los peligros inherentes a la manipulación privada e intencionada de las pasiones judiciales y de su dimensión regulatoria.

En segundo lugar, un examen de la compasión o *éleos* que en la pieza se dice que pretenden despertar los litigantes, a partir de la identificación de una compleja maquinaria afectiva sustentada en argumentaciones retóricas que postulan emociones "compartidas" y descartan sentimientos personales, contribuirá a dar cuenta de la escisión producida entre emociones communes y *páthe* individuales. A partir de la hiperbolización de la súplica y del pedido de conmiseración, la obra deja también ver hasta qué punto la apropiación democrática de emociones cívicas se contrapone a una hiper-emotividad descontrolada que resulta impropia del ciudadano ateniense. La comedia, por tanto, conseguirá explotar los límites de la empatía que ha de generarse entre los oradores y su auditorio, empatía construida en términos normativos sobre la base de experiencias afectivas culturalmente aceptables y de otras rechazadas.

Normatividades sentimentales, regulaciones emocionales

Los últimos años han visto surgir interesantes trabajos en torno de las emociones y el sustrato emotivo que, abandonando el plano de la filosofía (a los que estuvieron confinados en los primeros tiempos)[1] y luego el ámbito de la psicología (de la que se derivan mayormente en términos teóricos; cf. *e.g.* Oatley, 1992), poblaron las reflexiones de las ciencias humanas y sociales[2]. La así llamada

---

1   Cf. Meyer (2007) o Goldie (2010) para una introducción general al estudio de las emociones desde consideraciones filosóficas.

2   A los efectos de este trabajo, y siguiendo el modelo planteado por análisis más profundos que nos preceden, entenderemos los términos "emoción", "sentimiento" y "afecto" como sinónimos. Somos conscientes de que, detrás de esta falsa sinonimia, se ocultan visiones más sutiles como aquellas que procuran identificar en los sentimientos una suerte de percepción de las propias emociones y, por lo tanto, los

"teoría de las emociones" da cuenta de un fenómeno que es a todas luces interdisciplinario[3]. Si se examinan los senderos por los cuales las emociones fueron estudiadas, es preciso identificar varias corrientes de pensamiento que han prestado atención a diferentes alcances de los afectos como objeto de estudio.

Un grupo de autores, inspirados en los primeros pasos marcados por Darwin (1872), ha instalado una visión orgánica, de alcances universalistas, que consiste en percibir en las emociones un origen determinado por la naturaleza. Se trataría entonces de hallar categorías basadas en sustentos neuro-biológicos independientes de las diferencias lingüísticas y culturales[4]. Esta perspectiva de tinte biologicista, que entonces postula que las emociones se repiten inalteradas en diferentes ámbitos históricos y sociales, se vio superada por las llamadas teorías culturales (o relativistas) que señalan la existencia de una construcción ideológica de las emociones que varía y se altera según la época, el lugar y una serie de variables que las condicionan[5]. Los gestos que visibilizan experiencias afectivas no serían, desde este modo de concebir las emociones, meras manifestaciones que se repiten de un sitio a otro, porque significan algo en sí mismos en el contexto en que se instalan (en vez de funcionar tan solo como reveladores de sentimientos) y en ese sentido son productos condicionados por las circunstancias y, por tanto, devienen simbólicos[6].

---

piensan en un segundo grado de análisis; cf., por ejemplo, Damasio (1994: 127-163). Se justifica esta simplificación en dos factores: por un lado, no es el objetivo de este capítulo reconfigurar nociones teóricas al respecto; por el otro, dado que nos ocuparemos del mundo griego clásico, en todo caso las disquisiciones léxicas del castellano parecerían difícilmente aplicables para referir a un concepto como *páthos*, que –como vemos– acarrea sus propios inconvenientes semánticos.

3   Acerca de las emociones como objeto de teorización desde múltiples dispositivos pueden consultarse las aproximaciones genéricas al tema presentadas por Solomon (1978; 2000) y Calhoun & Solomon (1984).

4   Es posible aquí mencionar a Ekman (1982), quien ha trabajado sobre las emociones universales y sus expresiones faciales, que –según él– se mantienen inalteradas. Buss (1994), por su parte, ha hecho hincapié en las experiencias transculturales comunes que se pueden identificar en cuanto a las vivencias afectivas.

5   *E.g.* Clifford & Marcus (1986). Sobre la variación de las emociones en la historia, ver Stearns (2000: 16-29).

6   Bavelas & Chovil (1997: 337-339). En un texto importante sobre el que volveremos a lo largo de esta contribución, Konstan (2006: 5) recurre a una analogía de interés en cuanto compara lo que ocurre con la identificación de las emociones con la percepción cultural de los colores, que a veces se alinean de modo diverso de acuerdo

Las teorías cognitivistas, por su parte, se ocupan de propugnar que las emociones proveen juicios de valor, implican la apreciación o evaluación de un "objeto" externo percibido e interpretado y son entonces un fenómeno social (cf. Nussbaum, 2001; 2004). Es interesante detenernos en esta impronta cognitiva, que permite identificar en la emoción un proceso cultural e interpersonal que está muy lejos de ser espontáneo.

Algunas posturas eclécticas, finalmente, han esbozado intentos superadores de la tradicional dicotomía entre neo-darwinanos y cognitivistas: al concebir que se trata de una realidad compleja, se indica que parecen coexistir en el plano afectivo elementos naturales y culturales, biológicos y sociales[7].

Orientados mayormente hacia un alcance comprehensivo del fenómeno –considerando que toda línea de interpretación sesgada pierde en cierto modo la posibilidad de encarar los sentimientos en todo su perfil– optamos aquí por referirnos a las emociones de manera amplia, como un conjunto extendido de complejos diferenciados constituidos por lo menos por interacciones mutuamente transformadoras entre sistemas biológicos (como la cognición, la fisiología, la psicología) y otros sistemas físicos y socio-culturales (McDermott, 2004: 692). Se trataría, entonces, de experiencias y expresiones socialmente significativas, que en definitiva dependen de costumbres, usos e instituciones comunes (Fattah y Fierke, 2009: 70). Así, entonces no es posible identificar las emociones en un listado único o en un número preestablecido a pesar de los variados intentos históricos por categorizarlas (Crawford, 2000: 123-124).

La noción propuesta deja en claro que las emociones no pueden ser leídas como meros elementos naturales, sino que se trata de constructos aprendidos y reforzados mediante interacciones sociales (Bandura, 1973). Siguiendo algunas líneas teóricas, podría

---

a las circunstancias que rodean la evaluación; ello hace que estén muy lejos de ser universales.

7   Algunos especialistas, como Griffiths (1997), distinguen dos tipos de emociones basadas en el grado de "naturalidad" de los sentimientos: las emociones más "elevadas" serían las cognitivas (entra las que menciona, por caso, la envidia, la culpa, los celos y el amor). Adelantamos aquí que resultan debatibles las clasificaciones teóricas internas que pueden hacerse de los diferentes afectos, operación que –al complejizar lo que ocurre con cada emoción en particular– pierde de vista el fenómeno en su conjunto y en nuestra opinión muchas veces suma más dificultades que las deseables en el tratamiento conceptual del tema.

decirse que habría, en rigor de verdad, dos sistemas interdependientes y necesarios de las emociones en la experiencia humana: uno primero, más intuitivo, automático, preconsciente e irreflexivo, y uno segundo, más lento, reflexivo y gobernado por reglas (Khaneman, 2011: 211). En esta doble dimensión, que abarca las experiencias emotivas y sus marcos regulatorios, las emociones transmiten información sobre la gente y los procesos inconscientes que luego se tornan conscientes y afectan sus creencias y sus percepciones (Clore, 1992: 133-163).

Puede concluirse de esto –como han hecho los estudios neuropsicológicos recientes– que, en su complejidad, la emoción y la cognición poseen en realidad contenidos complementarios (y no opuestos), puesto que toda racionalidad presupone a fin de cuentas un sustento emotivo inicial[8]. Las pasiones, entonces, constituyen requisitos imprescindibles para comprender el comportamiento o la conducta de los sujetos involucrados y, por lo tanto, para explicar el surgimiento de las reglas que condicionan sus acciones (es la tesis del texto de Frijda, 1986). Se trata, pues, de reconocer experiencias emocionales primeras que se ven necesariamente complementadas por regulaciones afectivas. En este sentido Lutz (1988: 5) explica que, cimentados en dinámicas de índole interpersonal, los afectos son productos sociales: "Una vez des-esencializada, la emoción puede ser vista como un proceso cultural e interpersonal de nombrar, justificar y persuadir por al gente en relación entre sí. El significado emocional es entonces un logro social más que individual: un producto emergente de la vida".

Esta característica de las emociones conduce a pensar las regulaciones emotivas en el plano comunitario. En efecto, la revolución cognitiva ha indicado que las emociones –experiencias en esencia corporales– son susceptibles de devenir construcciones colectivas. Del mismo modo en que los individuos están caracterizados por emociones, es posible afirmar entonces que las sociedades pue-

---

8   Flückiger (2009, 77): "La emoción no se opone frontalmente a la racionalidad sino que teje vínculos cercanos con ella". La traducción de las citas tanto de autores modernos como de textos clásicos, aquí y en el resto de los pasajes reproducidos, nos pertenece en todos los casos.

den desarrollar una orientación afectiva de grupo[9], como bien ha desarrollado Rosenwein (2006) al identificar en la Edad Media "comunidades emocionales", es decir, grupos en los cuales los integrantes adhieren a las mismas normas de expresión emotiva y aprecian (o no) emociones idénticas o semejantes[10].

En el mundo griego antiguo, el plano de las emociones se vincula con el concepto de *páthos*, es decir, de fenómenos que sufre o experimenta (como deja entrever el verbo πάσχω) el individuo[11]. En gran medida, los trabajos sobre los *páthe* en la Grecia clásica reposan sobre la perspectiva aristotélica, ya que es el Estagirita quien en el libro II de la *Retórica* II ofrece una teorización de diez emociones que resultan relevantes desde el punto de vista argumentativo (Cooper, 1996: 238-257; Trueba Atienza, 2009: 147-170): la cólera (II 2: ὀργή), la calma (II 3: πραότης), el amor y el odio (II 4: φιλία y μῖσος), el temor y el coraje (II 5: φόβος y θάρσος), la vergüenza (II 6: αἰσχύνη), la gratitud (II 7: χάρις), la conmiseración (II 8: ἔλεος), la indignación (II 9: νέμεσις), la envidia (II 10: φθόνος) y la emulación (II 11: ζῆλος). Según Aristóteles (*Retórica*, 1378a 20-23), las emociones se definen de modo genérico como "aquello por lo que los hombres cambian y difieren para juzgar, y a las cuales sigue pena y placer" (ἔστι δὲ τὰ πάθη δι᾽ ὅσα μεταβάλλοντες διαφέρουσι πρὸς τὰς κρίσεις οἷς ἔπεται λύπη καὶ ἡδονή)[12]. Es evidente, pues, que para él se trata de un

---

9   Jarymowicz & Bar-Tal (2006: 367-392). En el mismo sentido se expresan Bar-Tal, Halperin & de Rivera (2007: 441-460), quienes concluyen que las emociones colectivas son siempre resultado de experiencias compartidas ocurridas en determinado contexto social.

10   Rosenwein (2006: 2). Proyectado a un plano más amplio, se ha incluso hablado de "sentimientos estatales", representados por patrones que distintas naciones desarrollan entre sus ciudadanos (al interior y en sus asuntos exteriores) por motivaciones históricas, políticas, económicas o religiosas. Moïsi (2007: 8-12) ha sentado así el concepto de "cultura emotiva", que resulta útil para comprender, en las relaciones internacionales, cómo ciertos países experimentan afectos que van desde el miedo o la humillación hasta la esperanza.

11   Respecto de las emociones específicas en griego, véase Bertrand (2008: 79-81 ss.). Resta como tarea pendiente, sin embargo, examinar de modo concreto los alcances del vocabulario afectivo en la antigua Grecia; cf. Konstan (2010a: 48).

12   La edición del texto griego corresponde a Ross (1959). Cabe notar en la definición la insistencia en las consecuencias y no en la causa. Según Aristóteles, la pena (λύπη) y el placer (ἡδονή) no serían emociones (*páthe*), sino más bien sensaciones (*aisthéseis*) e involucrarían tan solo un proceso físico-corporal. Corresponde también advertir que, en la visión aristotélica, las emociones también involucran procesos físicos (cf. *Sobre el alma*, 403a 16-27). Respecto de la teoría de Aristóteles en torno de los *páthe*, es

concepto directamente relacionado con la funcionalidad y eficacia de la persuasión retórica, puesto que la argumentación discursiva es capaz de condicionar el juicio del oyente precisamente a través de esos *páthe* (1377b 20-78a 3):

ἐπεὶ δὲ ἕνεκα κρίσεώς ἐστιν ἡ ῥητορική... ἀνάγκη μὴ μόνον πρὸς τὸν λόγον ὁρᾶν, ὅπως ἀποδεικτικὸς ἔσται καὶ πιστός, ἀλλὰ καὶ αὑτὸν ποιόν τινα καὶ τὸν κριτὴν κατασκευάζειν᾽... οὐ γὰρ ταὐτὰ φαίνεται φιλοῦσι καὶ μισοῦσιν, οὐδ᾽ ὀργιζομένοις καὶ πράως ἔχουσιν, ἀλλ᾽ ἢ τὸ παράπαν ἕτερα ἢ κατὰ μέγεθος ἕτερα᾽

Y puesto que la retórica tiene por objeto un juicio... es necesario así necesario atender al discurso, no solo a que sea demostrativo y digno de crédito, sino también a cómo debe presentarse uno mismo y a cómo disponer al que juzga... Pues las cosas no se presentan iguales para quienes sienten amor y para quienes odian, ni para quienes están encolerizados y para quienes tienen calma, sino que o son diferentes en su totalidad o bien diferentes en magnitud.

Si las emociones son "simbolizables", entonces responden a un trasfondo normativo que es posible alterar a través del convencimiento[13]. En tanto se trata de moldear la predisposición de quien escucha, como sugiere Aristóteles desde una compleja tesis que ha sido leida como cognitivista por unos, como fenomenológica por otros (cf. Bégorre-Bret, 2009: 33-34), las estrategias destinadas a provocar un efecto en el juicio mediante las emociones son capitales para la obtención de fines[14]. Producir un efecto emotivo

---

imprescindible consultar el libro señero de Fortenbaugh (1975) y la contribución que desde la filosofía ha hecho Boeri (2006). Véase en este mismo volumen el estudio de Suñol en el Capítulo 8: *La educación emocional de los ciudadanos por medio de la* mousiké *en el mejor régimen político de Aristóteles*, centrado particularmente en la *Política*.

13   Konstan (2006: xiii): "Las emociones, a diferencia de los impulsos o apetitos, dependen de la capacidad de simbolización. Para los griegos, la persuasión era central para la idea de una emoción, ya sea en los tribunales de justicia, en asambleas políticas o en las diversas terapias que dependían de las interacciones verbales para cambiar los juicios que son constitutivos de las pasiones".

14   Se ha discutido si, con esta conceptualización, Aristóteles elabora una verdadera teoría de las emociones, como sostenía Fortenbaugh (1975) o solo se limita a ofrecer un panorama del valor de la producción de emociones en contextos retóricos muy limitados, sin pretender ofrecer una visión comprensiva del fenómeno, como sugieren más bien autores como Striker (1996: 286-287) o Cooper (1999: 406-407). En parte, estos últimos textos se ocupan de mostrar ciertas contradicciones internas, como ocurre con el pasaje de *Retórica* I 1 en que se rechaza, precisamente, el rol que puede tener la retórica en la producción de emociones. Esta aparente inconsistencia ha sido estudiada, desde varios posicionamientos, por Dow (2007).

deviene así una operación que se desprende de la negociación diaria de roles sociales[15]. Las emociones involucran una conciencia de la existencia de otras subjetividades y se construyen en esa interacción; ello explica que, en la teoría aristotélica, los *páthe* sean respuestas no a acontecimientos sino a acciones (o a situaciones derivadas de acciones) que engendran consecuencias para el estatus social relativo (propio o de otro)[16]. La dimensión afectiva presupone un plano vinculado a la instalación identitaria, en tanto los ciudadanos se definen entre sí a partir de la insistencia en experiencias compartidas que determinan sus valores éticos y sus conductas políticas[17]. Dicho de otro modo, la normatividad emocional subyacente, que da cuenta de una serie de regulaciones afectivas, deja entrever que los afectos son susceptibles de ser anticipados y, por tanto, manipulados.

La determinación de los preceptos que consagran ciertas experiencias emocionales y descartan otras, de raíz normativa, implica la necesidad de focalizar la atención en marcos sociales específicos. En tanto los sentimientos solo pueden ser analizados en contextos "claramente definidos" (Chaniotis, 2012: 28), proponer un planteo histórico solo es factible en tanto se tomen en consideración las fuentes que permiten reconstruir, de algún modo, lo que fueron vivencias emotivas (y las normas que las determinan) de épocas pasadas.

La labor se tornaría infructuosa en el contexto de la cultura griega antigua de no ser porque una serie de evidencias documentales proporcionan ciertos indicios con respecto a lo que los atenienses del período clásico sentían en situaciones particulares. Así, por caso, la comedia antigua, un género ligado de manera inmediata con la realidad política y social ateniense de sus espectadores, proporciona ciertas herramientas para advertir en sus personajes un lenguaje que deja entrever comportamientos y experiencias emocionales que merecen ser explorados.

---

15   Konstan (2006: 34); cf. Chaniotis (2012: 15), quien dice que, como son socialmente relevantes, las emociones están sujetas a escrutinio, juicio e intervención normativa.

16   Konstan (2006: 40). Este factor explicaría la exclusión en el planteo de *Retórica* de la melancolía o de emociones actuales que no provienen de un otro sino de circunstancias ajenas a nuestro control, como ocurre con la soledad, el dolor o la tristeza.

17   Esta es la tesis central del libro de Sokolon (2006) sobre las emociones políticas en Aristóteles.

Es cierto que, con la excepción de algunos trabajos aislados[18], no existe ningún estudio, ni particular ni general, sobre las emociones que experimentan los personajes cómicos[19]. Esta ausencia es llamativa y no deja de ser sorprendente si tenemos en cuenta que –como ha demostrado Fernández (2016a)– los personajes de comedia suelen ser altamente expresivos en la manifestación de los sentimientos que los atraviesan. A partir de la identificación de una normativa emocional –sobre la base de los aportes teóricos descriptos– nos interesó contribuir en la tarea de explorar el cruce entre afectos y comedia en el mundo griego. En particular, y teniendo en cuenta que también han comenzado a surgir estudios que demuestran que el derecho alberga emociones que son propias[20], proponemos recorrer el texto de *Avispas* para identificar los manejos humorísticos que la obra postula en relación con la regulación de dos afectos que revisten una trascendencia particular en el ámbito judicial ateniense: nos referimos a la cólera y a la compasión[21].

Cóleras atenienses: cuándo enfadarse en los tribunales y en el teatro

Comencemos recordando que, en tiempos clásicos, la ira u *orgé* resulta la manifestación de una emoción ligada de modo directo al ejercicio democrático del poder ciudadano; en efecto, la cólera implica en términos concretos un sentimiento comunitario que se ejerce en defensa de las instituciones políticas[22]. No debe llamar la atención, entonces, la frecuente mención al verbo ὀργίζω en las fuentes clásicas que describen el funcionamiento de las cortes

---

18   Nos referimos a artículos como los de Golden (1987; 1992) sobre la catarsis cómica, Heath (2005) sobre el placer, o Kitano (2001).

19   Sobre la tragedia, en cambio, existe el ya viejo trabajo de Stanford (1983) que sentó las bases de estudios particulares posteriores.

20   Maroney (2006: 120). El texto ofrece una interesante aproximación a este campo de análisis desde sus bases teóricas. Acerca de la importancia del estudio de las emociones en el plano jurídico, son fundamentales las contribuciones de Bandes (1999) –cuyo volumen colectivo sentó el campo de la disciplina a fines del siglo pasado–; Lange (2002: 197-225); Bandes & Blumenthal (2012: 161-181).

21   La importancia de estas dos emociones en el contexto tribunalicio ateniense ha sido ya señalada por Bers (2009: 77-98).

22   Sobre la ira griega, cf. Allen (2000); Harris (2001); Braund & Most (2003); Konstan (2006: 41-76), especialmente en su relación con la democracia (2006: 75-76).

atenienses[23]. En efecto, si la labor del aparato judicial es procesar mediante un mecanismo heterocompositivo las afectaciones sufridas por el cuerpo social y restablecer el balance perdido por la comisión de un acto ilícito, se desprende entonces como corolario natural que la figura de aquel que lleva un caso ante los tribunales, en defensa de la propia *pólis*, se apoye en la indignación y, por tanto, en la ira colectiva[24].

Aristóteles (*Retórica*, 1378a 30-32) define la *orgé* como un deseo de venganza acompañado de dolor por un menosprecio percibido contra uno mismo o uno de los nuestros, cuando ese menosprecio no está justificado (ἔστω δὴ ὀργὴ ὄρεξις μετὰ λύπης τιμωρίας φαινομένης διὰ φαινομένην ὀλιγωρίαν εἰς αὐτὸν ἢ τι τῶν αὐτοῦ, τοῦ ὀλιγωρεῖν μὴ προσήκοντος). Al implicar una voluntad de "devolución" de un mal cometido injustamente, esta *orgé* –que en las fuentes aparece acompañada de términos como θυμός o verbos como ἀγανακτέω[25]– describe entonces el sentimiento propio de la necesidad de justicia social[26].

En la oratoria forense, pues, suele aparecer frecuentemente cuando el denunciante justifica su enojo frente a la acción del adversario: ello es lo que ocurre, por ejemplo, en el discurso *Contra Leoquites* de Isócrates (20.6) al describirse que, frente a un acto de *adikía*, corresponde que los hombres libres se enojen en gran medida y obtengan una gran venganza: ὑπὲρ ὧν προσήκει τοῖς ἐλευθέροις μάλιστ᾽ ὀργίζεσθαι καὶ μεγίστης τυγχάνειν τιμωρίας[27].

---

23   Cf. Johnstone (1999); Allen (2000; 2003); Rubinstein (2004); Scheid-Tissinier (2006; 2007); Bers (2009); Lanni (2010a; 2010b). Véase, en este mismo volumen, el análisis de Requena en el Capítulo 5: *Imperio de la ley y democracia ateniense*, sobre la importancia política de los tribunales para la democracia ateniense.

24   Allen (2000: 50), quien demuestra además la importancia de la cólera como base ética para la construcción ideológica ciudadana.

25   Allen (2000: 52), quien además distingue los alcances semánticos del término *orgé* que involucran además un contenido sexual. Con respecto al vocabulario de la cólera y la riqueza de sus deslices semánticos puede consultarse (aunque se trata de un trabajo focalizado en particular en los géneros épico y trágico) Fartzoff (2007: 25-50); véase también Marinoni (2012: 281-283). Acerca de la *mênis* en Homero y su relación con el concepto más tardío de *orgé*, véase Considine (1966; 1985) y, además, el trabajo más reciente de Walsh (2005) sobre las formas de enojo en la epopeya.

26   Koziak (2000) ha explorado el alcance de las emociones "políticas", como la que describimos aquí, en la elaboración aristotélica.

27   Los textos de Isócrates provienen de la edición de Norlin (1980).

Del mismo modo, la cólera puede también responder adecuadamente al sentimiento que experimenta un acusado que es llevado sin motivo ante los tribunales; esto se percibe en un testimonio de un discurso de Esquines (2.4) en el que se sostiene frente a los jueces atenienses que, tras escuchar a Demóstenes, el sentimiento que le produjo es que nunca temió tanto como aquel día ni estuvo tan encolerizado (ἀγανακτῆσαι) como en el momento de la contienda[28]. El ejemplo no es un caso aislado y pueden rastrearse otros interesantes pasajes que proporciona la oratoria judicial y que consagran la trascendencia de la cólera para pensar el ejercicio de la justicia[29].

La lectura de estos documentos lleva a concluir que la *orgé*, junto con la familia de palabras que describen el enojo, resulta claramente una pasión política en tanto deviene, en el discurso de los oradores, expresión de un enfado colectivo alejado de la prudencia y el control (la *sophrosýne*) requeridos como virtudes cívicas (Allen, 2003: 58). La vinculación de esta irritación social con el castigo, entonces, se hace evidente al requerirse modos comunes de imposición de sanciones destinadas a aplacar la ira que produce el ciudadano injusto[30]. En el discurso *Sobre la Corona*, Demóstenes une inmediatamente este enojo con el establecimiento de una pena acorde a la *orgé* causada (18.274):

---

28 ἐμοὶ δέ, ἄνδρες Ἀθηναῖοι, συμβέβηκε τῆς Δημοσθένους ἀκούοντι κατηγορίας μήτε δεῖσαι πώποθ᾽ οὕτως ὡς ἐν τῇδε τῇ ἡμέρᾳ, μήτ᾽ ἀγανακτῆσαι μᾶλλον ἢ νῦν. La edición del texto griego es la de Adams (1919).

29 Podemos agregar más ejemplos. Así, al justificar el homicidio de un adúltero encontrado *in fraganti* con la mujer del acusado, el discurso I de Lisias insistentemente promueve la cólera de todos y alude al enojo que los jueces deben sentir respecto de actos privados que, en realidad, conciernen al pueblo en su totalidad (12.2). En una presentación retórica altamente elaborada, Eufileto allí nos dirá que Eratótenes se ha comportado como un verdadero enemigo de la *pólis*, y por lo tanto debe desprenderse de los hechos que el jurado deberá indignarse y canalizar su *orgé* hacia la justificación del daño causado a su persona. Según Howland (2004): "En *Contra Eratóstenes*, Lisias comienza con, y reiteradamente vuelve a, la ira que él y los miembros del jurado sienten –o deberían sentir– hacia los acusados (12.2, 20, 30, 80, 90, 96). Deja en claro que tenía buenas razones para la ira y, por lo tanto, para la enemistad... La ira es también una justificación suficiente para el castigo –aún más, insiste Lisias, en las circunstancias actuales (12, 20, 30-31; cf. 36)–. En resumen, la estrategia retórica de Lisias es inflamar la ira del jurado hacia los acusados y usar esta ira como una razón para tratar a los acusados como enemigos que deberían ser perjudicados".

30 Se trata de una propiedad del carácter defensivo de los ciudadanos, que se indignan cuando no son reconocidos como tales; cf. Ludwig (2009: 299).

παρὰ μὲν τοίνυν τοῖς ἄλλοις ἔγωγ᾽ ὁρῶ πᾶσιν ἀνθρώποις διωρισμένα καὶ τεταγμένα πως τὰ τοιαῦτα. ἀδικεῖ τις ἑκών᾽ ὀργὴν καὶ τιμωρίαν κατὰ τούτου[31].

Entre todos los otros hombres, ciertamente, yo mismo veo de algún modo estas mismas cosas distinguidas y establecidas: alguien comete una injusticia de modo voluntario: la irá (*orgé*) y el castigo (*timoría*) sobre él.

En esta construcción normativa de la ira en relación con la punición, debe prestarse atención a la efectividad del empleo retórico de la *orgé* como elemento persuasivo[32]. En un pasaje de *Retórica* (1380a) que continúa el que ya hemos citado, luego de haber definido el estado de mente las razones que irritan a los hombres y el objeto de la cólera, Aristóteles sugiere que el orador debe producir en el auditorio la idea de una emoción compartida, de modo de apartar al "injusto" de los esquemas institucionales de la *pólis*:

δῆλον δ᾽ ὅτι δέοι ἄν κατασκευάζειν τῷ λόγῳ τοιούτους οἷοι ὄντες ὀργίλως ἔχουσιν, καὶ τοὺς ἐναντίους τούτοις ἐνόχους ὄντας ἐφ᾽ οἷς ὀργίζονται, καὶ τοιούτους οἷοις ὀργίζονται.

Y es evidente que sería necesario (para el orador) preparar con la palabra a aquellos que están inclinados a encolerizarse y mostrar que sus oponentes son responsables por aquello que los encolerizan y que son personas tales con quienes están encolerizados.

Los testimonios citados inducen a pensar que la ira depende, normativamente, de una precisa elaboración conceptual –como señala Allen (2006: 379)– que, en tanto técnica forense, se consolida en el apartamiento individual de aquel que ha afectado a la *pólis*, quien queda por tanto excluido del *dêmos*. Como contrapartida, esa canalización de emociones contra el delincuente u ofensor, amparada en una construcción retórica de las normas institucionales, funciona como recurso para aglutinar al cuerpo político y consolidar la base cívica en su uniformidad de conducta y de carácter frente a quien actúa con desmesura en contra de la ciudad[33]. La escisión del conjunto de los ciudadanos frente

---

31 La edición del texto griego corresponde a Butcher (1903).

32 Como bien ha demostrado Harris (2001: 189).

33 La *orgé* es entonces la respuesta que la comunidad contrapone a la *hýbris*, como señala Sissa (2009: 287). Según Konstan (2006: 41-46; 2010b: 42-43), la cólera

al "otro" que genera cólera representa una base adecuada para comprender los modos en que la comedia antigua recurre a la *orgé* con pretensiones humorísticas.

Dado que es una pieza precisamente centrada en la labor dicástica, un examen literario de la *orgé* aristofánica en el caso de *Avispas* (422 a.c.) requiere partir de estas consideraciones preliminares sobre el valor social de la ira en el plano judicial. La altísima frecuencia de menciones referidas a la cólera en *Avispas* –doce, para ser precisos, incluyendo formas nominales y verbales[34]– parece adecuada a la trama de la obra, que se focaliza en la identificación y crítica de los heliastas o *dikastaí*, entre los que se encuentran el coro de ancianos y uno de los personajes centrales del drama, el viejo Filocleón. La explicación de la omnipresencia de la *orgé*, por cierto, es clara, pues la cólera –como hemos visto– sirve en gran medida para describir el sentimiento de reacción frente a una afrenta injustificada y por lo tanto sienta muy bien a la figura de los jueces populares.

Oficiar de juez es sinónimo de encolerizarse, en la medida en que la cólera cobra cuerpo, se materializa, en el aguijón de los jueces-avispas. En efecto, en la obra se afirma que hacer enojar a esa tribu de hombres ancianos equivale a azuzar un panal (vv. 223-227)[35]:

> ἀλλ᾽, ὦ πόνηρε, τὸ γένος ἤν τις ὀργίσῃ
> τὸ τῶν γερόντων, ἔσθ᾽ ὅμοιον σφηκιᾷ·
> ἔχουσι γὰρ καὶ κέντρον ἐκ τῆς ὀσφύος
> ὀξύτατον ᾧ κεντοῦσι, καὶ κεκραγότες
> πηδῶσι καὶ βάλλουσιν ὥσπερ φέψαλοι.

Pero, desgraciado, si alguien encoleriza a la estirpe de los viejos es igual a un avispero. Pues tienen un aguijón afilado que sale del lomo, con el que pican y zumban y saltan y tiran como chispazos.

---

funciona para defender la relativa posición de poder cuando alguien afecta la estima de que gozan los miembros de una sociedad democrática como la Atenas clásica; es un modo de preservar la dignidad y la reputación de los ciudadanos.

34   La familia de palabras vinculadas con *orgé* aparece en los vv. 223, 243, 404, 424, 425, 431, 560, 574, 646, 727, 883 y 1083. Acerca de la aparición además de otros términos relacionados en la obra que apuntan al enfado, véase Konstan (2010b: 44).

35   El texto griego de *Avispas* corresponde a la reciente edición de Biles & Olson (2015). Véase sobre la figura del juez el estudio de Fernández en el Capítulo 2: *Los objetos de la democracia: materialidad y ciudadanía en la comedia de Aristófanes*, en particular el apartado: "El juez", en este mismo volumen.

De modo semejante, en la estrofa del coro la eventual irritación cobra forma y la ira colectiva se despierta cuando las avispas son provocadas (vv. 403-407):

εἰπέ μοι· τί μέλλομεν κινεῖν ἐκείνην τὴν χολήν,
ἥνπερ ἡνίκ᾽ ἄν τις ἡμῶν ὀργίσῃ τὴν σφηκιάν;
νῦν ἐκεῖνο νῦν ἐκεῖνο
τοὐξύθυμον, ᾧ κολαζό-
μεσθα, κέντρον ἐντατέον ὀξέως.

Decime, ¿qué esperamos para mover aquella ira que avivamos cuando alguien encoleriza nuestro avispero? Ahora, ahora, debe ser dispuesto agudamente con filo aquel, aquel aguijón con el que castigamos.

Como se advierte en el pasaje, el aguijón es símbolo material y físico del ejercicio del castigo, relacionándose por tanto la ira –como se ha descripto en la oratoria forense– con la imposición de una sanción judicial. Este nexo intrínseco entre *orgé* y *timoría* ya se había hecho explícito en la obra poco antes, cuando los ancianos sostienen que Cleón les ordenó llegar puntualmente con raciones de tres días de terrible cólera (ὀργὴν... πονηρὰν) para castigar a Laques por sus crímenes (vv. 242-244):

χθὲς οὖν Κλέων ὁ κηδεμὼν ἡμῖν ἐφεῖτ᾽ ἐν ὥρᾳ
ἥκειν ἔχοντας ἡμερῶν ὀργὴν τριῶν πονηρὰν
ἐπ᾽ αὐτόν, ὡς κολωμένους ὧν ἠδίκησεν.

Por cierto ayer Cleón, nuestro protector, nos ordenó llegar en hora trayendo previsiones para tres días de terrible cólera para castigarlo (a Laques) por sus injusticias.

En tanto responsables de la imposición de penas en beneficio de la ciudad en su conjunto, los ancianos se opondrán a Bdelicleón porque sostienen que este, descripto como un ἀνὴρ μισόπολις ("hombre que odia la ciudad"), propugna con pretensiones anti-democráticas la extinción de los juicios (vv. 409-414):

θεῖτε καὶ βοᾶτε, καὶ Κλέωνι ταῦτ᾽ ἀγγέλλετε.
καὶ κελεύετ᾽ αὐτὸν ἥκειν
ὡς ἐπ᾽ ἄνδρα μισόπολιν
ὄντα κἀπολούμενον, ὅτι
τόνδε λόγον ἐσφέρει,
μὴ δικάζειν δίκας.

Corran y griten y comuníquenle esto a Cleón. Y ordénenle que venga contra este varón que odia la *pólis* y que va a ser su ruina, porque sostiene este discurso: que no se hagan juicios.

El espíritu de cuerpo –o asociación solidaria– de los ancianos jueces se percibe en su amplitud y complejidad cuando se oponen abiertamente al personaje de Bdelicleón; en efecto, para los orgullosos heliastas –que defienden la política demagógica de su tiempo, encarnada en Cleón– la cólera constituye la materialización emocional de la *isopoliteía* y de la participación en los asuntos democráticos. Considerando entonces los intentos de su joven adversario como una verdadera afrenta al régimen isonómico, no tardarán en referirse a las pretensiones de Bdelicleón como tiránicas (vv. 417, 487) y conspirativas (v. 483), como la expresión nefasta de una reprochable voluntad de gobierno unipersonal (vv. 463-469):

ἆρα δῆτ᾽ οὐκ αὐτὰ δῆλα
    τοῖς πένησιν, ἡ τυραννὶς
    ὡς λάθρα γ᾽ ἐλάμβαν᾽ ὑπιοῦσά με,
εἰ σύ γ᾽, ὦ πόνωπόνηρε καὶ Κομηταμυνία,
τῶν νόμων ἡμᾶς ἀπείργεις ὧν ἔθηκεν ἡ πόλις,
οὔτε τιν᾽ ἔχων πρόφασιν
οὔτε λόγον εὐτράπελον,
αὐτὸς ἄρχων μόνος;

¿Acaso no es evidente para los pobres que la tiranía se está introduciendo de modo oculto, atrapándome, si vos, delincuente de lo peor, peludo Aminias, nos privás de las leyes que la ciudad estableció, y sin pretexto ni discurso aceptable querés gobernar vos solo?

Bdelicléon será llamado por las avispas del coro "enemigo del pueblo" y "amante de la monarquía": σοὺς λόγους ὦ μισόδημε καὶ μοναρχίας ἐραστά (v. 474), en una insistencia tan notoria que hará que el muchacho haga explícita su disconformidad denunciando la manipulación lingüística del discurso al que se recurre para denostarlo (vv. 488-489):

ὡς ἅπανθ᾽ ὑμῖν τυραννίς ἐστι καὶ ξυνωμόται,
ἤν τε μεῖζον ἤν τ᾽ ἔλαττον πρᾶγμά τις κατηγορῇ…

Así para ustedes todo es tiranía y conspiradores, sea que alguien acuse por un asunto mayor o menor…

¿Cómo se construye entonces, en este contexto, la cólera desde una perspectiva cómica? Para comprender los intersticios humorísticos que deja entrever en la obra la presencia de la *orgé*, es preciso partir de las notorias diferencias que separan al personaje de Filocleón del resto de los ancianos del coro. Si bien muchos han creído ver una asimilación total entre las avispas y el viejo, en realidad el texto hace evidente la escisión de Filocleón respecto de sus colegas de los *dikastéria*. Así, por ejemplo, si coloca al coro en su mismo nivel es tan solo porque se trata de una medida que le resulta eficaz para consolidarse como líder de la acción; es lo que ocurre con la arenga de los vv. 430-432, en la que, como si se tratara de un estratego, da órdenes desde su rol individual a sus "compañeros jueces" (*xyndikastaí*) para que avancen con la incursión armada:

εἶά νυν, ὦ ξυνδικασταί, σφῆκες ὀξυκάρδιοι,
οἱ μὲν ἐς τὸν πρωκτὸν αὐτῶν εἰσπέτεσθ᾽ ὠργισμένοι,
οἱ δὲ τὠφθαλμὼ κύκλῳ κεντεῖτε καὶ τοὺς δακτύλους.

Compañeros jueces, avispas de corazón agudo, adelante ahora, algunos de vosotros vayan en vuelo directo a su culo, encolerizados, otros piquen alrededor de los ojos y los dedos.

Por lo demás, el anciano insiste con su excepcionalidad. Como ha señalado recientemente Schere (2012: 49) siguiendo a Konstan (1995: 21-22), las diferencias entre Filocleón y los otros ancianos son significativas en muchos planos. Mientras el coro de avispas representa a un conjunto de campesinos pobres, por ejemplo, Filocleón aparece como gozando de una situación económica privilegiada. Si este último se presenta orgulloso de su sueldo cuando relata la manera en que es recibido en su casa a causa del salario, los ancianos heliastas en cambio se lamentarán de la pobreza en que viven (v. 300).

Pero quizás la diferencia más notoria, a los efectos de este trabajo, esté determinada por la subversión normativa de la cólera judicial –experimentada por los heliastas– en boca del personaje. A diferencia de los ancianos *dikastaí*, Filocleón es inflexible en sus consideraciones y –lejos de la necesidad de sus compañeros de corte– parece disfrutar de la imposición de las penas máximas a los litigantes (vv. 106-108):

ὑπὸ δυσκολίας δ᾽ ἅπασι τιμῶν τὴν μακρὰν
ὥσπερ μέλιττ᾽ ἢ βομβυλιὸς εἰσέρχεται
ὑπὸ τοῖς ὄνυξι κηρὸν ἀναπεπλασμένος.

Debido a su mal carácter, aplica a todos la pena máxima y retorna como una abeja o un abejorro con las uñas empastadas en cera[36].

---

36   Dado que se usaban tablillas de cera para trazar con las uñas las sanciones derivadas de un voto de acusación, la imagen deja entrever que Filocleón estaba a acostumbrado a sancionar del modo más duro; cf. Biles & Olson (2015: 121, *s.v.*).

Los acusados nunca consiguen aflojar su mal humor con súplicas. Mediante un superlativo que claramente lo vuelve a distinguir del resto, Filocleón es definido por el coro como el más terrible de todos ellos (δριμύτατος), el único (μόνος) incapaz de ser conmovido (vv. 277-280):

ἦ μὴν πολὺ δριμύτατός γ᾽ ἦν τῶν παρ᾽ ἡμῖν,
   καὶ μόνος οὐκ ἂν ἐπείθετ᾽, ἀλλ᾽ ὁπότ᾽ ἀντιβολοίη
   τις, κάτω κύπτων ἂν οὕτω
   "λίθον ἕψεις" ἔλεγε.

Sin embargo, era el más duro de todos nosotros, él único que no se dejaba convencer, y cuando uno le suplicaba, inclinando así la cabeza, decía: "Cocinás una piedra".

En vano le suplican para "removerle la ira" (τὴν ὀργὴν ἀπομορχθεὶς, v. 560), en vano le hacen chistes para que se ría y aplaque su cólera (ἵν᾽ ἐγὼ γελάσω καὶ τὸν θυμὸν καταθῶμαι, v. 567), porque ningún litigante que hable será nunca de su entero agrado (vv. 646-647):

τὴν γὰρ ἐμὴν ὀργὴν πεπᾶ-
ναι χαλεπὸν < ∪ – ∪ – >
μὴ πρὸς ἐμοῦ λέγοντι.

Pues es difícil que yo deponga mi cólera… para quien no me habla.

Al entablar una escena judicial para Filocleón en su propia casa con el objeto de curarlo de su manía forense, Bdelicleón hace saber que guarda la esperanza de que su padre deponga su actitud, se vuelva bueno con los denunciados que le suplican en lágrimas, deje de lado su enojo y se libere de su cólera (vv. 882-884):

καὶ παυσάμενον τῆς δυσκολίας
ἀπὸ τῆς ὀργῆς
τὴν ἀκαλήφην ἀφελέσθαι.

Que acabe con ese mal carácter y arranque la ortiga de su ira.

El carácter único de Filocleón se refuerza tras el *agón* entre padre e hijo en el que los heliastas se desempeñan como árbitros. El coro terminará aceptando los razonamientos de Bdelicleón y sugiriéndole al viejo amargado una mayor flexibilidad en las ideas (vv. 729-732):

πιθοῦ πιθοῦ λόγοισι, μηδ᾽ ἄφρων γένη
μηδ᾽ ἀτενὴς ἄγαν ἀτεράμων τ᾽ ἀνήρ.
εἴθ᾽ ὤφελέν μοι κηδεμὼν ἢ ξυγγενὴς
εἶναί τις ὅστις τοιαῦτ᾽ ἐνουθέτει.

Obedecé, obedecé estas palabras, no seas loco ni terco ni un hombre demasiado inexorable. Ojalá tuviera yo algún protector o un pariente que me aconsejara estas cosas.

Esta respuesta del coro, que recapacita y vuelve sobre sus actitudes, se opone de forma tajante a la figura de un Filocléon irrecuperable. Tan irrecuperable será el loco "filodicasta" que, cuando lo engañan en el juicio doméstico para que absuelva al perro acusado de devorar por sí solo un queso siciliano, se angustia y se queja ante los dioses por haber sido forzado a actuar en contra de sus propias pautas tradicionales de comportamiento (vv. 999-1002):

πῶς οὖν ἐμαυτῷ τοῦτ᾽ ἐγὼ ξυνείσομαι,
φεύγοντ᾽ ἀπολύσας ἄνδρα; τί ποτε πείσομαι;
ἀλλ᾽, ὦ πολυτίμητοι θεοί, ξύγγνωτέ μοι·
ἄκων γὰρ αὔτ᾽ ἔδρασα κοὐ τοὐμοῦ τρόπου.

¿Cómo yo sobrellevaré esto sobre mi conciencia, el haber absuelto a un acusado? ¿Qué me va a pasar ahora? ¡Ay, muy venerados dioses, perdónenme! Pues sin intención hice esto, en contra de mi modo de ser.

A diferencia entonces de la cólera que podemos identificar en los jueces del *dêmos*, tolerada como sentimiento político positivo en sus pretensiones democráticas, el modo en que se presenta la ira de Filocleón –insaciable, imposible de ser depuesta– en poco parece responder a intereses comunitarios. Más bien, la pieza muestra de manera consistente en qué medida Filocleón se encoleriza, cómicamente, para conseguir satisfacciones del orden de lo individual. No debe sorprender entonces que, en sus palabras, la autoridad de los *dikastaí* sea asimilada a la de los reyes, paradigma absoluto del poder de uno solo (vv. 548-549):

καὶ μὴν εὐθύς γ᾽ ἀπὸ βαλβίδων περὶ τῆς ἀρχῆς ἀποδείξω
τῆς ἡμετέρας ὡς οὐδεμιᾶς ἥττων ἐστὶν βασιλείας.

Y ciertamente desde el punto de partida demostraré, acerca de nuestro poder, que no es inferior a ninguna realeza[37].

---

37 Incluso se los compara a Zeus cuando trona el rayo en el tribunal (vv. 620-624).

De modo semejante, cuando Bdelicléon lo convence de llevar adelante los pleitos en el ámbito privado del *oîkos*, Filocleón dará cuenta de nuevo de sus intereses individuales al preferir una retribución personal y no el típico sueldo que perciben los heliastas en su conjunto: καλῶς, / ὁτιὴ κατ᾽ ἐμαυτὸν κοὺ μεθ᾽ ἑτέρου λήψομαι ("Qué bien, porque así lo recibo yo solo y no con otro", vv. 785-786).

La cólera del personaje es presentada, por tanto, como un sentimiento individual que le sirve para obtener ventajas propias; se comprende bien entonces que Filocleón le responda a su hijo –usando una primera persona del singular explícita– que no quiere que los litigantes actúen bien porque nunca resulta en su propia ventaja: μὰ τὸν Δί᾽, οὐ γὰρ οὐδαμῶς μοι ξύμφορον ("No, por Zeus, no es beneficioso para mí de ningún modo", v. 1126).

Con el avance de la obra, Bdelicléon guiará a su padre por un rejuvenecimiento espiritual que hará que la ira propia se vea pronto reemplazada por otros sentimientos, igualmente ligados a los placeres privados pero más adecuados a una etapa adolescente. La enfermedad original que sufría el propio personaje al comienzo de la obra, considerada en su exclusividad algo individual y único (νόσον γὰρ ὁ πατὴρ ἀλλόκοτον αὐτοῦ νοσεῖ; "pues su padre sufre de una enfermedad extraordinaria", v. 71) –la *philodikía*– es dejada de lado por una nueva locura que lo llevará al baile y al canto[38]: el esclavo Jantias describirá esta nueva etapa como el principio de una manía (μανίας ἀρχή, v. 1486), le pedirá que tome eléboro para superar ese estado de desequilibrio (πῖθ᾽ ἑλλέβορον, v. 1489) y denunciará la comisión de actos insanos (μανικὰ πράγματα, v. 1496). Ya es otra la convalecencia de Filocleón, otro su *páthos*, pero permanece al final de la obra un efecto idéntico de apartamiento respecto del conjunto social. Porque, siendo todavía malhumorado (κἄστι δύσκολον, v. 1356). En su individualidad extrema los personajes cómicos (originalmente interesados en solucionar un problema común) rara vez ceden en la búsqueda de sus fines poco altruistas[39]. La figura de Filocleón, en nuestra

---

38   Esta enfermedad propia de Filocleón se diferencia de otra *nósos* más genérica y antigua que tiene que ver con los defectos de la democracia: νόσον ἀρχαίαν ἐν τῇ πόλει ἐντετοκυῖαν ("una enfermedad antigua, innata en la ciudad", v. 651).

39   Fernández (2016b: 148): "En la ejecución de la justicia –punitiva para con los demagogos, pero también compensatoria y distributiva para sus víctimas– la comedia

opinión, muestra las consecuencias de una afectación radical de las regulaciones emotivas de la cólera judicial en el contexto de una Atenas democrática. En este desplazamiento normativo hacia una ira individual, contraria a las prácticas afectivas deseables en la comunidad emocional de los atenienses, se produce la risa. En la distancia que proporciona una emoción trastocada se genera el humor.

Conmiseraciones atenienses: cómo generar compasión en la corte y en el escenario

Al referirse a los *páthe* como elemento estructurante de todo discurso de impronta argumentativa, Aristóteles define la compasión (o *éleos*) del siguiente modo (*Retórica*, 1385b 2-3):

ἔστω δὴ ἔλεος λύπη τις ἐπὶ φαινομένῳ κακῷ φθαρτικῷ ἢλυπηρῷ τοῦ ἀναξίου τυγχάνειν... διὸ οὔτε οἱπαντελῶς ἀπολωλότες ἐλεοῦσιν (οὐδὲν γὰρ ἂν ἔτι παθεῖν οἴονται· πεπόνθασι γάρ), οὔτε οἱ ὑπερευδαιμονεῖν οἰόμενοι, ἀλλ᾽ ὑβρίζουσιν·... εἰσὶ δὲ τοιοῦτοι οἷοι νομίζειν παθεῖν ἄν, οἵ τε πεπονθότες ἤδη καὶ διαπεφευγότες, καὶ οἱ πρεσβύτεροι καὶ διὰ τὸ φρονεῖν καὶ δι᾽ ἐμπειρίαν, καὶ οἱ ἀσθενεῖς,καὶ οἱδειλότεροι μᾶλλον, καὶ οἱ πεπαιδευμένοι·εὐλόγιστοι γάρ. καὶ οἷς ὑπάρχουσι γονεῖς ἢ τέκνα ἢ γυναῖκες· αὐτοῦ τε γὰρ ταῦτα, καὶ οἷα παθεῖν τὰ εἰρημένα.

Que la compasión sea un tipo de dolor despertado por la visión de lo malo, funesto o doloroso, que le ocurre a quien no lo merece... Por ello no son capaces de compasión aquellos que están irremediablemente arruinados (pues creen que no tienen nada más que sufrir, ya que han estado sufriendo) ni tampoco aquellos que se creen demasiado afortunados, que más bien cometen desmesuras... Ahora esos que son susceptibles de sufrir son los que ya han sufrido y lograron huir; los más ancianos, por causa de su sabiduría y experiencia; los débiles y los que son más bien tímidos; y los educados, porque son bien pensantes. Y los que tienen padres, hijos o esposas, pues estos son parte de ellos y susceptibles de sufrir las cosas mencionadas.

La falta de merecimento, como aspecto estructurante de la concepción aristotélica de la compasión, supone la identificación de un cuerpo de individuos –susceptibles de generar *éleos*– que

---

se vale de acciones y agentes, si no injustos, al menos trangresores del orden social. Los héroes cómicos, en efecto, alardean de su costado ilegal e infractor con conductas que desafían las restricciones y responsabilidades cívicas...".

Julián Gallego / Claudia N. Fernández (comps.)

precisamente atraviesan experiencias particulares que los colocan en situaciones de vulnerabilidad frente al resto de la *pólis*[40]. Los extremos (aquel que ya carece de posibilidades de sumergirse más en sus desgracias o quien no advierte su insatisfacción y sobrepasa lo que de él se espera en términos sociales) son rechazados, en la medida en que solo despierta empatía por su sufrimiento quien, siendo un buen ciudadano (porque huyó del sufrimiento, es sabio, experimentado, prudente, racional, padre responsable de familia), se ve afectado de forma injusta[41].

La relación directa que se establece entre el dolor inmerecido y la condición del buen ciudadano es frecuente a lo largo de la literatura judicial[42]. Así, se constituye un *tópos* común en la oratoria forense ática, donde aparece como un recurso adecuado para obtener el favor del jurado[43]. Un pasaje de Lisias en el discurso en defensa de Polístrato (20.34-35) resulta significativo en la medida en que pareciera distinguir dos tipos de conmiseración: la que es pretendida por quien en efecto se ha comportado bien y no corresponde ser castigado (que sería el caso del cliente de Lisias) y, por el otro, la que es invocada por quienes solo quieren liberarse de culpa a pesar de sus posibles malas conductas cívicas:

καίτοι ὁρῶμέν γ᾽ ὑμᾶς, ὦ ἄνδρες δικασταί, ἐάν τις παῖδας αὑτοῦ ἀναβιβασάμενος κλαίῃ καὶ ὀλοφύρηται, τούς τε παῖδας δι᾽ αὐτὸν εἰ ἀτιμωθήσονται ἐλεοῦντας, καὶ ἀφιέντας τὰς τῶν πατέρων ἁμαρτίας διὰ τοὺς παῖδας, οὓς οὔπω ἴστε εἴτε ἀγαθοὶ εἴτε κακοὶ ἡβήσαντες γενήσονται· ἡμᾶς δ᾽ ἴστε ὅτι πρόθυμοι γεγενήμεθα εἰς ὑμᾶς, καὶ τὸν πατέρα οὐδὲν ἡμαρτηκότα. ὥστε πολλῷ δικαιότεροί ἐστε, ὧν πεπείρασθε, τούτοις χαρίσασθαι, ἢ οὓς οὐκ ἴστε ὁποῖοί τινες ἔσονται. πεπόνθαμεν δὲ τοὐναντίον τοῖς ἄλλοις ἀνθρώποις. οἱ μὲν γὰρ ἄλλοι τοὺς παῖδας παραστησάμενοι ἐξαιτοῦνται ὑμᾶς, ἡμεῖς δὲ τὸν πατέρα τουτονὶ καὶ ἡμᾶς ἐξαιτούμεθα, μὴ ἡμᾶς ἀντὶ μὲν ἐπιτίμων ἀτίμους ποιήσητε, ἀντὶ δὲ πολιτῶν ἀπόλιδας· ἀλλὰ

---

40   Camps (2011: 131) indica que uno de los rasgos propios de la compasión es que precisamente expresa la vulnerabilidad del ser humano.

41   En este sentido la compasión bien entendida presupondría un vínculo empático a partir del mal compartido, como señala Walton (2016: 50-51). Como veremos, la comedia invierte este presupuesto al crear una crítica generalizada respecto de quien apela a la misericordia de manera injustificada.

42   Ver el tratamiento de las fuentes que propone Konstan (2001: 27 ss.) en su libro dedicado especialmente al tema.

43   También los pedidos de compasión pueblan las escenas trágicas, como ha investigado recientemente Johnson (2016).

ἐλεήσατε καὶ τὸν πατέρα γέροντα ὄντα καὶ ἡμᾶς. εἰ δὲ ἡμᾶς ἀδίκως ἀπολεῖτε, πῶς ἢ οὗτος ἡμῖν ἡδέως συνέσται ἢ ἡμεῖς ἀλλήλοις ἐν τῷ αὐτῷ, ὄντες ὑμῶν τε ἀνάξιοι καὶ τῆς πόλεως[44];

Sin embargo, varones del jurado, vemos que si alguno trae consigo a sus hijos y llora y se lamenta, ustedes se compadecen de los chicos si llegaran a perder sus derechos ciudadanos a causa de él, y perdonan los males del padre por los hijos, sin saber si cuando crezcan resultarán buenos o malos. En nuestro caso, ustedes saben que les hemos sido leales y que nuestro padre no cometió ningún mal. Así, será mucho más justo para ustedes que beneficien a los que han conocido que a quienes no saben cómo serán. Hemos sufrido de modo contrario a los otros: ellos traen a sus hijos y apelan a ustedes; nosotros traemos a nuestro padre y a nosotros mismos, y les pedimos que nos nos priven de los derechos ciudadanos y de la ciudadanía. Compadézcanse de nuestro padre, que es un hombre anciano, y de nosotros. Si nos destruyen ustedes de modo injusto, ¿cómo él va a convivir con agrado con nosotros, o nosotros mutuamente, en el mismo lugar siendo indignos de ustedes y de la *pólis*?

La apelación al *éleos* presenta, por tanto, una construcción argumentativa en la que se postula un delicado equilibrio entre la necesidad de proteger a la víctima verdadera de los abusos de la justicia (un buen *polítes* privado de ciudadanía –ἀτίμους, ἀπόλιδας–) y el empleo mal intencionado de quienes procuran ampararse en la compasión para obtener una absolución que resulta injusta. La pregunta retórica final deja entrever una contraposición entre el litigante y su adversario que encuentra su fundamento en la necesidad de que los jueces (como portavoces de la *pólis*) aseguren la convivencia mutua y en equilibrio (σύνειμι) de quienes son dignos de gozar de la ciudadanía.

A tal punto la oratoria instala esta tensión que, en varios pasajes del discurso *Contra Midias* de Demóstenes, se da cuenta anticipadamente del pedido de compasión como estrategia que el adversario pretenderá emplear con fines poco loables al carecer de argumentos para defenderse mediante la razón:

τί οὖν ὑπόλοιπον; ἐλεῆσαι νὴ Δία· παιδία γὰρ παραστήσεται καὶ κλαήσει καὶ τούτοις αὐτὸν ἐξαιτήσεται·

¿Y qué más le queda? La conmiseración, por Zeus. Pues hará aparecer a sus hijos y llorará y les pedirá que lo dejen ir por ellos (21.99).

---

44   El texto griego corresponde a la edición de Lamb (1930).

οἶδα τοίνυν ὅτι τὰ παιδί᾽ ἔχων ὀδυρεῖται, καὶ πολλοὺς λόγους καὶ ταπεινοὺς ἐρεῖ, δακρύωνκαὶ ὡς ἐλεινότατον ποιῶν ἑαυτόν.

Ciertamente sé que, con sus hijos, se lamentará y hará un largo discurso humilde, llorando y haciéndose el que merece mayor compasión (21.186).

Las expresiones aquí presentes resultan semejantes, por cierto, a las del texto que, en el discurso *Sobre la Embajada*, incluirá el mismo orador acerca de la muy probable actitud que tomará Esquines durante su defensa:

ἀλλ᾽ ὑπὲρ αὑτοῦ κλαήσει τοῦ τὰ τοιαῦτα πεπρεσβευκότος, καὶ τὰ παιδί᾽ ἴσως παράξει κἀναβιβᾶται.

Pero aunque hizo estas cosas cuando era embajador, llorará por sí mismo, y probablemente hará aparecer a sus hijos y los va a hacer subir [al estrado] (19.310).

Esta previsión de lo que el otro litigante expondrá como estrategia da cuenta de una pretendida desarticulación del valor retórico del recurso. Además, el hecho de que, en los testimonios conservados, se perciban fórmulas reiteradas para develar la intencionalidad de esta apelación *ad misericordiam* ha llevado a la crítica a suponer que se trataba de un ritualismo mecánico –una suerte de cliché– determinado por componentes cognitivo-racionales disfrazados bajo elementos emotivos. Ello explicaría que se trate de una expresión fosilizada en la oratoria que, como se advierte en varios pasajes de Iseo, se ocupa de unir el pedido de compasión con el reclamo y la súplica (δέομαι ὑμῶν καὶ ἀντιβολῶ καὶ ἱκετεύω)[45]. No obstante, creemos que limitar la expresión a la identificación de un dispositivo formalizado, carente de significación concreta, impide advertir en esta coordinación de verbos en primera persona un elemento que, a nuestro juicio, resulta clave

---

45   Así, por ejemplo, encontramos: δέομαι δ᾽ ὑμῶν ἁπάντων καὶ ἀντιβολῶ καὶ ἱκετεύω μετ᾽ εὐνοίας ἀποδέχεσθαί μου τοὺς λόγους ("Les pido, les reclamo y suplico que reciban mis palabras con benevolencia", Iseo, 2.2); ἐγὼ οὖν δέομαι ὑμῶν πάντων, ὦ ἄνδρες, καὶ ἀντιβολῶ καὶ ἱκετεύω ἐλεῆσαί με καὶ ἀποψηφίσασθαι τοῦ μάρτυρος τουτουί ("Y por tanto yo les pido, les reclamo y suplico que se compadezcan de mí y que absuelvan a mi testigo aquí", Iseo, 2.44); τοῦτο γὰρ ὑμῶν δέομαι καὶ ἱκετεύω σφόδρα μεμνῆσθαι, ὦ ἄνδρες, ὅπερ ὀλίγῳ πρότερον ἀπέδειξα ὑμῖν... ("Pues les pido y les suplico mucho que recuerden, varones, lo que les acabo de describir...", Is. 6.57); ὑμῶν δ᾽ ἐγὼ δέομαι καὶ ἱκετεύω, μή με περιίδητε περὶ τούτων ὑβρισθέντα
τῶν χρημάτων ὧν ὁ πάππος κατέλιπε... ("Pero les pido y les suplico que no permitan que me ultraje a causa de estos bienes que mi abuelo me dejó...", Iseo, 8.45).

para comprender los alcances en pugna del *éleos* como emoción positiva o negativa en el ámbito tribunalicio. Nos referimos a la relación, que explotará la comedia, entre la compasión y el instituto de la súplica.

Es interesante notar que los ejemplos de la oratoria judicial suelen involucrar un dispositivo verbal de imploración que se ve acompañado performativamente de una gestualidad –muy teatral, por cierto– basada en el llanto y de una praxis que implica, de modo visual, la presencia de los familiares en la corte. Consideramos que esta performance de la conmiseración y la presencia del vocabulario de la súplica resultan elementos propicios para la explotación cómica del recurso y que, si se analizan junto con las referencias a la ira judicial en el mismo corpus aristofánico que estudiamos en la sección anterior, pueden ser leidas como estrategias de representación de emociones judiciales que desnudan una feroz crítica al carácter anti-democrático y anti-cívico de la excesiva afectividad o del patetismo desbordado. Nos interesa entonces, alejados de quienes ven en estos pasajes la reproducción paródica de un mero cliché, privado de sustancia, cargar las tintas en torno de las fuertes implicancias políticas de las alusiones cómicas al mal uso de ciertas manifestaciones del pedido de *éleos*, comportamientos vistos como contrarios a las normas emocionales esperables.

Dos son los pasajes de *Avispas* –únicos en su tipo– en los que se da cuenta de la opinión de un juez ante los litigantes que le suplican:

> κἄπειτ' εὐθὺς προσιόντι
> ἐμβάλλει μοι τὴν χεῖρ' ἀπαλὴν τῶν δημοσίων κεκλοφυῖαν,
> ἱκετεύουσίν θ' ὑποκύπτοντες τὴν φωνὴν οἰκτροχοοῦντες·
> "οἴκτιρόν μ', ὦ πάτερ, αἰτοῦμαί σ', εἰ καὐτὸς πώποθ' ὑφείλου
> ἀρχὴν ἄρξας ἢ 'πὶ στρατιᾶς τοῖς ξυσσίτοις ἀγοράζων",
> ὃς ἔμ' οὐδ' ἂν ζῶντ' ᾔδειν, εἰ μὴ διὰ τὴν προτέραν ἀπόφευξιν.

> Y en cuanto paso (al tribunal), enseguida uno me da la mano, suave, ladrona de fondos públicos, y se inclinan suplicando y me dicen con voz lacrimosa: "Compadecete de mí, padre, te lo pido, si vos alguna vez –como yo– te quedaste con algo al ejercer un cargo o cuando, en campaña, ibas a conseguir provisiones para tus compañeros". Este tipo no habría sabido que yo estoy vivo si, un tiempo antes, yo no lo hubiera absuelto (vv. 553-558).

τὰ παιδάρι᾽ εὐθὺς ἀνέλκει
τὰς θηλείας καὶ τοὺς υἱεῖς τῆς χειρός, ἐγὼ δ᾽ ἀκροῶμαι,
τὰ δὲ συγκύψαντ᾽ ἀμβληχᾶται· κἄπειθ᾽ ὁ πατὴρ ὑπὲρ αὐτῶν
ὥσπερ θεὸν ἀντιβολεῖ με τρέμων τῆς εὐθύνης ἀπολῦσαι·
"εἰ μὲν χαίρεις ἀρνὸς φωνῇ, παιδὸς φωνὴν ἐλεήσαις"·
εἰ δ᾽ αὖ τοῖς χοιριδίοις χαίρω, θυγατρὸς φωνῇ με πιθέσθαι.
χἠμεῖς αὐτῷ τότε τῆς ὀργῆς ὀλίγον τὸν κόλλοπ᾽ ἀνεῖμεν.

Enseguida trae a la rastra a los bebés de pecho, a las mujeres y a los hijos de la mano y yo los escucho, y los chicos a la vez agachan la cabeza y se ponen a balar al mismo tiempo. Y entonces el padre me suplica por ellos como a un dios, temblando, agitado, para que lo libere de la rendición de cuentas. "Si te ponés contento con la voz del cordero, compadecete de la voz de mi hijo". Y si en cambio me alegro con las lechoncitas, la voz de su hija me persuade. Entonces nosotros aflojamos un poco la ira contra él (vv. 568-574).

En boca de Filocleón, el viejo presa de la manía de juzgar, la compasión es resemantizada desde la perspectiva de quien ejerce el rol de *dikastés*. Desde esta visión (lógicamente ausente en un género como la oratoria, focalizado en el alegato de una de las partes en el pleito y nunca en la voz de las jueces, quienes no explicaban su voto) se consolida una serie de parámetros de humor que despierta la conmiseración[46]. Por un lado, el llanto en que suele consistir dicha actitud, que como dijimos se ve a menudo acompañado de la presencia de la familia en el tribunal, se percibe para el juez como inapropiado y poco cívico. La agitación y el temblor del acusado, que se acerca con temor a ese juez, da cuenta de un profundo distanciamiento entre el defendido y el cuerpo cívico de los heliastas. La debilidad considerable en que está sumergido el pobre ciudadano que se somete, casi esclavizado, a Filocleón se ve contrapuesta con el poder monárquico con que, en términos antitéticos, se identificaba el rol judicial en sus propias palabras (como hemos visto en los vv. 548-549).

Es en este sentido que, a nuestro entender, la impronta afectiva no puede ser dejada de lado cuando se examinan la pragmática

---

46 Notemos por ejemplo que en el v. 558 Filocléon dice que el litigante se comporta así por haber sido ya absuelto en una ocasión previa en que él también ocupó el rol de *dikastés* (cf. Biles & Olson, 2015: 260, *s.v.*). Sin embargo, Filocléon se vanagloriaba en la obra de no haber nunca liberado a alguien de responsabilidad. Esta aparente contradicción se resuelve desde el humor que implica manipular el discurso según el interés retórico; en ese caso, se pretende desarticular los argumentos del padre de familia que recurre a la misericordia.

de la compasión y sus implicancias políticas. Ello es así ya que, desde una línea de análisis que recupere la contraposición de *páthe* democráticos colectivos, por un lado, y sentimientos particulares, por el otro, el pedido de *éleos* para obtener una absolución individual se termina configurando como una seria afectación a la equiparación isonómica de los *polîtai*.

La referencia en el texto aristofánico a la súplica deviene entonces significativa para una interpretación interesada en el papel comunitario de los actos públicos y los efectos identitarios de las regulaciones afectivas, tal como los presentamos al comienzo de este trabajo. Si, como ha sostenido Naiden (2006) en una monografía dedicada de modo expreso al tema, la súplica es una institución jurídica, política y religiosa a menudo fundada en la situación débil que implica la vulnerabilidad de quien se arrodilla para pedir protección, la asimilación de la búsqueda de piedad con el ritual de la *hiketeía* permite advertir metafóricamente la identificación del acusado con la del extranjero que se somete al poder local en un pedido de asilo que lo lleva a persuadir y a generar en el otro una emoción benevolente y positiva. En tanto se asienta sobre una notoria desigualdad, el reclamo de misericordia que es visto como injustificado por responder a fines privados espurios implicaría una ruptura del orden democrático.

Cuando analizamos en su momento las alusiones a la ira judicial, advertimos que en *Avispas* parecía subvertirse la lógica democrática de la *orgé* en tanto el texto corporizaba en las emociones particulares del propio personaje de Filocleón una suerte de ira personal que, en tanto enfermedad, representaba una manifestación de los inconvenientes de trasladar un *páthos* cívico y democrático al plano privado. Con la compasión se genera en la obra un fenómeno que encuentra sustentos semejantes. En efecto, los pasajes señalados muestran a un Filocleón que disfruta de la mala fortuna de quienes le suplican pues ello, lejos de convertirlo en un par de quien sufre inmerecidamente –como sugeriría Aristóteles–, lo eleva a una categoría superior de autoridad. Si el acusado y su familia se ven animalizados, como corderos que balan o lechoncitas, Filocleón se siente en cambio una divinidad o un rey: no solo su poder es el que caracteriza a una monarquía (*basileía*), sino que además el padre que tiene que defenderse en juicio le suplica como a un dios (ὥσπερ θεὸν, v. 571).

Al reproducir el vocabulario propio de la súplica, como el que nos mostrará Iseo en sus discursos, el pedido de *éleos* en la comedia se tiñe entonces, paródicamente, de un trasfondo religioso capaz de emplazar al jurado en un rol supremo propio de dioses o reyes, quebrando de este modo las bases igualitarias de la ciudadanía que, se supone, los tribunales debían garantizar y defender. Lejos de una pretendida empatía, el texto cómico parece instalar con estas figuras exageradas una suerte de *hypo-patía* (o *hyper-patía*) en la que el plano afectivo vinculado con la supuesta *com*-pasión, funcionaría más bien en una coyuntura crítica como instrumento desestabilizador del equilibrio *sym-patético* propio del *dêmos*[47].

En definitiva, la lectura que aquí proponemos se condice con la imagen de la conmiseración como experiencia emotiva, en tanto frente al protagonista cómico se posicionan quienes, sometidos y vulnerables, solo pueden llorar y gritar. Se trata del riesgo latente de una excesiva emotividad que, como un yugo, esclaviza y complota contra el balance auto-contenido y la comunidad afectiva de los varones *polîtai*[48].

Volver a unos pasajes de la oratoria permitirá afianzar esta lectura. Cuando Lisias, en el discurso referido al cercado de un olivo, coloca en la primera persona una alusión directa a la necesidad de que los jueces se compadezcan de él, necesita aclarar de modo explícito su integridad como ciudadano, su pertenencia a la *pólis*, su coraje masculino y su aceptación del orden de gobierno instalado socialmente (7.41):

πάντων γὰρ ἀθλιώτατος ἂν γενοίμην, εἰ φυγὰς ἀδίκως
καταστήσομαι, ἄπαις μὲν ὢν καὶ μόνος, ἐρήμου δὲ τοῦ
οἴκου γενομένου, μητρὸς δὲ πάντων ἐνδεοῦς οὔσης, πατρίδος δὲ
τοιαύτης ἐπ᾽ αἰσχίσταις στερηθεὶς αἰτίαις, πολλὰς μὲν ναυμαχίας
ὑπὲρ αὐτῆς νεναυμαχηκώς, πολλὰς δὲ μάχας μεμαχημένος,
κόσμιον δ᾽ ἐμαυτὸν καὶ ἐν δημοκρατίᾳ καὶ ἐν ὀλιγαρχίᾳ παρασχών.

Sería yo el mayor desdichado de todos los hombres si fuera forzado injustamente al exilio. Estaría sin hijos y solo. Mi hogar se volvería desolado y mi madre sería despojada de todo; yo sería desprovisto –por cargos que me aportan extremo dolor– de mi tierra nativa,

---

47 Sissa (2009: 287-290) concibe este equilibrio político como una suerte de engranaje, en tanto habla de un "aparato patético de la democracia".

48 Acerca de los valores subjetivos propios de la democracia ateniense –que incluyen el coraje masculinizado–, puede consultarse Balot (2009: 271-300).

que significa tanto para mí, por la que he peleado muchas, muchas, batallas en tierra y en mar, y habiéndome portado bien tanto bajo la democracia como bajo la oligarquía.

De modo semejante, cuando Esquines responde a Demóstenes recurriendo, como había anticipado su adversario, al pedido de *éleos*, procura evitar a toda costa el riesgo, siempre presente, de que su recurso emotivo sea malinterpretado como producto de una emotividad poco ciudadana[49]. Se deja en claro así que, frente a la integridad masculina que lo caracteriza, su contraparte en el juicio presenta una limitada virilidad (2.179):

κἀμοὶ συνδεησόμενοι πάρεισιν ὑμῶν πατὴρ μέν, οὗ τὰς τοῦ γήρως ἐλπίδας μὴ ἀφέλησθε, ἀδελφοὶ δέ, οἳ διαζυγέντες ἐμοῦ ζῆν οὐκ ἂν προέλοιντο, κηδεσταὶ δὲ καὶ ταυτὶ τὰ μικρὰ παιδία καὶ τοὺς μὲν κινδύνους οὔπω συνιέντα, ἐλεινὰ δέ, εἴ τι συμβήσεται ἡμῖν παθεῖν. ὑπὲρ ὧν ἐγὼ δέομαι καὶ ἱκετεύω πολλὴν πρόνοιαν ποιήσασθαι, καὶ μὴ τοῖς ἐχθροῖς αὐτοὺς μηδ᾽ ἀνάνδρῳ καὶ γυναικείῳ τὴν ὀργὴν ἀνθρώπῳ παραδοῦναι.

Hay gente aquí que se une a mí para pedirles: mi padre –no lo priven de sus esperanzas por su avanzada edad–, mis hermanos –que no querrían vivir si yo les fuese arrebatado–, mis parientes y estos pequeños chicos que todavía no reconocen el peligro pero que serían objeto de compasión si algún sufrimiento me ocurriera. Les pido y les suplico que le presten una cuidadosa atención a ellos, y que no los entreguen a sus enemigos o a la ira de esta persona cobarde (poco varonil) (*anádroi*) y afeminada (*gynaikeíoi*).

Al estudiar una serie de emociones capaces de determinar y condicionar los valores éticos de la clase aristocrática romana, Kaster (2005) ha dado forma a un planteo original en el que la dimensión afectiva es explicada en términos de *emotional scripts*. La alusión a estos guiones sentimentales, que suponen la existencia de un repertorio cultural de acciones y expresiones disponibles en determinado contexto social, es interesante y puede servir en nuestro caso para comprender la operación que instala la comediografía aristofánica. En efecto, frente a la construcción comunitaria de emociones vinculadas con la ira o la compasión, podemos señalar que la comedia *Avispas* se encarga de desarticular los *scripts* previstos y crear nuevos discursos que resultan eficaces en tanto se

---

49 Acerca de los problemas vinculados con la excesiva mostración de pasiones en la antigüedad, véase Schulten (2005: 9-22).

superponen a la praxis de los afectos que surge de las interacciones cotidianas en los espacios públicos de la Atenas clásica y la ponen en crisis. En otras palabras, se instaura una nueva narrativa de las emociones que crea normatividades propias (inherentes de la comedia como espectáculo destinado a provocar risa) capaces de desarticular las regulaciones afectivas habituales en su contexto de representación.

Entre la compasión y la cólera, *Avispas* instala una dinámica judicial propia. El acusado, en condición de víctima, y el juez, portador de poder absoluto, generan en su interacción un desequilibrio, una asimetría que, en términos políticos, traduce los resquicios de una orden institucional en crisis. En la inferioridad del demandado y la consecuente tiranización y empoderamiento del heliasta, los valores masculinizados de la *isonomía* y el equilibrio tribunalicio se ven desplazados por la exteriorización casi "feminizada" de los afectos. Con las lágrimas y los lamentos, queda lejos ya la imagen masculina y ciudadana signada por la prudencia y la contención. Entre los corderos y los reyes se entabla una grieta –insuperable en Aristófanes– que deja al descubierto los inconvenientes de un sistema democrático resquebrajado, en el que la comedia reconoce y denuncia la real desigualdad de quienes son pretendidamente iguales.

Entre afectos de dioses y sentimientos de corderos: una regulación cómica de las pasiones forenses

A través de un estudio textual de la ira de Filocleón en *Avispas*, nos interesó en la primera parte de este trabajo descubrir el reflejo cómico (y la explotación como recurso literario) de aquellos aspectos subjetivos ligados con la experiencia personal y colectiva del público ateniense –sus temores y ansiedades– acerca del funcionamiento del aparato judicial democrático. Ya MacDowell (1995: 175) había concluido que el ataque de Aristófanes en esta obra no se dirigía al conjunto de los jueces –a quienes, por otra parte, presenta en la parábasis como los salvadores de Grecia– ni supone un atentado contra el sistema jurídico ateniense, sino que se orienta más bien a denunciar el manejo de la administración de justicia por parte de ciertos demagogos como Cleón. Esa interpretación puede complementarse con un desciframiento de los procesos de inversión que se implementan respecto de los sentimientos "normativizados" del ámbito politico. En efecto, *Avispas* escenifica una cólera judicial mal entendida, justificada por intereses exclusivamente individuales y no –como se exigiría– amparada en la pretension altruista de beneficiar al *dêmos*. La pieza escenificaría entonces una criticable privatización de los sentires democráticos que funciona como una estrategia literaria destinada a generar risa a partir de la subversion de las emociones esperables en un verdadero contexto democrático.

En cuanto a la compasión, también la operación que dispone la comedia es interesante. Si se trataba de que un orador motivara una apelación "razonable" destinada a engendrar huellas emotivas, se entiende que en la construcción del *éleos* que *Avispas* despliega se pongan en juego procedimientos y dispositivos que la comedia aprovecha para su función burlesca.

En los tribunales, la motivación de la ira o la súplica de conmiseración se tornan ejemplos de que la apelación a la producción de "sentimientos", a la conmoción y al bagaje emotivo, resultaban opciones posibles para atraer el convencimiento de un jurado democrático dispuesto a compartir experiencias y restablecer la justicia[50]. En el teatro, en cambio, este mismo despliegue de sentimientos se degenera y se reemplaza por otra regulación de los afectos, esta vez cómica. Ello porque sobre el escenario de *Avispas* la ira supone voluntades individuales egoístas y el pedido de compasión denota un patetismo exagerado. Quienes caen en la súplica llorando e implorando por sus familiares como último medio, desesperados, para conseguir sus fines de modo injusto o quienes, al ejercer como jurados, actúan encolerizados sin razón devienen personajes cómicos eficaces.

A partir de un estudio que traslada reflexiones de la filosofía de las emociones y la psicología cognitiva a los trabajos filológicos, el cruce de dos áreas de estudio sometidas históricamente a un profundo desinterés –nos referimos al análisis de las pasiones jurídicas y al de los afectos que refleja la comedia antigua– resulta

---

50   En definitiva, Aristóteles muestra bien que –lejos de pretender excluirlas de los planteos políticos– las emociones tienen su lugar en la moralidad y en la vida pública; los buenos ciudadanos deben experimentar ciertas emociones –que se vislumbran como positivas desde la regulación de los valores comunes– para llegar a la excelencia y al dominio de sí; cf. Bégorre-Bret (2009: 57).

productivo. Un estudio en torno de las normatividades emotivas, del que este trabajo es solo un mínimo ejemplo, permite ilustrar los dispositivos literarios que pone en juego la comedia antigua para instalar un debate, en clave de humor, sobre las regulaciones sociales vigentes y sobre los peligros que acarrea el manejo de los guiones emotivos compartidos por una comunidad como la ateniense.

Bibliografía

Ediciones textuales y comentarios

Adams, C.D. (ed. 1919). *Aeschines*, Cambridge, Mass.-London.

Biles, Z. & Olson, S.D. (ed. 2015). *Aristophanes, Wasps*, Oxford.

Butcher, S.H. (ed. 1903). *Demosthenis Orationes*, Oxford.

Lamb, W.R.M. (ed. 1930). *Lysias*, Cambridge, Mass.-London.

Norlin, G. (ed. 1980). *Isocrates*, Cambridge, Mass.-London.

Ross, W.D. (ed. 1959). *Aristotle. Ars Rhetorica*, Oxford.

Sommerstein, A.H. (ed. 1983). *The Comedies of Aristophanes, 4. Wasps*, Warminster.

Tovar, A. (ed. 2003). *Aristóteles. Retórica*, Madrid.

Bibliografía crítica

Allen, D. (2000). *The World of Prometheus. The Politics of Punishing in Democratic Athens*, Princeton.

Allen, D. (2003). "Angry Bees, Wasps and Jurors: the Symbolic Politics of *Orgê* in Athens", en S.M. Braund & G.W. Most (eds.), *Ancient Anger. Perspectives from Homer to Galen*, Cambridge: 76-98.

Allen, D. (2006). "Greek Tragedy and Law", en M. Gagarin & D. Cohen (eds.), *The Cambridge Companion to Ancient Greek Law*, Cambridge: 374-393.

Balot, R. (2009). "The Virtue Politics of Democratic Athens", en S.G. Salkever (ed.), *The Cambridge Companion to Ancient Greek Political Thought*, Cambridge: 271-300.

Bandes, S. (ed. 1999). *The Passions of Law*, New York.

Bandes, S. & Blumenthal, J.A. (2012). "Emotion and the Law", *Annual Review of Law and Social Science* 8: 161-181.

Bandura, A. (1973). *Aggression. A Social Learning Analysis*, Englewood Cliffs.

Bar-Tal, D., Halperin, E. & de Rivera, J. (2007). "Collective Emotions in Conflict Situations: Societal Implications", *Journal of Social Issues* 63/2: 441-460.

Bavelas, J.B. & Chovil, N. (1997). "Faces in Dialogue", en J.A. Russell & J.M. Fernández Doll (eds.), *The Psychology of Facial Expression*, Cambridge: 334-346.

Bégorre-Bret, C. (2009). "Aristote et les emotions: d'une physique des affets à une politique des caractères", en S. Roux (ed.), *Les émotions*, Paris: 33-57.

Bers, V. (2009). "Appeals to Pity and Displays of Anger", en Id., Genos Dikanikon. *Amateur and Professional Speech in the Courtroom of Classical Athens*, Washington D.C.: 77-98.

Bertrand, J. (2008). "Sentiments et passions", en Id., *Vocabulaire grec: du mot à la pensée*, Paris: 79-81.

Boeri, M. (2006). "Pasiones aristotélicas, mente y acción", en T. Santiago & C. Trueba Atienza (eds.), *De acciones, deseos y razón práctica*, México: 23-54.

Braund, S.M. & Most, G.W. (2003) (eds.). *Ancient Anger. Perspectives from Homer to Galen*, Cambridge (*Yale Classical Studies* 32).

Buss, D. (1994). *The Evolution of Desire: Strategies of Human Mating*, New York.

Calhoun, C. & Solomon, R. (1984). *What is an Emotion? Classic Readings in Philosophical Psychology*, Oxford.

Camps, V. (2011). *El gobierno de las emociones*, Barcelona.

Chaniotis, A. (ed. 2012). *Unveiling Emotions. Sources and Methods for the Study of Emotions in the Greek World*, Stuttgart.

Clifford, J. & Marcus, G. (eds. 1986). *Writing Culture. The Poetics and Politics of Ethnography*, Berkeley.

Clore, G.L. (1992). "Cognitive Phenomenology: Feelings and the Construction of Judgment", en L.L. Martin & A. Tesser (eds.), *The Construction of Social Judgments*, Hilldale: 133-163.

Considine, P. (1966). "Some Homeric Terms for Anger", *Acta Classica* 9: 15-25.

Considine, P. (1985). "The Indo-European Origins of Greek *Menis* 'Wrath'", *Transactions of the Philological Society* 85: 144-170.

Cooper, J.M. (1996). "An Aristotelian Theory of the Emotions", en A.O. Rorty (ed.), *Essays on Aristotle's Rhetoric*, Berkeley: 238-257.

Crawford, N.C. (2000). "The Passion of World Politics: Propositions on Emotion and Emotional Relationships", *International Security* 24/4: 116-156.

Damasio, A.R. (1994). *Descartes' Error. Emotion, Reason, and the Human Brain*, New York.

Darwin, C. (1872). *The Expressions of Emotions in Man and Animals*, London.

Dow, J. (2007). "A Supposed Contradiction about Emotion-Arousal in Aristotle's *Rhetoric*", *Phronesis* 52/4: 382-402.

Ekman, P. (1982). *Emotions in the Human Face*, Cambridge.

Fartzoff, M. (2007). "Colère et action dramatique dans les tragedies conservées d'Euripide", en D. Cuny & J. Peigney (eds.), *La colère chez Euripide*, Tours: 25-50.

Fattah, K. & Fierke, K.M. (2009). "A Clash of Emotions: The Politics of Humiliation and Political Violence in the Middle East", *European Journal of International Relations* 15: 67-93.

Fernández, C.N. (2016a). "La puesta en escena de las pasiones: (re)presentación de las emociones en las comedias de Aristófanes", en L. Almandós & R. Forero (eds.), *Estudios filológicos en honor del Profesor Enrique Barajas. Aproximaciones interdisciplinarias a la Antigüedad griega y latina*, Bogotá: 85-111.

Fernández, C.N. (2016b). "Justicia poética y política democrática en la comedia de Aristófanes", en M. Campagno, J. Gallego & C.G. García Mac Gaw (eds.), *Regímenes políticos en el Mediterráneo antiguo*, Buenos Aires: 141-152.

Flückiger, A. (2009). "Pourquoi respectons-nous la soft law?: le rôle des émotions et des techniques de manipulation", *Revue Européenne des Sciences Sociales* 47, nº 144: 73-103.

Fortenbaugh, W. (1975). *Aristotle on Emotion. A Contribution to Philosophical Psychology, Rhetoric, Poetics, Politics, and Ethics*, London.

Frijda, N. H. (1986). *The Emotions*, Cambridge.

Golden, L. (1987). "Comic Pleasure", *Hermes* 115: 165-174.

Golden, L. (1992). *Aristotle on Tragic and Comic Catharsis*, Atlanta.

Goldie, P. (2010). *The Oxford Handbook of Philosophy of Emotion*, New York.

Griffiths, P. (1997). *What Emotions Really Are. The Problem of Psychological Categories*, Chicago.

Harris, W. (2001). *Restraining Rage. The Ideology of Anger Control in Classical Antiquity*, Cambridge. Mass.

Heath, M. (2005). "Aristotle: Aesthetic Pleasure", en *Technosophia*, http://www.archelogos.com/tech nosophia/essa_aris.swf.

Howland, J. (2004). "Plato's Reply to Lysias: *Republic* 1 and 2 and *Against Eratosthenes*", *American Journal of Philology* 125: 179-208.

Jarymowicz, M. & Bar-Tal, D. (2006). "The Dominance of Fear over Hope in the Life of Individuals and Collectives", *European Journal of Social Psychology* 36: 367-392.

Johnson, J.F. (2016). *Acts of Compassion in Greek Tragic Drama*, Norman.

Johnstone, S. (1999). *Disputes and Democracy. The Consequences of Litigation in Ancient Athens*, Austin.

Kaster, R.A. (2005). *Emotion, Restraint, and Community in Ancient Rome*, Oxford.

Khaneman, D. (2011). *Thinking, Fast and Slow*, New York.

Kitano, M. (2001). "Aristotle's Theory of Comedy: *Mythos* and *Catharsis*", *Bulletin of Gumma Prefectural Women's University* 22: 193-201.

Konstan, D. (1995). *Greek Comedy and Ideology*, New York.

Konstan, D. (2001). *Pity Transformed*, London.

Konstan, D. (2004). "Las emociones en la antigüedad griega", *Pensamiento y Cultura* 7: 47-54.

Konstan, D. (2006). *The Emotions of the Ancient Greeks. Studies in Aristotle and Classical Literature*, Toronto.

Konstan, D. (2010a). "Emotions", en M. Gagarin & E. Fantham (eds.), *The Oxford Encyclopedia of Ancient Greece and Rome*, Oxford, vol. 3: 45-48.

Konstan, D. (2010b). "El derecho de enfadarse: un patron narrativo en la comedia clásica", en G. von der Walde & J. Rojas (eds.), *IV Jornadas Filológicas. Aproximaciones interdisciplinarias a la Antigüedad griega y latina. In memoriam Gretel Wernher*, Bogotá: 39-57.

Koziak, B. (2000). *Retrieving Political Emotion. Thumos, Aristotle, and Gender*, Pennsylvania.

Lanni, A. (2010a). "Social Norms in the Courts of Ancient Athens", *Journal of Legal Analysis* 1/2: 691-736.

Lanni, A. (2010b). "The Expressive Effect of the Athenian Prostitution Laws", *Classical Antiquity* 29: 45-67.

Ludwig, P. (2009). "Anger, Eros, and Other Political Passions in Ancient Greek Thought", en R.K. Balot (ed.), *A Companion to Greek and Roman Political Thought*, Chichester: 294-307.

Lutz, C. (1988). *Unnatural Emotions. Everyday Sentiments on a Micronesian Atoll. Their Challenge to Western Theory*, Chicago.

MacDowell, D.M. (1995). *Aristophanes and Athens. An Introduction to the Plays*, Oxford.

Marinoni, B. (2012). "El cuerpo, la mente y el honor: aspectos de la concepción griega de la cólera en la épica y la tragedia", en A. Atienza *et al.* (eds.), *Nóstoi. Estudios a la memoria de Elena Huber*, Buenos Aires: 281-294.

Maroney, T.A. (2006). "Law and Emotion: a Proposed Taxonomy of an Emerging Field", *Law and Human Behavior* 30/2: 119-142.

McDermott, R. (2004). "The Feeling of Rationality: the Meaning of Neuroscientific Advances for Political Science", *Perspectives on Politics* 2: 691-706.

Meyer, M. (2007). *Le Philosophe et les passions*, Paris.

Moïsi, D. (2007). "The Clash of Emotions: Fear, Humiliation, Hope, and the New Word Order", *Foreign Affairs* 86: 8-12.

Naiden, F.S. (2006). *Ancient Supplication*, New York.

Nussbaum, M. (2001). *Upheavals of Thought. The Intelligence of Emotions*, Cambridge.

Nussbaum, M. (2004). *Hiding from Humanity. Disgust, Shame and the Law*, Princeton.

Oatley, K. (1992). *Best Laid Schemes. The Psychology of Emotions*, Cambridge.

Rosenwein, B.H. (2006). *Emotional Communities in the Early Middle Ages*, Ithaca.

Rubinstein, L. (2004). "Stirring Up Dicastic Anger", en D. Cairns & R. A. Knox (eds.), *Law, Rhetoric, and Comedy in Classical Athens. Essays in Honour of Douglas M. MacDowell*, Swansea: 187-204.

Scheid-Tissinier, É. (2006). "Les revendications de la vengeance dans les plaidoyers attiques", en M. Molin (ed.), *Les régulations sociales dans l'Antiquité*, Rennes: 97-113.

Scheid-Tissinier, É. (2007). "Le rôle de la colère dans les tribunaux athéniens", en P. Schmitt Pantel & F. de Polignac (eds.), *Athènes et le politique. Dans le sillage de Claude Mossé*, Paris: 179-198.

Schere, J. (2012). "Los alcances de la crítica contra la justicia ateniense en la comedia *Avispas* de Aristófanes", *Circe de Clásicos y Modernos* 16: 45-57.

Schulten, P. (2005). "To Cry or Not to Cry: Public Emotions in Antiquity", *Cultural and Social History* 2/1: 9-22.

Sissa, G. (2009). "Political Animals: Pathetic Animals", en R.K. Balot (ed.), *A Companion to Greek and Roman Political Thought*, Chichester: 283-293.

Sokolon, M.K. (2006). *Political Emotions. Aristotle and the Symphony of Reason and Emotion*, DeKalb.

Solomon, R. (1978). *The Passions. The Myth and Nature of Human Emotions*, New York.

Solomon, R. (2000). "The Philosophy of Emotions", en M. Lewis & J. Haviland-Jones (eds.), *Handbook of Emotions*, 2ª ed. New York: 3-15.

Stanford, W.B. (1983). *Greek Tragedy and the Emotions. An Introductory Study*, London.

Stearns, P. (2000). "History of Emotions: Issues of Change and Impact", en M. Lewis & J. Haviland-Jones (eds.), *Handbook of Emotions*, 2ª ed. New York: 16-29.

Striker, G. (1996). "Emotions in Context: Aristotle's Treatment of the Passions in the *Rhetoric* and his Moral Psychology", en A.O. Rorty (ed.), *Essays on Aristotle's* Rhetoric, Berkeley: 286-302.

Trueba Atienza, C. (2009). "La teoría aristotélica de las emociones", *Signos Filosóficos* XI, 22: 147-170.

Walsh, T. (2005). *Fighting Words and Feuding Words. Anger and the Homeric Poems*, Lanham.

Walton, D. (2016). *Appeals to Pity.* Argumentum ad Misericordiam, New York.

El (des)conocimiento (del pasado) y el temor del *dêmos*:

de la expedición a Sicilia al golpe de los Cuatrocientos, pasando por el tiranicidio

Diego Paiaro
PEFSCEA/Universidad Nacional de General Sarmiento-
Universidad de Buenos Aires-CONICET

En el encomio a la *demokratía* desarrollado por Pericles en ocasión de los funerales públicos en honor a los caídos en el primer año de la Guerra del Peloponeso (Loraux, 2012; cf. Ziolkowski, 1981) –o deberíamos decir el Pericles imaginado por Tucídides (2.37.2-3; 2.40.2-3)[1]–, aparecen enunciadas, al menos, tres cuestiones entrelazadas que serán de especial interés en este artículo: la confianza, el miedo y el conocimiento[2]:

> …En lo tocante a las mutuas sospechas (*hypopsían*) propias del trato cotidiano, nosotros no sentimos irritación (*orgês*) contra nuestro vecino…
> En la vida pública, un respetuoso temor (*déos*) es la principal causa de que no cometamos infracciones, porque prestamos obediencia a quienes se suceden en las magistraturas y a las leyes…
> Damos nuestro juicio sobre los asuntos, o los estudiamos puntualmente, porque, en nuestra opinión, no son las palabras lo que supone un perjuicio para la acción, sino el no informarse (*mè prodidakhthênai*) por

---

1   La cuestión de los discursos constituye, desde la propia antigüedad, uno de los elementos nodales sobre los que giraron los debates acerca de la "objetividad" (o su falta) en Tucídides, 1.22.1, en tanto es el propio historiador quien parecería introducir cierto elemento subjetivo en su metodología (*hos d'àn edókoun emoí*). La bibliografía es muy extensa, ver por ejemplo: Gomme (1937); Ste. Croix (1972: 7-16); Kagan (1975); Ziolkowski (1981: 1-12, 188-207); Marincola (2001: 77-85); Hornblower (1991: 59-60; 1994: 45-72); Plácido (1993: 187); Iglesias-Zoido (2011: 51-73). Sobre la autenticidad del discurso fúnebre en particular, Yunis (1996: 64-65).

2   Nos basamos, con pequeñas modificaciones, en la traducción de Torres Esbarranch (2000).

medio de la palabra (*lógo*) antes de proceder… También nos distinguimos en cuanto a que somos extraordinariamente audaces (*tolmân*) a la vez que hacemos nuestros cálculos sobre las acciones que vamos a emprender, mientras que a los otros la ignorancia (*amathía*) les da coraje (*thrásos*), y el cálculo (*logismòs*), indecisión (*óknon*).

Por un lado, el historiador habla de la confianza entre los ciudadanos al afirmar que, entre ellos, no existían "sospechas" (*hypopsían*) ni sentían "irritación" (*orgês*) entre vecinos. Por otro lado, hace referencia al temor (*déos*) a la ley y a los magistrados de la ciudad que garantizarían su autoridad y respeto[3]. Por último, el pasaje citado explica cómo para los atenienses resultaba fundamental "informarse" (*prodidakhthênai*) a partir de la "palabra" (*lógo*) al momento de tomar las decisiones políticas y cómo su "audacia" (*tolmân*) y "coraje" (*thrásos*)[4] respondía al "cálculo" (*logismós*) y no a la "ignorancia" (*amathía*). En relación a lo primero, veremos cómo la difusión de sospechas entre los ciudadanos y el desvanecimiento de la confianza dentro del cuerpo cívico tuvieron, al menos en el relato de Tucídides, importantísimas consecuencias para la estabilidad de la democracia. Vinculado a lo anterior, en relación a lo segundo, veremos cómo ese "temor moderado" mutó, conforme se agravaban las condiciones políticas y militares en las que vivía Atenas, de un modo tal que el *dêmos* acabó por verse preso de un pánico paralizante que favoreció la suspensión de la democracia. Por último, nos detendremos en cómo los ciudadanos atenienses fueron perdiendo la base de su coraje y audacia, esto es, su capacidad de informarse y conocer la situación sobre la que debían decidir. Se trata, en definitiva, de una trama compleja entre la confianza, el miedo y el conocimiento que se tensionó luego de la muerte de Pericles y, en particular, a partir de la expedición contra Sicilia.

Si, como se ha propuesto recientemente, la Atenas clásica era una "cultura de las emociones o pasiones" en la que estas tenían un lugar prominente en los discursos y las decisiones públicas (Visvardi, 2015: 3), en este trabajo, analizaremos la relación que se da entre el (des)conocimiento –especialmente de los sucesos del pasado–, la desconfianza y el miedo que según la pluma del historiador in-

---

3   Se trata de un tipo particular de temor, moderado y considerado provechoso: Desmond (2006: 365); Visvardi (2015: 91).

4   Sobre el coraje democrático y la falta de miedo: Balot (2001; 2004); Gallego (2015: 62; 2016: 36-45).

vadió al *dêmos* en la trama que se abre en el 415 con la expedición naval contra Sicilia y que culminó con el golpe oligárquico del 411. Actualmente, gracias a los estudios desarrollados por varios especialistas, se puede leer a Tucídides como un crítico del modo en el que se desarrollaba aquello que algunos investigadores han denominado como "conocimiento democrático", es decir, del modo en el que el *dêmos* se informaba y accedía a los datos necesarios para tomar las decisiones políticas y militares, principalmente, en las reuniones asambleares[5]. Asimismo, los estudios recientes acerca de la temática del miedo en Tucídides junto con el gran impulso que han adquirido en general los análisis de las emociones como campo de estudio, constituyen grandes herramientas y un buen punto de partida para abordar las cuestiones a tratar[6]. En este sentido, partiremos de la base que ese temor del *dêmos* del cual hablaba Tucídides es una emoción o sentimiento (*páthos*) de carácter colectivo que, como ha destacado cierta bibliografía (Heller, 1999: 7-78, 227-233; Le Breton, 1999: 9-13, 103-194; Nussbaum, 2001), dispone de algunas características o atributos que consideramos relevantes: supone, principalmente, una profunda implicación de los sujetos, es de carácter relacional, y se trata de un dispositivo socialmente construido, histórico, específico y que, por último, se relaciona con los procesos cognitivos de los sujetos (Visvardi, 2015: 45).

En lo que sigue, en un primer momento, analizaremos de modo general la forma en el que el miedo aparece en el relato de Tucídides. En una segunda instancia, veremos cómo la desconfianza entre los ciudadanos, el temor y el (des)conocimiento se van entrelazando en el texto del historiador en tres momentos de la obra en particular: la expedición a Sicilia, la digresión sobre los Pisistrátidas y el golpe oligárquico del 411.

Finalmente, relacionaremos el tema con los debates historiográficos llevados adelante recientemente en torno de las características de la *pólis* griega antigua. Tomando en cuenta los modos en los que las ciudades garantizaban el orden y el control social interno, propondremos que la confianza del *dêmos* en sí mismo, el control de su miedo y el conocimiento de la situación fueron

---

5   Respecto de la asamblea, véase el estudio de Gallego en el Capítulo 2: *Participación asamblearia y cultura política en la Atenas democrática*, en este mismo volumen.

6   Gouk & Hills (2005); Chaniotis (2012); Burke (2005).

elementos determinantes para la estabilidad de la democracia al tratarse la *pólis* de una organización sociopolítica que carecía de capacidades coercitivas independientes de aquellas que podía ejercer su cuerpo político colectivamente[7].

El miedo en la *Historia*

A pesar de ser Tucídides un autor que pretende brindar un relato racionalista, impersonal y desapasionado[8], en su narrativa hay una emoción, el miedo, que se presenta como preponderante, presente en múltiples contextos y, en gran parte, como determinante de la causalidad histórica. Evocado a partir de distintas palabras –principalmente *déos*, *phóbos* y *ékplexis*, sus derivaciones y composiciones tanto en sus formas verbales como nominales (Patera, 2013: 110, 122)–[9], el temor constituye un elemento tan

7   En este trabajo completamos la línea argumental que hemos iniciado en Paiaro (2016a).

8   Estas características del texto tucidídeo junto con su interés por los datos cuantitativos, la verificabilidad de las afirmaciones, el desarrollo de una cronología certera, etc. han hecho al historiador ateniense muy atractivo para los lectores modernos –desde Cochrane (1929)– como "creador de la historiografía científica" (Caballero López, 2006: 117). Sobre esta tendencia –ya vigente en la Antigüedad– de ver una oposición entre un *story-teller* poco confiable (Heródoto) –cf. Abbott (1925: 10)– y un historiador "científico" (Tucídides) –cf. Momigliano (1958)–; Plácido (1986); Hornblower (1994); Foster & Lateiner (2012); Sierra (2012); Sancho Rocher (2017: 237). Sin embargo, siempre han existido otras valoraciones de Tucídides, de Cornford (1907) a Loraux (1980). Cf. Rood (2006: 225-227).

9   Para Romilly (1956) las diferencias entre *déos* y *phóbos* consisten en que el primero se relacionaba con el pensamiento y el futuro, mientras que, el segundo, con el desorden y un presente sorpresivo. Patera (2013: 122) ha destacado que en Tucídides, *phóbos*, en tanto que miedo emocional e irracional, es reservado para las mentes y caracteres débiles y nunca es experimentado por los hombres inteligentes y con coraje quienes, solo algunas veces, sienten un temor razonable (*déos*): cf. Huart (1968: 123-126, esp. p. 124). Sin embargo, Sancho Rocher (2015: 48 n. 2) propone que, en la práctica, las distinciones podrían no ser tan tajantes a excepción del caso de *ékplexis* que denotaba, la mayoría de las veces, un terror paralizante frente a lo imprevisto. Desmond (2006: 361) destaca que Tucídides no utilizaba los términos *phóbos* y *déos* con una consistencia matemática aunque, en el caso de *ékplexis*, se puede afirmar que es la forma más vehemente para referirse al pánico que escapa al control del sujeto. Cf. Calabrese (2008: 19-21) quien a los tres términos principales agrega otros dos (*orrodía* y *hypopsía*) y cuantifica sus usos. En particular sobre *hypopsía* –que no es abordado por Romilly (1956) ni por Huart (1968)–, se debe destacar que, según el autor, haría referencia a un tipo específico de miedo (la sospecha) en el que las amenazas son mucho menos específicas y su uso estaría asociado con la posibilidad de "revoluciones" tiránicas u oligárquicas. Nagy (2010) analiza sintéticamente los elementos subjetivos asociados al uso de *déos*, *phóbos* y *ékplexis* en las fuentes griegas.

importante en su relato que ha llevado a que algunos autores modernos planteen que, en definitiva, la obra de Tucídides es una reflexión sobre el miedo[10] o que constituye uno de los primeros acercamientos profundos al problema del miedo en la política y, en particular, en las democracias (Calabrese, 2008).

Algunos ejemplos pueden ser ilustrativos al respecto de la preponderancia de esta emoción. Como es esperable en un relato sobre el enfrentamiento bélico, la guerra es el principal escenario en el que el temor se despliega en la obra del historiador[11]. Más aún, sería el miedo una de las causas históricas profundas ("verdaderas") que explicarían el desencadenamiento del conflicto entre la ligas ateniense y del Peloponeso[12]. Sin embargo, el miedo también aparece en el texto tucídideo en otros espacios como, por ejemplo, en las asambleas y en las prácticas discursivas y retóricas asociadas a la toma de decisiones (Sancho Rocher, 2015; cf. Calabrese, 2008: 88-176). En este sentido, algo que se relaciona plenamente con el análisis que desarrollaremos a continuación es que, mientras que Pericles habría hecho un uso que podríamos denominar "racional" del temor del pueblo para conducir el debate asambleario, a la muerte del gran estratega habrían sobrevenido formas y usos "degradados" del miedo[13]. Estos usos se relacionaban con la aparición

---

10 Desmond (2006: 359); Romilly (1956: 119); Hunter (1986: 415); Huart (1968: 122-123); Proctor (1980: 177-191). Luginbill (2015: 116-141) ve al miedo y a la esperanza como dos elementos omnipresentes en el relato de Tucídides que el historiador tendería a contraponer al "carácter nacional" de espartanos y atenienses respectivamente; cf. Zumbrunnen (2002); Calabrese (2008: 32-36).

11 Echeverría Rey (2014). A modo de ejemplo se puede hacer referencia a algunos pasajes en los que aparece el miedo de los ejércitos *en* la guerra (4.125.1; 5.71.1; 7.80.3); cf. Calabrese (2008: 28-32, 37-86).

12 "La causa más verdadera (*tèn mèn gàr alethestáten prophásis*), aunque la que menos se manifiesta en las declaraciones, pienso que la constituye el hecho de que los atenienses al hacerse poderosos e inspirar miedo a los lacedemonios (*kaì phóbon parékhontas*) les obligaron a luchar" (1.23.6; cf. 1.33.3; 1.88; 1.118.2). Sobre el uso de *próphasis* –frente a las *aitíai*, los motivos inmediatos de la guerra– ver Pearson (1952); Hornblower (1991: 64-66); Rawlings (2007: 13). Cf. Desmond (2006: 361-363). Para una puesta al día de los debates acerca de los orígenes de la guerra, ver Sierra (2013).

13 En el retrato idealizado que Tucídides, 2.65, transmite de Pericles, lo presenta como un líder capaz de inspirar un temor moderado allí cuando el pueblo se mostraba en exceso confiado y, viceversa, transmitirle confianza cuando era presa del pánico: "Así, siempre que los veía confiados de modo insolente e inoportuno (*parà kairòn hýbrei tharsoûntas*), los espantaba con sus palabras (*légon katéplessen*) hasta que conseguía atemorizarlos (*phobeîsthai*), y al contrario, cuando los veía dominados por un miedo irracional (*dedíotas alógos*), los hacía retornar a la confianza (*tò tharseîn*)"

de los –también degradados, desde la perspectiva de Tucídides (2.65.10-11)– "nuevos políticos" (Connor, 1992) que sucedieron al Alcmeónida y con la evolución de la ciudad hacia condiciones agravadas y más inestables como fruto del desarrollo de los acontecimientos bélicos y sus consecuencias[14]. Desmond (2006: 361-364) realizó un acercamiento sistemático a la cuestión y ha mostrado la primacía que esta emoción tiene en Tucídides en relación con distintos tópicos, entre otros, la situación de los hombres en los tiempos primitivos de la Hélade (1.2.1-2), la unidad política de las comunidades y, en particular, el sinecismo ateniense (2.15.1), el desarrollo de alianzas militares, las hegemonías y las relaciones internacionales (1.9.1-3; 1.33.3; 1.75.3; 1.76.2; 1.123.1; 2.8.5; 3.11-12; 3.37,2; 4.63.1; 6.21.1; 6.33.5; 6.34.1; 6.78.1; cf. Calabrese, 2008: 22-28), las leyes (2.37.3; 3.46.4), etc.

La expedición a Sicilia: ignorancia y miedo

Los sucesos y el clima que rodearon a la expedición ateniense a Sicilia en el año 415 son particularmente importantes (Plácido, 1997: 78-96) para entender cómo, en el relato de Tucídides, el miedo comienza a adueñarse en un espiral ascendente del pueblo ateniense y se vincula con el desconocimiento y las sospechas generalizadas entre los ciudadanos. Hay ciertos antecedentes que, en la obra del historiador, van marcando una propensión hacia el deterioro de las condiciones políticas, militares, morales y éticas que confluyeron en dirección a sumir al *dêmos* en un terror y una falta de confianza que acabarán por paralizarlo.

Por un lado, la muerte de Pericles, habría llevado a que los atenienses se vieran privados de una guía para cuando sus emociones, y en particular el miedo, se tornaban problemáticos (2.65). Por otro lado, la experiencia de la epidemia, relatada trágicamente (2.48-54; cf. Alsina, 1987), supuso importantes trastornos que degradaron las relaciones entre los ciudadanos ya que, por ejemplo, "por miedo (*dediótes*), no querían visitarse los unos a los otros" (2.51.5) y se trastocaron "todas las costumbres que antes se

---

(2.65.9). Cf. Zumbrunnen (2008: 3-4); Sancho Rocher (2015: 50-53, 63); Visvardi (2015: 59-60, 93).

14 Los "nuevos líderes" temían al *dêmos* (2.65.11) como fue el caso de Cleón (4.28.2-3) y Nicias (7.8.2, 7.48.3-4).

observaban" (2.52.4) en relación al tratamiento del cuerpo de los muertos. Más aún, "acarreó a la ciudad una mayor inmoralidad (*pléon anomías*)" (2.53.1) en tanto la sensación de fragilidad y los cambios de fortuna modificaron las conductas en el sentido de que no había "ningún miedo (*phóbos*) de los dioses ni de la ley humana (*anthrópon nómos*)" (2.53.4) que limitara los comportamientos en tanto la enfermedad afectaba a los piadosos y a los impíos y nadie tenía esperanzas de llegar vivo al momento en el que sus actos fuesen juzgados. Por último, el relato de la *stásis* de Corcira –en particular sus consecuencias morales (3.82-3)– funciona en el texto del historiador ateniense, en cierta medida, como una anticipación de los sucesos por venir en la ciudad del Ática (3.82.1).

Previamente, de hecho, luego de explicar que los sucesores de Pericles eran incapaces de manejar las pasiones del *dêmos* como lo hacía el Alcmeónida, el historiador afirma que con los nuevos líderes se sucedieron "muchos errores" –en particular la expedición a Sicilia– que llevaron a que "por primera vez, el gobierno de la ciudad se vio turbado por disensiones internas (*allélois etaráxthesan*)", a que reine "en la ciudad la discordia civil (*stásei*)" y que, finalmente, cayeran "derribados por sus propias rivalidades (*tàs idías diaphorás*)" (2.65.9-13; cf. Rawlings III, 1981: 74-76). En particular, resulta muy interesante para nuestro tema el efecto que la *stásis* habría tenido sobre el lenguaje al cambiar "el significado normal de las palabras en relación con los hechos (*tô nonomá ton es tà érga*)" (3.82.4; cf. Loraux, 2008: 105-133). Recientemente, Sancho Rocher (2015: 53-63) se ha ocupado de la cuestión marcando cómo estos cambios en el lenguaje –principal herramienta política en la *pólis*– tuvieron un fuerte impacto al hacer que los contenidos de los mensajes políticos se hayan tornado poco claros y la desconfianza se haya instalado entre los ciudadanos. Sin lugar a dudas, la desaparición de Pericles, la plaga y la *stásis* fueron responsables de que haya avanzado en Atenas la incomprensión y la desconfianza entre los miembros del cuerpo cívico y, paralelamente, se haya desvanecido el respetuoso temor a la ley y a los magistrados que caracterizaba a la democracia idealizada del discurso fúnebre. La expedición a Sicilia no hará más que agravar la situación.

En el inicio del libro VI en el que se trata la expedición, Tucídides se preocupa por destacar la ignorancia de quienes debían en asamblea decidir sobre la cuestión: "la mayor parte de ellos eran ignorantes (*ápeiroi hoi polloì óntes*) acerca de la extensión de la isla y el número de sus habitantes" (6.1.1). A pesar de que otras fuentes permiten pensar en sentido contrario[15] –lo que nos induce a inferir que la intención de Tucídides sería más retórica que descriptiva[16]–, la caracterización de "la mayoría"[17] como *ápeiroi* es un elemento que creemos fundamental destacar. La ignorancia o el desconocimiento –inclusive cuando son generados deliberadamente– y el miedo del *dêmos* constituyen un par presente no solo en el relato del historiador acerca de la expedición Sicilia sino también, como veremos, en la digresión sobre la tiranía y en la narración acerca del golpe oligárquico del 411.

Luego de la denominada "arqueología" de Sicilia (6.2-5) y del relato de la embajada de Egesta solicitando la ayuda de Atenas (6.6-7.1), Tucídides encara el tratamiento que el proyecto de expedición recibe por parte de la asamblea centrándose en la oposición de discursos entre Nicias y Alcibíades (6.8-26). Situándose en el lugar del discurso débil de la estructura antilógica, Nicias buscaba mostrar los intereses ocultos de su contrincante y afirmaba tener "miedo" (*phoboûmai*) de los "jóvenes" que acompañaban a Alcibíades[18] y, más relevante aún, exhortaba a los de más edad a que "no se avergüencen (*mè kataiskhynthênai*)… de parecer cobardes (*malakós*) en el caso de que no voten la guerra" (6.13.1). Hacia el final del debate, el historiador regresa sobre esta idea según la cual el "miedo" inhibía la opinión ya que "debido al desmesurado deseo de la mayoría

---

15   De acuerdo con Plutarco, *Nicias*, 12.1, y *Alcibíades*, 17.3-4, el *ergastérion* y la *palaistra* eran lugares en los que ancianos y jóvenes respectivamente dibujaban y discutían la geografía de Sicilia. Cf. Lewis (1996: 15); Smith (2004: 38-43); Jacob (2008: 109-122).

16   Smith (2004: 45); Raaflaub (2013a: 39-40). Sobre los métodos literarios y la estructura trágica del relato de Tucídides acerca de la expedición: Plácido (1993).

17   En el texto, *hoi polloí* está en relación con *Athenaîoi*. Sin embargo, el uso de *hoi polloí* no es neutro ya que frecuentemente es utilizado por las fuentes griegas en el sentido (despectivo) de "la muchedumbre" o "el pueblo" en el contexto de la democracia. No sería aventurado, entonces, pensar que Tucídides estaba diciendo que quienes eran *ápeiroi* no eran, simplemente, una mayoría cuantitativa y coyuntural del conjunto de los atenienses, sino, más bien, la mayoría del *dêmos* en situación de tomar decisiones. En relación a la terminología y la valoración de las masas en Tucídides (que, en general, se analizó ligada a la postura del historiador frente a la democracia), ver el reciente trabajo de Saïd (2013); cf. Zumbrunnen (2008: 32-33; 2017).

18   Luego, ya en Siracusa, Nicias tuvo temor (*phoboúmenos*) de que sus palabras fueran tergiversadas por sus embajadores y por ello envió una carta a la asamblea ateniense (7.8.2).

(tôn pleónon)", quienes estaban en contra de la expedición no se pronunciaban a causa del "miedo (*dediós*) a parecer mal dispuesto respecto a la ciudad" (6.24.4).

Pero, si en un primer momento, la mayoría de los atenienses se encontraban confiados (a causa de su ignorancia sobre Sicilia) mientras que Nicias y un grupo reducido de ciudadanos se mostraban temerosos[19], el desarrollo de los acontecimientos por venir influyeron fuertemente transformando las emociones experimentadas por el *dêmos*. Luego de relatar que la asamblea votó los poderes para los estrategas y se iniciaron los preparativos para la expedición (6.26), Tucídides introduce la cuestión de la mutilación de los Hermes y la profanación de los Misterios (6.27-29; Furley, 1996; Hamel, 2012; Rubel, 2014: 74-98). Inmediatamente, vuelve a referirse a la ignorancia reinante ya que "nadie conocía a los autores (*toùs drásantas édei oudeís)"* (6.27.2) de los hechos. Luego de informar que la ciudad había habilitado mecanismos para investigar el asunto, el historiador indica que, los atenienses, leían los sucesos como un mal presagio para la expedición y, más importante aún, sospechaban que podrían tener "conexión con una conjura con vistas a una revolución y al derrocamiento de la democracia" (6.27.3). En verdad, las denuncias presentadas por "metecos y servidores" (6.28.1) fueron aprovechadas por los rivales de Alcibíades quienes fomentaron la idea de que la parodia de los Misterios y la mutilación de los Hermes "apuntaban al derrocamiento de la democracia" aduciendo como prueba el "antidemocrático desprecio de la ley (*ou demotikèn paranomían)"* que supuestamente caracterizaba la conducta del líder ateniense (6.28.2). Como ha marcado Plácido (1993: 194), en el libro VI, Tucídides nos sitúa frente a un miedo cada vez más presente en el *dêmos* de la última etapa de la Guerra del Peloponeso; se trataba del "temor a que las actuaciones democráticas de los aristócratas se transformen en tiránicas". Sabemos que la *demokratía*, tanto institucional como informalmente, desplegó antes y después una serie de mecanismos para enfrentar

---

19 La mayor parte de los atenienses habló en favor de la expedición, también "hubo algunos que se manifestaron en contra" (6.15.1). El propio Nicias (6.23.1) fue luego interpelado por "un ateniense" (quizás Demóstrato; cf. Plutarco, *Nicias*, 12.4, y Aristófanes, *Lisístrata*, 391-394) para que deje de recurrir a "pretextos y demoras". Para Sancho Rocher (2015: 56), Alcibíades y su grupo se habrían apropiado del lenguaje democrático por lo que quienes se opusieran a sus planes temían ser tildados de oligarcas o enemigos de la ciudad.

esa posibilidad pero lo anterior no exime que el miedo por las derivaciones tiránicas u oligárquicas del liderazgo político haya sido una constante en esta etapa (Paiaro, 2016a).

Al momento de zarpar la flota, el miedo comenzó a agudizarse. Para Tucídides, la decisión se había tomado con un conocimiento restringido que permitía evitar los temores que se fueron haciendo cada vez más presentes conforme avanzaban los sucesos. De este modo, cuando estaba próximo el momento en el que los expedicionarios se separarían de sus familiares y amigos que los habían acompañado hasta el Pireo, "los temores (*tà deiná*) les acometían más de cerca que cuando habían votado hacerse a la mar" aunque con el gran despliegue de fuerzas "recobraban la confianza (*anethársoun*)" (6.31.1). Ya con la expedición en marcha, comenzaron a develarse las inexactitudes a partir de las que el *dêmos* había tomado sus decisiones. El caso de las (supuestas) riquezas y buena disposición de Egesta resulta sintomático: ya Tucídides había anticipado algo cuando describió que los atenienses celebraron una asamblea para tratar el tema de la expedición y "escucharon los informes de los delegados de Egesta y de sus propios embajadores –informes seductores pero no ciertos (*epagogà kaì ouk alethê*)– y en particular el relativo al dinero" y por ello "decretaron enviar a Sicilia sesenta naves a las órdenes de Alcibíades" (6.8.2). Más adelante, el historiador relata que cuando las naves enviadas a Egesta como avanzada regresaron y se contactaron con los atenienses en Regio, "les comunicaron que todo el dinero que se les había prometido no existía" (6.46.1) e, inmediatamente (6.46.3), describe cómo había sido el engaño de los egesteos a los primeros embajadores atenienses que, como hemos visto, terminaron por llevar al *dêmos* a tomar una decisión (errada) en base a informaciones falsas ("después de ser engañados ellos mismos, habían convencido del engaño a los demás"; 6.46.5).

Ya con la flota en Sicilia, los atenienses "no habían disminuido su empeño en la investigación (*zétesin*) de los hechos relacionados con los Misterios y los Hermes" y, en una muestra de cómo el desconocimiento, la desconfianza y el miedo avanzaban conjuntamente (6.53.2),

...sin comprobar la credibilidad de los delatores, sospechando (*hypóptos*) de todo y aceptando todas las denuncias, arrestaban y ponían en prisión, dando crédito a hombres de escasa honestidad, a ciudadanos absolutamente honrados, pensando que era más conveniente examinar la cuestión a fondo (*basanísai tò prâgma*)…

Vemos, de este modo, cómo la confusión comenzaba a invadir a un *dêmos* que era cada vez menos capaz de discernir los hechos, de diferenciar las denuncias verdaderas de las falsas y de confiar en sí mismo y en sus propias decisiones. En el relato de Tucídides, la explicación de cómo los atenienses habían decidido ir a buscar para juzgar a Alcibíades y a otros soldados de la expedición (6.53.1) abre paso a la digresión en la que relata los sucesos que llevaron al tiranicidio y al fin de los Pisistrátidas.

El tiranicidio: incapacidad de conocer el pasado y decidir correctamente

La "digresión sobre los Pisistrátidas" (6.54-59) constituye un salto temático en la narración que ha resultado algo controvertido para los especialistas en tanto supone una ruptura en el orden cronológico del relato que caracteriza al historiador ateniense[20]. Lo que nos interesa destacar es que allí, de un modo explícito, Tucídides (6.53.3) traza una relación directa entre el conocimiento del pasado, la desconfianza y el temor del *dêmos* en el momento presente[21]:

> El pueblo sabía por tradición (*epistámenos gàr ho dêmos akoê*) que la tiranía de Pisístrato y de sus hijos había terminado por resultar insoportable y que, además, no había sido derribada por ellos y por Harmodio, sino por obra de los lacedemonios, y por ello vivía siempre en el temor (*ephobeîto aieí*) y lo miraba todo con suspicacia (*pánta hypóptos elámbanen*).

Sin lugar a dudas, la cuestión se vincula a lo que para Tucídides debía ser la "utilidad" de la historia, es decir, esa "adquisición para siempre (*ktêma es aeí*)" cuya justificación estaba dada por el hecho de que quienes "quieren tener un conocimiento exacto de los hechos del pasado" son capaces de actuar mejor frente a "los que en el futuro serán iguales o semejantes" (1.22.4; cf. Raaflaub,

---

20 Rawlings III (1981: 90-91); Meyer (2008: 13); Vickers (1995). Sobre los excursos en Tucídides, Sancho Rocher (2017).

21 En sentido similar: "El pueblo (*ho dêmos*) de Atenas tenía en la mente estos hechos y recordaba todo lo que había oído (*mimneskómenos hósa akoê*) decir sobre ellos; por ello se mostraba entonces duro (*khalepós*) y suspicaz (*hypópyes*)" (6.60.1).

2013a: 41; 2013b). Desde esta lógica, las incapacidades del pueblo ateniense a la hora de comprender de forma precisa su propio pasado lo habría dejado en una situación precaria al momento de enfrentar y actuar ante los desafíos propuestos por los acontecimientos del presente. Bajo esta perspectiva se puede comprender la "utilidad" de la digresión dentro de la obra en tanto señalaba los paralelismos, analogías y puntos de contacto entre los sucesos del 415 (expedición a Sicilia) y los del 514 (asesinato de Hiparco) bajo un denominador común (Pearson, 1949; Vickers, 1995): el desconocimiento del *dêmos* y su incapacidad de interpretar los hechos frente a los que debe actuar (Sancho Rocher, 1996).

De acuerdo con Tucídides, entonces, el *dêmos* sabía "por la tradición". Se trata de una tradición de carácter oral (*akoé*) que constituiría "el adversario más serio del historiador" (Loraux, 2007: 109). La problemática en torno de la *akoé* había sido tratada en la denominada "arqueología" (1.2-22) en tanto allí era señalada como una muy poco fiable fuente para conocer los datos históricos y, por ello, la propuesta metodológica tucididea pretendía orientarse a que el historiador se ocupe mayormente de aquellos sucesos que le son contemporáneos y sobre los que puede informarse directamente en tanto "testigo y actor" (Sierra, 2017: 7), como era su caso con la Guerra del Peloponeso (1.1; 5.26)[22]. Frente a ese conocimiento imperfecto del *dêmos*, Tucídides se situaba como conocedor de la verdad histórica al decir que "yo explicaré detalladamente para demostrar que ni los demás ni los propios atenienses ofrecen una información precisa respecto a sus tiranos y a lo sucedido" (6.54.1). Sin embargo, para ello, el propio historiador apelaba al conocimiento oral (*akoé*) para postular que el tirano no era Hiparco sino su hermano Hipias ("lo sostengo porque lo sé con más exactitud (*akribésteron*) que otros gracias a los informes que han llegado a mis oídos (*akoê*)"); pero, es cierto, Tucídides acompañaba ese re-

---

22   Como ha planteado Loraux (2007: 110): "...puesto que sobre los hechos antiguos casi no existe otra fuente que la *akoé*, más vale desembarazarse lo antes posible del relato del pasado... Y cuando a pesar de todo es necesario volver sobre el pasado, el historiador no se fiará más que de su propia inteligencia, trabajando, como buen juez, con los indicios (*tekméria*) que ha podido recoger". Es por esto que cuando trabaja sobre la historia antigua, "no parece sentirse cómodo" dado que la *akoé* constituye un "magma de información donde solo el arte del historiador puede rescatar aquello que es veraz y útil para una adecuada interpretación histórica. El pueblo, sin embargo, no está capacitado" (Sierra, 2017: 9, 29).

curso a la *akoé* de un razonamiento lógico ("pero cualquiera podría darse cuenta por lo siguiente...") a partir de diferentes indicios y pruebas (*semeîon, tekmérion* y *martýrion*), algo que distinguía a su versión de los hechos como la correcta (6.55.1)[23].

Esto último nos sitúa frente a la cuestión de la valoración que Tucídides hacía del modo en el que, en particular durante el régimen democrático, el *dêmos* se informaba y accedía a los datos tanto del presente como del pasado[24]. Como hemos visto, el historiador se ubicaba a sí mismo en un plano de superioridad con respecto al pueblo ya que él es capaz de "saber con más exactitud" (6.55.1). Por el contrario, "los hombres (*hoi ánthropoi*) reciben unos de otros las tradiciones (*tàs akoás*) sin comprobarlas (*abasanístos*), aunque se trate de las de su propio país" (1.20.1). Así, gracias a su capacidad de deducir lógicamente a partir de indicios, el historiador puede acceder a saberes veraces incluso allí donde solo cuenta con la *akoé* para informarse[25].

De esta manera, el historiador se diferenciaba del *dêmos*, de la muchedumbre, ya que "poco importa a los muchos (*toîs polloîs*) la búsqueda de la verdad (*he zétesis tês aletheías*)" (1.20.3). Se trata de esa muchedumbre que se informaba de los hechos a través de poetas (*poietaí*) que "embellecen para engrandecerlos" y logógrafos (*logográphoi*) que los componen pensando en "cautivar a su auditorio", ambos a expensas de la verdad (1.21.1). Al respecto, creemos que no es inocente la cita que Tucídides hizo de la carta que Nicias envió a los atenienses en el invierno de 414/3 en la que relata las dificultades de la expedición (7.14.4):

---

23   Cf. Loraux (2007: 108-111). Como ha planteado Sancho Rocher (2017: 238): "A su trabajo de conjunto lo considera *akribés* (22.2; 4; 6.54.1), 'exacto', tal vez por carecer de adorno y no tener por objetivo el entretenimiento, *tò mythôdes* (1.22.4; cf. 21.1), y porque está sometido a comprobación (1.22.2, *epexelthón*; cf. por el contrario: 20.1, *abasanístos*, y 6.53.2, *ou dokimázontes*). Pero no porque sus fuentes fueran mejores que las de otros –Tucídides trabaja con las mismas fuentes orales y poéticas–, sino por su capacidad y empeño para interpretarlas (5.26.5)". Tucídides diferencia entre el modo en el que el *dêmos* se apoya en la *akoé* y cómo debe hacerlo el historiador que busca la verdad: Meyer (2008: 29-32).

24   Según Smith (2004: 44), lo que criticaba Tucídides era la forma azarosa en la que se informaba el *dêmos*: rumores y chismes en el ágora, anécdotas y conjeturas en la *stoá* y opiniones y desacuerdos en la asamblea.

25   De acuerdo con Ober (1993: 83-84), Tucídides contraponía el *democratic knowledge* incapaz de conocer la verdad del pasado (y del presente) y el *historical knowledge* desarrollado por el propio historiador en su obra.

Habría podido enviaros otro mensaje más agradable (*hedío*), pero no más útil ciertamente, si es preciso que conozcáis perfectamente la situación de aquí para tomar una decisión (*bouleúsasthai*) en consecuencia. Y conociendo al mismo tiempo vuestro carácter (*phýseis*) y sabedor de que queréis oír las palabras más halagadoras (*bouloménon mèn tà hédista akoúein*), pero que luego buscáis un culpable si los hechos no se corresponden a las palabras, he considerado por ello más seguro manifestaros la verdad (*alethés*).

Aquí aparece, ya en un contexto avanzado de la expedición, el problema de la relación entre el discurso y la realidad, entre el *dêmos* y –en plena línea con el pensamiento de Tucídides– su poca disposición "natural" (*phýsis*) a conocer la verdad. En una dirección similar, nuestro historiador había rescatado la locución de Cleón en el contexto del debate sobre Mitilene (cf. Harris, 2013; Villacèque, 2013: 248-260). Supuestamente, el líder político habría indicado que los atenienses eran "espectadores de discursos (*theataì tôn lógon*), pero oyentes de los hechos (*akroataì tôn érgon*)", que consideraban "los hechos futuros a la luz de las bellas palabras (*tôn lógo kalôs*)" y que para los hechos del pasado daban "menos crédito al acontecimiento que habéis presenciado como testigos (*ópsei*) que al relato que habéis oído (*akousthén*)" (3.38.4); en definitiva, estaban "sojuzgados por el placer del oído (*akoês hedonê hessómenoi*)" como "espectadores sentados (*theataîs*) delante de sofistas" y no como "ciudadanos que deliberan sobre los intereses de su ciudad (*póleos bouleuoménois*)" (3.38.7). En este sentido, creemos que lo que Tucídides –en este último caso a través de la figura de Cleón– le estaba criticando al *dêmos* no es un supuesto rol pasivo como "espectador" de los discursos (Villacèque, 2013: 252-253; Gallego, 2016: 22-29, 32-33) sino el modo –y, en última instancia, su deficiencia "natural"– de informarse sobre la realidad y decidir correctamente a partir de ese saber[26].

---

26 En definitiva, se trata de una negación de la concepción de la palabra y su escucha como una buena manera de informarse y decidir sobre las acciones que aparece en el discurso fúnebre de Pericles con el que iniciamos este artículo (2.40.2) y en la respuesta que Diódoto ensayó en su oposición a Cleón: "En cuanto a las palabras (*toús te lógous*), el que se empeña en sostener que no son una guía para la acción (*mè didaskálous tôn pragmáton*), o es poco inteligente, o está movido por algún interés personal" (3.42.2). Al respecto, Gallego (2016: 40-41) hace una interesante reflexión en torno del uso de *enthymoúmetha* y su vinculación al *lógos* en la locución de Pericles ya que si bien el verbo denotaría pensamiento profundo (con miras a tomar una decisión), su construcción deriva de *thymós* lo que lo vincula a diferentes aspectos emocionales (valor, coraje, cólera, ira, pasión, etc.) que, como hemos venido viendo,

Julián Gallego / Claudia N. Fernández (comps.)

Lo cierto es que en la digresión, Tucídides se encontraba argumentando en contra de lo que se podría denominar como la tradición "oficial" de la *pólis* acerca del tiranicidio y los orígenes de la democracia que se sustentaba en una serie de dispositivos institucionales que apuntalaban la memoria histórica (Paiaro, 2016b). El *dêmos* –esa "multitud (*plêthos*) de los atenienses" que creía, erróneamente, que Hiparco era el tirano cuando fue asesinado por Harmodio y Aristogitón (1.20.2)–, carente de las capacidades y metodologías del historiador, no podía conocer el pasado correctamente y en función de ello era incapaz de tomar buenas decisiones en un presente complejo. En síntesis, incapaz de "buscar la verdad" de su propio pasado, se mostraba inoperante para conducir las investigaciones (*zétesis*) sobre los eventos del 415 y, a pesar de haber examinado (*basanízo*) la cuestión a fondo (6.53.2), se descubría incompetente para analizar e interpretar los sucesos en torno de la supuesta "conjuración oligárquica y conducente a la tiranía (*xynomosía oligarkhike kaì tyrannikê*)" (6.60.1). El desconocimiento del pasado induce a actuaciones equivocadas en un presente demasiado complicado (Nicolai, 2007: 282; Meyer, 2008: 33; Ober, 1993: 83) y, finalmente, terminará por conducirlo hacia el miedo, la desconfianza y la derrota.

La derrota: desconocimiento, miedo, desconfianza y parálisis

Por último, es menester detenerse en las consecuencias que tuvo este espiral creciente de temor, miedo, desconocimiento y desconfianza en sí mismo hacia el cual el pueblo de Atenas se vio arrastrado en función de los acontecimientos, en particular, de la derrota militar. En efecto, cuando Tucídides describe cómo reaccionó la infantería al presenciar la batalla naval contra los siracusanos en el año 413 afirma que "como todas las esperanzas de los atenienses estaban puestas en sus naves, el miedo (*hó te phóbos*) por el futuro era indescriptible" (7.71.2). Sin embargo, en una muestra

---

constituyen una barrera cognitiva del *dêmos* para Tucídides. En términos generales, se percibe una oposición desarrollada por el historiador entre su propia metodología histórica y el modo a través del cual el *dêmos* ateniense (principalmente en las reuniones asamblearias) se informaba (deficientemente para Tucídides) y decidía a través de los enfrentamientos discursivos; Ober (1993: 90-91). Para un análisis general de la comunicación política entre líderes y masas en Tucídides, ver Tsakmakis (2006).

de cómo los múltiples puntos de vista llevan a posicionamientos poco estables –y aquí se podría hacer una analogía con la situación del *dêmos* reunido en asamblea que recibe diversos discursos sobre un mismo hecho–, al "no fijarse todos a la vez en el mismo punto, si algunos veían que los suyos vencían en alguna parte, cobraban coraje (*anethársesán*)" pero quienes "miraban a un lugar en el que eran vencidos prorrumpían en lamentos acompañados de gritos" y "tenían el ánimo más abatido que los que intervenían en la acción" (7.71.3). Cuando los siracusanos pusieron en fuga a la flota ateniense, "ya no hubo más diferencias" puesto que todos se lamentaban, gemían y no podían soportar lo sucedido y "la mayor parte (*hoi pleîstoi*), ya no miraban más que por sí mismos (*perì sphâs autoùs*) y por cómo podrían salvarse" (7.71.6). Carentes de esperanzas, "el pánico (*ékplexis*) que en aquel momento se produjo no fue inferior a ninguno de los habituales" (7.71.7), "ni siquiera pensaron en pedir permiso para recoger a los muertos" (7.72.2) y, a pesar de la voluntad de Nicias y Demóstenes de volver a equipar las naves para salir por el puerto, "los marineros no quisieron embarcar debido a que estaban aterrorizados por la derrota (*dià tò katapeplêkhthaí te tê hésse*)" (7.72.4). Finalmente, al momento de abandonar el campamento (7.75.2-3),

> ...la situación era aterradora (*deinón*)..., en vez de la gran esperanza (*mégales elpídos*) de antes, todo eran peligros (*kindyneúontes*) para ellos mismos y para la ciudad... Como los cadáveres estaban insepultos, cuando uno veía el de algún compañero tendido en el suelo, caía en un sentimiento de tristeza acompañado de miedo (*lýpen metà phóbou*), y los heridos y enfermos eran abandonados...

Muchos en Atenas no quisieron creer las noticias sobre la derrota pero, cuando finalmente "abrieron los ojos", Tucídides afirma que –tratando de remarcar el carácter irracional de la política democrática– "se encolerizaron contra los oradores que habían apoyado el envío de la expedición como si no hubieran sido ellos mismos quienes la habían votado (*psephisámenoi*)" (8.1.1). Como consecuencia, "se habían adueñado de ellos un miedo (*phóbos*) y una consternación (*katáplexis*) más grandes que nunca" (8.1.2).

En síntesis, el relato del historiador encadena una serie de hechos que van modificando las acciones y los estados de ánimo de los atenienses y que, en buena medida, veremos replicados en su descripción del golpe que la democracia sufrió en el 411. Los múltiples puntos de vista que impiden justipreciar la realidad sobre la que se debe actuar y el miedo que la derrota militar provoca en un colectivo que pierde su capacidad de obrar en defensa de los propios intereses, lleva a que el *dêmos* se descomponga y sus miembros comiencen a actuar de forma individualista. En tanto, el pánico, la consternación y la tristeza terminan por transformarse en preponderantes al punto que se pierde toda esperanza y ni siquiera son respetadas las pautas de comportamiento piadosas.

El accionar de los oligarcas de Siracusa puede entenderse, en el relato del historiador, como un antecedente de los sucesos que se desarrollaron en Atenas hacia el año 411. De acuerdo con Tucídides, en los debates que se sucedieron en Siracusa frente a la inminente expedición ateniense, Atenágoras ("el jefe del partido popular (*hòs démou te prostátes*)" que ejercía gran influencia "sobre la mayoría (*toîs polloîs*)"; 6.35.2) habría denunciando a los oligarcas que "propalan tales noticias y tratan de atemorizarnos (*periphóbous*)" (6.36.1). Para el demócrata siracusano, tales hombres buscaban "poner a la ciudad en estado de pánico (*tèn pólin es ékplexin kathistánai*) a fin de enmascarar su propio miedo con el miedo general (*tô koinô phóbo*)" (6.36.2) puesto que "desean… asustaros a vosotros, el pueblo (*katapléxantas tò hyméteron plêthos*)… a fin de hacerse ellos con el dominio de la ciudad (*tês póleos árkhein*)" (6.38.2). Finalmente, luego de oponer *demokratía* a *oligarkhía* (6.39.1-2), Atenágoras concluye que "la ciudad no se dejará asustar (*kataplageîsa*) por vuestras noticias ni os elegirá como jefes para imponerse voluntariamente la esclavitud (*authaíreton douleían epibaleîtai*)" y tampoco "se dejará arrebatar la libertad (*eleutherían*)" ya que ejercerá una "vigilancia en la acción (*érgo phylassoméne*)" para conservarla (6.40.2). El discurso de Atenágoras estaba argumentando contra un uso político del miedo al servicio de producir una desestructuración de los puntos sobre los cuales se apoyaba la soberanía popular con el objetivo de restringir las capacidades políticas del *dêmos* y allanar el camino para un cambio de régimen siracusano en sentido oligárquico[27].

Ese uso político del miedo del *dêmos* aparece desplegado de una forma más efectiva en Atenas con el golpe de los Cuatrocien-

---

27 Para Sancho Rocher (2015: 59-60) también Atenágoras podría estar atemorizando al *dêmos* ya que éste sería incapaz de saber cuál de los oradores sabe y cuál no; cf. Calabrese (2008: 135-136).

tos. Luego de introducir el tema de Alcibíades y su relación con el movimiento oligárquico de Samos (8.45-52), Tucídides relata cómo los embajadores atenienses de la isla y Pisandro se dirigieron a la asamblea en Atenas para argumentar sobre los beneficios de permitir el regreso de Alcibíades y "adoptar otra forma de democracia (*mè tón autòn trópon demokratouménois*)" (8.53.1)[28]. Pero como muchos se manifestaban contra el cambio, Pisandro fue preguntando uno por uno cómo podrían salvar a la ciudad sin la ayuda del Rey persa (8.53.2) y, ante la falta de respuestas[29], "hablo claramente" y afirmó que no era posible lograrlo "si no nos gobernamos con más moderación y no confiamos el poder a unos pocos ciudadanos (*ei mè politeúsomen te sophronésteron kaì es olígous mâllon tàs arkhàs poiésomen*)" para obtener la confianza del Rey (8.53.3). Si bien en principio el *dêmos* se opuso a la propuesta oligárquica, las explicaciones de Pisandro lograron que el pueblo se colme de "miedo (*deísas*)" y finalmente ceda con la esperanza de poder retornar el régimen democrático una vez superada la crisis (8.54.1). Luego, el líder oligarca se puso en contacto con "todas las asociaciones secretas (*ksynomosías*)" que existían para "ejercer su influencia en los procesos y en las elecciones de los cargos (*epì díkais kaì arkhaîs*), y les exhortó a unirse y a concentrar sus esfuerzos con vistas a derrocar la democracia (*katalýsousi tòn dêmon*)" (8.54.4).

Al igual que en el caso de Siracusa, Pisandro también buscó infundir temor al *dêmos* como un modo de hacerlo vulnerable, silencioso e inmóvil para forzar el derrocamiento de la democracia. Sin embargo, el ateniense fue más allá al implicar a las heterías oligárquicas ya que estas cumplieron un papel de primer orden. Una parte importante de la tarea consistió en la eliminación física de aquellos que podían operan como líderes del *dêmos*. Cuando Pisandro y sus acompañantes –que habían estado derrocando a las democracias en las ciudades aliadas– llegaron a Atenas junto con un grupo de hoplitas que habían logrado reunir en la travesía (8.64-65.1), "se encontraron con que la mayor parte del trabajo ya había sido llevado a cabo por sus correligionarios (*toîs hetaírois*)" dado que "algunos jóvenes (*tôn neotéron*) se habían conjurado y habían dado

---

28 El modo de proponerlo corresponde a un eufemismo de aquello que en Samos se decía abiertamente en tanto se pretendía que fuera "abolida la democracia (*mè demokratouménon*)" (8.48.2).

29 Un silencio que implicaba desconcierto y temor, según Sancho Rocher (2015: 61).

muerte en secreto a un tal Androcles, el dirigente demócrata más influyente (*toû démou málista proestôta*)" por su "influencia como demagogo" y para complacer a Alcibíades[30]. Del mismo modo, dichos jóvenes, "eliminaron en secreto a algunos otros ciudadanos incómodos (*anepitedeíous*)" (8.65.2). Inmediatamente, Tucídides describe cómo era la situación de terror y desconfianza que reinaba en una Atenas en la que "iban a tener el control de la ciudad las mismas personas que promovían el cambio de régimen" (8.66.1)[31]:

> …El pueblo se seguía reuniendo y también se reunía el consejo designado por sorteo, pero no se tomaba ningún acuerdo que no contara con el beneplácito de los conjurados, sino que los oradores eran de los suyos y los discursos que se pronunciaban eran examinados previamente por ellos. No se manifestaba, además, ninguna oposición (*antélege*) entre los otros ciudadanos debido al miedo (*dediós*) que les causaba el número de los conjurados; y si alguien llegaba a oponerse, en seguida era eliminado mediante algún procedimiento…, el pueblo no se movía (*hesykhían eîkhei ho dêmos*) y era presa de un terror (*katáplexin*) tal que quien no sufría violencia, aún sin decir palabra, se consideraba afortunado. Al pensar que los conjurados eran muchos más de los que eran en realidad, tenían el ánimo derrotado, y no podían averiguar la verdad, incapaces de llegar a ella a causa del gran tamaño de la ciudad y del recíproco desconocimiento (*tèn allélon agnosían*) entre los ciudadanos. Por esta misma razón, si uno estaba indignado, no tenía la posibilidad de expresar su pesar a otro con vistas a organizar una reacción; pues se habría encontrado con que aquel a quien iba a hablar, o era un desconocido (*agnôta*), o un conocido que no le inspiraba confianza (*ápiston*). En efecto, todos los del pueblo (*toû démou*) se trataban con recelo (*allélois gàr hápantes hypóptos prosêsan*)… Y el hecho es que entre los demócratas había algunos de quienes nunca se hubiera creído de que se pasaran a la oligarquía; y fueron éstos los que causaron mayor desconfianza (*ápiston*) en la masa (*toùs polloús*) y los que más contribuyeron a la seguridad de los oligarcas, al proporcionarles el apoyo de la desconfianza del pueblo en sí mismo (*tèn apistían tô démo pròs heautón*)" (8.66.1-5).

Ahora bien, esta descripción que realiza el historiador constituye, por un lado, el clímax de esa espiral de miedo, desconocimiento, desconfianza y derrota que hemos venido describiendo y, por otro lado, el reverso de planteo de Pericles con el que iniciamos el

---

30 Según Plutarco, *Alcibíades*, 19.1, Androcles (*ho demagogós*) había sido el responsable de los testimonios de metecos y esclavos contra Alcibíades.

31 Cf. Zumbrunnen (2008: 39); Taylor (2010: 209-217); Saïd (2013: 220); Gallego (2015: 63-64; 2016: 41-43); Sancho Rocher (2015: 62).

trabajo. Mientras el líder democrático hablaba de la confianza entre los ciudadanos y la ausencia de mutuas "sospechas" (*hypopsían*) e "irritación" (*orgês*), el contexto del golpe oligárquico nos presenta a un *dêmos* "desconfiado" (*ápistos*) tanto de los ciudadanos que en la situación se transforman en "desconocidos" (*ágnostos*) como de sí mismo (*tèn apistían tô démo pròs heautón*), lo que llevaba a que entre ellos se trataran con recelo (*hýpoptos*). En tanto Pericles hablaba de un temor (*déos*) moderado para que sean respetadas las leyes y los magistrados, en el 411 se instauró un miedo basado en el desconocimiento del número de los conjurados y en los métodos de eliminación puestos en práctica por las heterías que terminó por ser un "terror" (*katáplexis*) que "paralizaba" (*hesykhía*) al pueblo[32]. Por último, el informarse a partir de la palabra para tomar las decisiones promovido por Pericles ya no tuvo lugar puesto que las heterías controlaban quiénes y qué hablaban y la "audacia" (*tolmân*) y el "coraje" (*thrásos*) dieron paso al inmovilismo y el silencio basado en el terror[33]. Así, se votó la sustitución de la democracia por un régimen oligárquico en la asamblea celebrada en Colono (8.67); se trataba de un *dêmos* aterrorizado, desconfiado, silencioso[34] e inactivo[35] que no se opuso (*antélege*) a los golpistas (Zumbrunnen, 2008: 27-43).

---

32 En su relato sobre cómo se organizaba el movimiento oligárquico en Samos, ya Tucídides había hecho referencia a la quietud, en este caso, de la "masa" constituida por los remeros de la flota: "La masa (*ókhlos*), por su parte, aunque en un primer momento se mostró disgustada por lo que se estaba tramando, se quedó tranquila (*hesýkhaxen*) ante la favorable perspectiva de la soldada pagada por el Rey" (8.48.3). Para la relación entre *ókhlos* y *hesykhía*, ver Zumbrunnen (2008: 31-38) que distingue la quietud basada en el interés económico de los de Samos (8.48) de la de los de Atenas que surgía del miedo (8.66). Cf. Sancho Rocher (2016: 11-24) sobre las reacciones divergentes entre la masa náutica (en Samos) y los hoplitas (en Atenas) frente al desafío oligárquico.

33 Gallego (2015; 2016) relaciona los mismos pasajes con dos momentos que marcan lo que denomina como el proceso de subjetivación y desubjetivación política del *dêmos* ateniense.

34 "Una vez que la asamblea se disolvió tras ratificar las propuestas sin que nadie hablara en contra (*oudenòs anteipóntos*)..." (8.69.1).

35 "...El consejo se retiró de esa forma sin expresar oposición (*oudèn anteipoûsa*), y los ciudadanos no tomaron ninguna iniciativa (*oudèn eneotérizon*) sino que se mantuvieron quietos (*hesýkhazon*)..." (8.70.1).

El miedo, los ciudadanos y la *pólis*

A modo de cierre, nos permitiremos una muy breve reflexión. A lo largo del trabajo hemos podido ver la importancia que los aspectos emocionales, y en particular el miedo, adquieren en el relato de Tucídides sobre la evolución política de Atenas. La pregunta que se impone formular es si esto, ¿se trata simplemente de una particularidad narrativa, del estilo literario, del historiador? o, en contraste, ¿esa insistencia en lo emocional tiene implicancias más profundas en tanto nos permite comprender aspectos importantes de la *pólis* ateniense? Si bien no es posible descartar totalmente la cuestión del "estilo", creemos que el modo en el que Tucídides constituyó su relato nos puede informar sobre algunos elementos que son claves en el modo de estructuración de la formación social ateniense.

Desde hace algún tiempo, los especialistas han venido discutiendo acerca de la pertinencia (y los límites) del uso de la categoría "Estado" para describir las características y particularidades de la *pólis* griega antigua. Si bien no podemos aquí profundizar sobre la cuestión (Paiaro, 2011), al menos señalaremos que estos debates permitieron volver a reflexionar sobre una afirmación de Finley (1986: 32-33) acerca de los limitados medios que tuvo la ciudad antigua para hacer cumplir sus decisiones y leyes dada la ausencia de una institución específica con poder coactivo para llevar a cabo tal propósito. En este sentido, la *pólis* democrática constituía una forma de organización política que funcionaba sin la necesidad de disponer de policía, burocracia ni especialistas (Hunter, 1994: 188; Ismard, 2015) en tanto se basaba principalmente en la participación activa y el compromiso cívico de sus propios ciudadanos. Así, los *polîtai* se encontraban estructuralmente compelidos a tomar parte en la defensa militar de la *pólis* y en el mantenimiento del orden social, es decir, de aquello que los griegos llamaban *homónoia* –concordia o consenso– en tanto opuesto al conflicto o *stásis*.

En función de estas características estructurales de la *demokratía* ateniense, resulta claro que el mantenimiento de la estabilidad de la *pólis* dependía, en gran parte, del modo en el que se desarrollaban los vínculos entre los ciudadanos. Dicho de otra manera, la ausencia de una institución coercitiva delimitada, relativamente autónoma y capaz de imponerse sobre el conjunto social dio a la cohesión del cuerpo cívico un lugar de primer orden como freno a la fragmentación, las tendencias centrífugas y las capacidades políticas de los grupos oligárquicos. Esa cohesión, confianza, conocimiento y ausencia de temor del *dêmos* de la que hablaba Pericles constituía, entonces, la principal garantía para la persistencia de la democracia y el funcionamiento de sus instituciones[36]. No en vano operaron sobre ellos los oligarcas para forzar un cambio de régimen y, como hemos buscado mostrar, tampoco en vano se detuvo Tucídides en ellos para explicar la evolución política de Atenas.

36　En Paiaro (2012), he mostrado cómo el ostracismo, en tanto mecanismo democrático de control sobre los líderes políticos, acompañó en su aparición y caída en desuso la evolución de la confianza que el *dêmos* tuvo en sí mismo. Por otro lado, de acuerdo con Platón, *Leyes*, 700e-701b, fue la falta de miedo (*áphoboi*; *ádeia*; *mè phobeîsthai*) lo que permitió al pueblo desafiar a la aristocracia y hacerse con el poder; cf. Gallego (2015: 62-63; 2016: 25-27). En su estudio sobre el Viejo Oligarca, Osborne (2004: 17-18) sugiere que es la confianza en sí mismo del *dêmos* lo que lo mantiene en el poder.

　　　　　　　　Julián Gallego / Claudia N. Fernández (comps.)

Bibliografía

Abbott, G. (1925). *Thucydides. A Study in Historical Reality*, New York.

Alsina, J. (1987). "¿Un modelo literario de la descripción de la peste en Atenas?", *Emerita* 55: 1-13.

Balot, R. (2001). "Pericles' Anatomy of Democratic Courage", *American Journal of Philology* 122: 505-525.

Balot, R. (2004). "Courage in the Democratic Polis", *Classical Quarterly* 54: 406-423.

Burke, P. (2005). "Is There a Cultural History of the Emotions?", en Gouk & Hills (eds.): 35-48.

Caballero López, A. (2006). *Inicios y desarrollo de la historiografía griega: mito, política y propaganda*, Madrid.

Calabrese, B. (2008). *Fear in Democracy. A Study of Thucydides' Political Thought*, Ann Arbor.

Chaniotis, A. (2012). "Unveiling Emotions in the Greek World. Introduction", en A. Chaniotis (ed.), *Unveiling Emotions. Sources and Methods for the Study of Emotions in the Greek World*, Stuttgart: 11-36.

Cochrane, Ch. (1929). *Thucydides and the Science of History*, Oxford.

Connor, W.R. (1992). *The New Politicians of Fifth-Century Athens* [1971], Cambridge.

Cornford, F.M. (1907). *Thucydides Mythistoricus*, Cambridge.

Desmond, W. (2006). "Lessons of Fear: A Reading of Thucydides", *Classical Philology* 101: 359-379.

Echeverría Rey, F. (2014). "El miedo en la guerra griega antigua y su conceptualización en las fuentes: una introducción", *De Rebus Antiquis* 4/4: 1-24.

Finley, M.I. (1986). *El nacimiento de la política* [1983], Barcelona.

Foster, E. & Lateiner, D. (2012). "Introduction", en E. Foster & D. Lateiner (eds.), *Thucydides and Herodotus*, Oxford: 1-9.

Furley, W. (1996). *Andokides and the Herms: A Study of Crisis in Fifth-Century Athenian Religion*, London (*Bulletin of the Institute of Classical Studies*, Supp. 65).

Gallego, J. (2015). "La desubjetivación del *dêmos*: pérdida del coraje político y olvido del acontecimiento democrático", *Phoînix* 21/2: 59-84.

Gallego, J. (2016). "La asamblea, el teatro y el pensamiento de la decisión en la democracia ateniense", *Nova Tellvs: Anuario del Centro de Estudios Clásicos* 32/2: 13-54.

Gomme, A. (1937). "The Speeches in Thucydides", en Id., *Essays in Greek History and Literature*, Oxford: 156-189.

Gouk, P. & Hills, H. (2005). "Towards Histories of Emotions", en Gouk & Hills (eds.): 15-34.

Gouk, P. & Hills, H. (eds. 2005). *Representing Emotions. New Connections in the Histories of Art, Music and Medicine*, Aldershot.

Hamel. D. (2012). *The Mutilation of the Herms. Unpacking an Ancient Mystery*, North Haven.

Harris, E. (2013). "How to Address the Athenian Assembly: Rhetoric and Political Tactics in the Debate about Mytilene (Thuc. 3.37-50)", *Classical Quarterly* 63: 94-109.

Heller, A. (1999). *Teoría de los sentimientos*, México.

Hornblower, S. (1991). *A Commentary on Thucydides. Volume I. Books I-III*, Oxford.

Hornblower, S. (1994). *Thucydides* [1987], London.

Huart, P. (1968). *Le vocabulaire de l'analyse psycologique dans l'oeuvre de Thucydide*, Paris.

Hunter, V. (1986). "Thucydides, Gorgias, and Mass Psychology", *Hermes* 114: 412-429.

Hunter, V. (1994). *Policing Athens. Social Control in the Attic Lawsuits, 420-320*, Princeton.

Iglesias-Zoido, J. (2011). *El legado de Tucídides en la Cultura Occidental. Discursos e historia*, Coímbra.

Ismard, P. (2015). *La démocratie contre les experts. Les esclaves publics en Grèce ancienne*. Paris.

Jacob, C. (2008). *Geografía y etnografía en la Grecia antigua* [1991], Bellaterra.

Kagan, D. (1975). "The Speeches in Thucydides and the Mytilene Debate", *Yale Classical Studies* 24: 71-94.

Le Breton, D. (1999). *Las pasiones ordinarias. Antropología de las emociones* [1998], Buenos Aires.

Lewis, S. (1996). *News and Society in the Greek Polis*, Chapel Hill.

Loraux, N. (1980). "Thucydide n'est pas un collègue", *Quaderni di Storia* 12: 55-81.

Loraux, N. (2007). *Nacido de la tierra. Mito y política en Atenas* [1996], Buenos Aires.

Loraux, N. (2008). *La guerra civil en Atenas. La política entre la sombra y la utopía* [2005], Madrid.

Loraux, N. (2012). *La invención de Atenas. Historia de la oración fúnebre en la "ciudad clásica"* [1993], Buenos Aires.

Luginbill, R. (2015). *Thucydides on War and National Character* [1999], North Charleston.

Marincola, J. (2001). *Greek Historians*, Oxford.

Meyer, E. (2008). "Thucydides on Harmodius and Aristogeiton, Tyranny, and History", *Classical Quarterly* 58: 13-34.

Momigliano, A. (1958). "The Place of Herodotus in the History of Historiography", *History* 43/147: 1-13.

Nagy, G. (2010). "The Subjectivity of Fear as Reflected in Ancient Greek Wording", *Dialogues* 5: 29-45.

Nicolai, R. (2007). "Thucydides' Archaeology: Between Epic and Oral Traditions", en N. Luraghi (ed.), *The Historian's Craft in the Age of Herodotus*, Oxford: 263-285.

Nussbaum, M. (2001). *Upheavals of Thought. The Intelligence of Emotions*, Cambridge.

Ober, J. (1993). "Thucydides' Criticism of Democratic Knowledge", en R. Rosen & J. Farrell (eds.), Nomodeiktes. *Greek Studies in Honor of Martin Ostwald*, Ann Arbor: 81-98.

Osborne, R. (2004). *The Old Oligarch. Pseudo-Xenophon's* Constitution of the Athenians, Cambridge.

Paiaro, D. (2011). "Las ambigüedades del Estado en la democracia ateniense", en M. Campagno, J. Gallego & C. García Mac Gaw (eds.), *El Estado en el Mediterráneo antiguo. Egipto, Grecia, Roma*, Buenos Aires: 223-242.

Paiaro, D. (2012). "Defendiendo la libertad del *dêmos*: control popular y ostracismo en la democracia ateniense", *Anales de Historia Antigua, Medieval y Moderna* 44: 33-62.

Paiaro, D. (2016a). "El miedo a la tiranía: la protección de la democracia en el régimen político ateniense", en M. Campagno, J. Gallego & C. García Mac Gaw (eds.). *Regímenes políticos en el Mediterráneo antiguo*, Buenos Aires: 115-127.

Paiaro, D. (2016b). "El discurso aristocrático sobre el fin de la tiranía en Atenas y la teoría democrática", *De Rebus Antiquis* 6: 53-93.

Patera, M. (2013). "Reflections on the Discourse of Fear in Greek Sources", en A. Chaniotis & P. Ducrey (eds.), *Unveiling Emotions II. Emotions in Greece and Rome: Text, Images, Material Culture*, Stuttgart: 109-134.

Pearson, L. (1949). "Note on a Digression of Thucydides (VI, 54-59)", *American Journal of Philology* 70: 186-189.

Pearson, L. (1952). "*Prophasis* and *Aitia*", *Transactions and Proceedings of the American Philological Association* 83: 205-223.

Plácido, D. (1986). "De Heródoto a Tucídides", *Gerión* 4: 17-46.

Plácido, D. (1993). "La expedición a Sicilia (Tucídides, VI-VII): métodos literarios y percepción del cambio social", *Polis: Revista de Ideas y Formas Políticas de la Antigüedad Clásica* 5: 187-204.

Plácido, D. (1997). *La sociedad ateniense. La evolución social en Atenas durante la guerra del Peloponeso*, Barcelona.

Proctor, D. (1980). *The Experience of Thucydides*, Warminster.

Raaflaub, K. (2013a). "La invención de un género: Heródoto, Tucídides y los retos de escribir prosa histórica a gran escala", *Nova Tellus: Anuario del Centro de Estudios Clásicos* 31/1: 35-67.

Raaflaub, K. (2013b). "*Ktēma es aiei*: Thucydides' Concept of 'Learning through History' and its Realization in His Work", en Tsakmakis & Tamiolaki (eds.): 3-21.

Rawlings, L. (2007). *The Ancient Greeks at War*, Manchester.

Rawlings III, R.H. (1981). *The Structure of Thucydides' History*, Princeton.

Rengakos, A. & Tsakmakis, A. (eds. 2006). *Brill's Companion to Thucydides*, Leiden.

Romilly, J. de (1956). "La crainte dans l'œuvre de Thucydide", *Classica et Mediaevalia* 17: 119-127.

Rood, T. (2006). "Objectivity and Authority: Thucydides' Historical Method", en Rengakos & Tsakmakis (eds.): 225-249.

Rubel, A. (2014). *Fear and Loathing in Ancient Athens. Religion and Politics during the Peloponnesian War*, Durham.

Saïd, S. (2013). "Thucydides and the Masses", en Tsakmakis & Tamiolaki (eds.): 199-224.

Sancho Rocher, L. (1996). "Tucídides, VI 53-61, y un apunte sobre el principio de la *stásis* ateniense", *Gerión* 14: 101-108.

Sancho Rocher, L. (2015). "Temor, silencio y deliberación: la inhibición de la opinión en Tucídides", *Gerión* 33: 47-66.

Sancho Rocher, L. (2016). "Sociología de la *stásis*: I. El *dêmos* y los oligarcas en 411 a.C.", *Athenaeum* 104/1: 5-30.

Sancho Rocher, L. (2017). "Los agentes de la historia en los excursos sobre el pasado en Tucídides", *Araucaria. Revista Iberoamericana de Filosofía, Política y Humanidades* 19/37: 235-256.

Sierra, C. (2012). "Nuevamente de Heródoto a Tucídides", *Historiae* 7: 71-87.

Sierra, C. (2013). "Prejuicios historiográficos sobre las verdaderas causas de la guerra del Peloponeso", *Nuntius Antiquus* 9: 183-199.

Sierra, C. (2017). *Tucídides* Archaiologikós. *Grecia antes de la Guerra del Peloponeso*, Zaragoza.

Smith, D. (2004). "Thucydides' Ignorant Athenians and the Drama of the Sicilian Expedition", *Syllecta Classica* 15: 33-70.

Ste. Croix, G.E.M. de (1972). *The Origins of the Peloponnesian War*, London.

Taylor, M. (2010). *Thucydides, Pericles, and the Idea of Athens in the Peloponnesian War*, Cambridge.

Torres Esbarranch, J.J. (2000). *Tucídides. Historia de la Guerra del Peloponeso* (tr. y notas; intr. J. Calonge Ruiz), Madrid.

Tsakmakis, A. (2006). "Leaders, Crowds, and the Power of the Image: Political Communication in Thucydides", en Rengakos & Tsakmakis (eds.): 161-187.

Tsakmakis, A. & Tamiolaki, M. (eds. 2013). *Thucydides Between History and Literature*, Berlin.

Vickers, M. (1995). "Thucydides 6.53.3-59: Not a 'Digression'", *Dialogues d'Histoire Ancienne* 21/1: 193-200.

Villacèque, N. (2013). *Spectateurs de paroles! Délibération démocratique et théâtre à Athènes à l'époque classique*, Rennes.

Visvardi, E. (2015). *Emotion in Action. Thucydides and the Tragic Chorus*, Leiden.

Yunis, H. (1996). *Taming Democracy. Models of Political Rhetoric in Classical Athens*, Ithaca.

Ziolkowski, J. (1981). *Thucydides and the Tradition of Funeral Speeches at Athens*, New York.

Zumbrunnen, J. (2002). "Democratic Politics and the 'Character' of the City in Thucydides", *History of Political Thought* 23: 565-589.

Zumbrunnen, J. (2008). *Silence and Democracy. Athenian Politics in Thucydides' History*, Pennsylvania.

Zumbrunnen, J. (2017). "Thucydides and Crowds", en S. Forsdyke, E. Foster & R. Balot (eds.), *The Oxford Handbook of Thucydides*, Oxford: 475-489.

♦ 8 ♦

LA EDUCACIÓN EMOCIONAL DE LOS CIUDADANOS POR MEDIO DE LA *MOUSIKÉ* EN EL MEJOR RÉGIMEN POLÍTICO DE ARISTÓTELES

Viviana Suñol
IdIHCS/CONICET-Universidad Nacional de La Plata

Aristóteles ocupa un lugar muy destacado en la historia de la reflexión filosófica sobre las emociones, no solo por la importancia que les otorga en las distintas obras del corpus, sino también porque sus consideraciones anticipan los principales desarrollos de las investigaciones contemporáneas sobre el tema. A lo largo de la historia de la filosofía, las emociones fueron caracterizadas principalmente por su inferioridad respecto de la razón, lo cual determinó que se las representara como esclavas de ésta (Solomon, 2000: 3). En los últimos cuarenta años, su estudio ha despertado un creciente interés por parte de investigadores provenientes de las más diversas disciplinas, como la psicología, la antropología, la pedagogía, las neurociencias, la economía, etc. Si bien existe una importante corriente en la psicología experimental y evolutiva que enfatiza la universalidad de un grupo básico de emociones y que tiene su origen en la obra de Darwin (1872)[1], actualmente la mayoría de los estudiosos provenientes de distintas áreas reconocen que las emociones involucran un componente cognitivo esencial y subrayan que su naturaleza es cultural. En el caso de Aristóteles, esta línea de interpretación se inicia en 1975 con el libro de Fortenbaugh (2002). Desde entonces, la literatura académica se ha centrado principalmente en discutir variantes más o menos estrictas de la misma: desde quienes afirman que las emociones son juicios o que estos son condiciones necesarias

---

1   Para una reseña de esta línea de investigación, Konstan (2006: 9-12).

y suficientes para ellas hasta quienes adoptan una interpretación más flexible, que reconoce que algunas emociones no pueden ser subsumidas en un modelo cognitivista extremo[2]. Los autores que, de manera general, adhieren a una interpretación cognitiva de las emociones discuten varias cuestiones medulares, tales como la relación que estas guardan con la creencia (*dóxa*), la representación (*phantasía*) y el juicio (*hypólepsis*); el papel que juegan el placer y el dolor; su intencionalidad; la legitimidad de atribuir emociones a los animales y a los niños, quienes –según el filósofo– no serían capaces de elaborar juicios, etc. Aun cuando Aristóteles no formuló en sentido estricto una teoría de las emociones, algunos intérpretes intentan reconstruirla a partir de las diversas aproximaciones atestiguadas en el corpus (Trueba Atienza, 2009: 148); otros advierten una perspectiva unificada (Boeri, 2007: 255); también hay quienes, admitiendo la dificultad de encuadrar esta diversidad en una teoría coherente y exhaustiva, se limitan a reconocer un aspecto unificador prominente[3], etc. A pesar de la innumerable variedad de interpretaciones a las que el tema ha dado lugar en las últimas cuatro décadas en la literatura especializada, prácticamente no se ha considerado el papel y la importancia ético-política que las emociones tienen en el programa educativo musical del mejor régimen, que Aristóteles bosqueja en el último libro de la *Política*. Precisamente, el propósito del presente capítulo es analizar esta cuestión.

Las consideraciones aristotélicas sobre las emociones (*páthe*) aparecen dispersas en distintas obras del filósofo[4], especialmente,

---

2   Para un panorama de las distintas variantes de la interpretación cognitivista, cf. Konstan (2006: 20-27); Trueba Atienza (2009: 153-168).

3   Gastaldi (1987: 108) entiende que es difícil que pasajes que provienen de distintos tratados y aproximaciones desde distintas perspectivas encajen en una teoría coherente. Sin embargo, reconoce que hay un elemento unificador: "Aristotle's inquiry always deals with the Greek citizen living in the city. The polis is the scene where passions occur and, at the same time, are called into question".

4   Sobre la raíz semántica de la palabra griega *páthos*, su significación y la dificultad de establecer una concordancia con la noción moderna de "emoción", Konstan (2006: 3-5).

en el libro II de *Retórica*[5], en el libro I de *Acerca del alma*[6], en *Ética Nicomaquea*[7] y en *Ética Eudemia* (1221a 21-23; 1221b 35-37; 1222a 1-5; 1225b 26-27). También alude a ellas en *Partes de los animales* (650b 27-33; 667a 14-19; 692a 22-25), en *Movimiento de los animales* (701b 32-702a 6), en *Tópicos* (125b 20-27; 127b 30-32), en *Física* (246b 19-20), en *Poética*[8] y, como pretendo destacar aquí, en el libro VIII de la *Política*, y, en cada caso, las analiza desde perspectivas metodológicas y con propósitos diversos[9]. El propio Estagirita reconoce que una misma emoción puede ser definida desde distintos puntos de vista (*Acerca del alma*, 403a 29-30).

Las emociones juegan un papel fundamental en la concepción aristotélica de la buena vida, puesto que están inseparablemente ligadas a la virtud del carácter (Boeri, 2007: 261). De hecho, Aristóteles define a esta última como un hábito conforme al cual estamos bien o mal dispuestos respecto de las emociones (*Ética Nicomaquea*, 1105b 25-26). Aunque estas no son, en cuanto tales, objeto de valoración moral (1105b 28-1106a 2), sí lo son las maneras en que los hombres las experimentan (1106b 21; 1109a 26-29): "El que se encoleriza por las cosas que debe y con los que debe, y como

---

5   En *Retórica*, 1378a 19-22, Aristóteles ofrece una suerte de definición considerada canónica de las emociones: "aquellas cosas por las cuales las personas experimentan ciertos cambios y, al hacerlo, difieren respecto de sus juicios; a ellas –ira, compasión, miedo, y cuantas cosas son de esta índole y sus contrarias– siguen placer y dolor". En los capítulos siguientes, analiza cada una de las emociones: ira, calma amor y odio, temor y confianza, vergüenza y desvergüenza, favor, compasión, indignación, envidia, emulación; de ahí, que se considere que es en esta obra donde presenta el tratamiento más sistemático del tema. Asimismo, en *Retórica*, 1356a 15-16, se refiere a la influencia de las emociones en los juicios. Sigo la traducción propuesta por Boeri (2007: 257). Véase, en este mismo volumen, la aproximación que respecto de la *Retórica* plantea Buis en el Capítulo 6: *Efectos afectivos, afectos efectivos: acerca de las regulaciones emocionales de la justicia en* Avispas *de Aristófanes*, en especial el apartado: "Normatividades sentimentales, regulaciones emocionales".

6   En *Acerca del alma*, 403a 3-403b 19, Aristóteles subraya el carácter material de las emociones y, por ende, su inseparabilidad del cuerpo.

7   En *Ética Nicomaquea*, 1105b 21-23, ofrece una definición extensiva de las emociones. (Algunas de las que allí enumera se corresponden con las que analiza en *Retórica*, II 2-11). En dicho capítulo, deja en claro que las emociones no son por sí mismas objeto de valoración moral y que se distinguen de las facultades (*dynámeis*) y de los hábitos (*héxeis*), los cuales propiamente constituyen la virtud ética (1106a 11-12).

8   Las emociones son parte esencial de la definición de la tragedia en *Poética*, 1449b 24-28; Lucas (1978: 273-290).

9   No es mi intención presentar aquí un relevamiento exhaustivo de los pasajes del corpus en los que Aristóteles alude a las emociones, sino simplemente consignar algunas de las referencias más importantes.

se debe, cuando y durante el tiempo que debe, es elogiado" (1125b 31-32)[10]. La virtud del carácter refiere –según el filósofo– tanto a las emociones como a las acciones, y las dos están acompañadas de placer y dolor (1104b 13-15). Asimismo, señala que en ambas se da el exceso, el defecto y el término medio (1106b 16-24; 1108a 30-31; 1109a 23)[11]. La educación es la que permite la habituación del carácter, gracias a la cual se adquiere la virtud ética. Las emociones son una pieza clave en este proceso pedagógico. Cuando el Estagirita plantea la pregunta sobre los medios a través de los cuales los hombres se convierten en buenos (1179b 20-31)[12], deja en claro la importancia que tiene la preparación previa (*prodieirgásthai*) del alma del discípulo por medio de los hábitos (1179b 24), para que este sea capaz de disfrutar y odiar correctamente, esto es, la virtud. En tal sentido, sostiene que la emoción no parece ceder (*hypeíkein*) a la razón[13], sino ante la fuerza[14], lo cual explica el rol fundamental que le atribuye a las leyes en la educación de los jóvenes, quienes deben ser formados en los buenos hábitos. Aristóteles reconoce que en algunos casos (como es el de los jóvenes o el de las mayorías), la habituación tiene más fuerza que la enseñanza y el razonamiento, siendo incluso condición para estos (1179b 23-28). Mediante el ejercicio repetido que supone la adquisición de la virtud moral (Woerther, 2007: 175), las emociones de los futuros ciudadanos son controladas y dominadas conforme a los requerimientos del régimen. En efecto, ellas están inseparablemente ligadas a la concepción aristotélica de la ciudadanía: "La *pólis* es el lugar donde ocurren las emociones y donde, al mismo tiempo, son cuestionadas" (Gastaldi, 1987: 108).

En el capítulo final de la *Ética Nicomaquea* el filósofo destaca la importancia normativa de las leyes y de la educación pública, pero

---

10   Tomo aquí la traducción de Sinnott (2010), pero con algunas modificaciones.

11   Cf. también *Ética Nicomaquea*, 1107a 8, donde reconoce que no toda acción ni toda emoción admiten el término medio.

12   Aristóteles también plantea esta cuestión en *Política*, 1332a 35-36.

13   Las emociones pertenecen a la parte irracional del alma o, más precisamente, a su elemento desiderativo, el cual es capaz de obedecer a la razón (*Ética Nicomaquea*, 1102b 30-31). Cf. Gastaldi (1987: 106).

14   Aunque parece contradecirse con la idea expuesta en la nota anterior, a lo que Aristóteles alude en el capítulo final de la *Ética Nicomaquea*, 1179b 28-29, es a que las emociones no se modifican por un argumento racional, sino por un reiterado proceso de acostumbramiento que debe estar normativamente regulado por la ley.

no aclara cómo concretamente se realiza el proceso de habituación de los futuros ciudadanos[15]. Solo en los dos últimos libros de la *Política*, en los que diseña el mejor régimen y bosqueja un único programa de educación pública para todos los ciudadanos, es en donde revela el modo en que se cultiva la virtud del carácter y, en estrecha relación con ello, explica, si bien de manera tácita, cómo la educación musical logra el control de las emociones tanto en los niños como en los ciudadanos adultos. El filósofo propone allí un proyecto pedagógico integral que se inicia antes de la concepción misma de los ciudadanos y que regula desde su constitución física hasta la conformación del carácter del alma (*Política*, VII 16-17; cf. Suñol, 2015: 62-64). Entre las disciplinas del currículo que diseña para el período en el que se inicia y, probablemente, culmina la educación pública, esto es: de los siete a los veintiún años[16], la *mousiké* es la encargada de la formación del carácter de los ciudadanos, gracias a su naturaleza eminentemente emocional. El programa educativo musical que Aristóteles diseña está enteramente estructurado en función de la organización social y de la finalidad última del mejor régimen político (VIII 3, 5-7). El filósofo no ofrece un análisis sistemático de las emociones en el libro VIII de la *Política*, sin embargo, las breves referencias que hace sobre el tema (1340a 5-13; 1342a 5-15) revelan el modo en que la educación musical efectúa el entrenamiento emocional de los ciudadanos en la *pólis* (ideal). En efecto, a través del empleo de ciertas armonías, ritmos e instrumentos, el programa educativo musical aristotélico apunta a fomentar ciertas emociones, porque son adecuadas para el ejercicio de las responsabilidades cívicas; algunas porque responden a las requerimientos sociales o de la

---

15 A partir del artículo fundamental de Burnyeat (1980), la literatura reconoció la importancia de la habituación en la educación moral aristotélica. Para Hitz (2012: 268, 295) esta perspectiva es incompleta, por cuanto no se ha investigado el papel que juegan la política, las leyes, las convenciones y los incentivos externos en este proceso y, específicamente, cómo las leyes hacen buenos a los ciudadanos. A su juicio, Aristóteles solo explica el modo en que se cultiva la auténtica virtud en el programa educativo musical que describe en el libro VIII de la *Política*, pues solo allí enseña a sentir placer en las acciones mismas. Sin embargo, cabe recordar que también Burnyeat (1980: 79-80) en su clásico artículo reconoce (si bien de manera sucinta) que es a través de la apreciación musical como –según Aristóteles– se enseña y acostumbra a los hombres a juzgar rectamente.

16 Respecto de la discusión sobre si el programa educativo aristotélico se prolonga en la vida adulta, Suñol (2015: 60 n. 27).

edad; mientras que otras, como es el caso paradigmático del entusiasmo, son restringidas a determinados propósitos, edades y ámbitos. Ahora bien, no es posible reconocer la relevancia que la educación musical tiene respecto de las emociones y el papel que ellas desempeñan en el desarrollo de la virtud de los ciudadanos, si previamente no se comprende que la educación es la piedra fundamental del pensamiento ético-político de Aristóteles. Por esa razón, la primera parte del capítulo está dedicada a considerar la importancia general de la educación; la segunda, la función ética de la *mousiké* entre las disciplinas del currículo del mejor régimen; mientras que la tercera parte está consagrada, específicamente, a analizar el proceso emocional que esta disciplina pone en juego y cuál es su propósito ético-político.

La importancia de la educación en el pensamiento ético-político de Aristóteles

La educación es el fundamento del pensamiento ético-político de Aristóteles. A pesar de su relevancia, el filósofo no dedica un tratado específico al tema, pues el estudio de la educación resulta inseparable de sus investigaciones sobre la ética y la política. Probablemente, esa sea la razón por la cual no ofrece un tratamiento independiente del tema a lo largo de su obra. Aristóteles admite la unidad de la ética y de la política, las cuales constituyen un único cuerpo de conocimiento al que denomina "ciencia política" (*Ética Nicomaquea*, 1094a 26-1094b 11). Teniendo en cuenta que la educación es inseparable de estas, ella, a su vez, puede ser considerada como el fundamento de dicha ciencia, puesto que, desde el punto de vista político, es la que permite construir y preservar cualquier régimen y, desde el punto de vista ético, es indispensable para que el hombre pueda devenir virtuoso y, de manera general, para que complete su naturaleza[17].

A pesar de la importancia que el tema tiene en el pensamiento aristotélico, tradicionalmente se le otorgó al Estagirita un lugar

---

17 Sus consideraciones pedagógicas aparecen al final de *Ética Nicomaquea*, X 9, y de *Política*, VII-VIII. La ubicación de las mismas revela que la educación es la que articula ambas obras y ambas disciplinas. La educación es la respuesta implícita a la pregunta que Aristóteles plantea en los dos tratados sobre cómo los hombres se convierten en buenos. Cf. Suñol (2015).

secundario en la historia de la educación griega clásica[18]. Si bien su estudio experimentó un notorio florecimiento a partir de la década del ochenta del siglo pasado, aún hoy la literatura especializada no reconoce suficientemente el papel fundamental que la educación tiene en su pensamiento ético-político y la consideran como una cuestión menor (Destrée, 2013: 301). Como veremos en la próxima sección, este desprecio por el tema es aún más evidente en el caso de la *mousiké*, que es, a su vez, el pilar del programa de educación pública que Aristóteles diseña para el mejor régimen en *Política* (VIII 3-7)[19].

Una de las principales dificultades que plantea el estudio de la educación en la obra de Aristóteles es que el último libro de la *Política*, que está dedicado a la educación de los jóvenes en el régimen ideal, nos ha llegado incompleto[20]. Sin embargo, el Estagirita nos ofrece elementos suficientes para reconocer la relevancia filosófica que la educación tiene en su pensamiento ético-político e identificar los aspectos más importantes de su teoría educacional. De hecho, su programa pedagógico revela que no es posible entender la teoría aristotélica de la educación si no es como una teoría de la educación moral[21].

Aristóteles considera que la educación es responsabilidad del legislador, pues de ella depende la naturaleza y la pervivencia de

---

18   Una de las principales razones es la ausencia de un tratamiento sistemático del tema en el corpus, la cual se refleja en la menor frecuencia de empleo del vocabulario educativo (Tachibana, 2012: 36-41). Otra de las razones reside en el hecho de que se le atribuyó falta de originalidad, por su compromiso con los modelos educativos de sus dos grandes antecesores, *i.e.*, Platón e Isócrates (Diógenes Laercio, 5.3.3-4).

19   Lord (1982: 24): "La discusión de la música y la educación en los libros finales de la *Política* es… tal vez el relato más completo y sistemático que sobrevive desde la Antigüedad. Y, sin embargo, esta discusión… *creo que no ha sido adecuadamente atendida por el análisis histórico y filológico o por la interpretación*" (cursivas añadidas).

20   Esto ha llevado a algunos intérpretes a sostener que el tratamiento del tema que allí ofrece no es más que una mera discusión preliminar, la cual resulta insuficiente para responder a las preguntas esenciales sobre los fines y medios de la educación. Cf. Suñol (2015: 55 n. 6).

21   Asimismo, se pretende establecer una suerte de escisión conceptual entre la descripción del modelo educativo del régimen ideal, la cual constituiría una teoría de la educación en un sentido genuino y la teoría de la educación moral, que sería posible reconstruir a partir de sus distintas obras (Reeve, 1998: 58; Tachibana, 2012: 61). Sin embargo, su diseño curricular está íntimamente imbricado a la instrucción moral en todas y cada una de las disciplinas propuestas, siendo paradigmático el caso de la *mousiké*.

los regímenes en general. En tal sentido, asegura que el legislador es quien debe ocuparse de cómo los hombres se hacen buenos, por medio de qué hábitos (*epitedeumáton*) y cuál es el fin de la vida mejor (*Política*, 1333a 14-16). La enunciación misma muestra que el análisis de la educación (referido en las dos primeras preguntas) es inseparable de la reflexión ética sobre la vida más elegible (aludida en la última) y que, a su vez, ambos son el fundamento de toda organización política. La identidad que establece entre la virtud del ciudadano, la del gobernante y la del hombre mejor solo es posible en el mejor régimen (1333a 11-13; cf. Kraut, 1997: 137-138). De ahí que proponga la alternancia entre gobernantes y gobernados, lo cual supone el cambio intergeneracional.

Aristóteles describe los aspectos vinculados a la educación pública en el mejor régimen, pero destaca la importancia que ella tiene en *todo* régimen político (1337a 21-23). Al respecto, asegura que la educación debe ser una y la misma para todos los ciudadanos[22], porque uno es el fin del régimen, que es la *eudaimonía* entendida como el ejercicio de la virtud[23]. La unidad y la homogeneidad del programa educativo están determinadas por la organización teleológica del régimen político[24]. La homogeneidad del programa

---

22 La educación privada era una práctica habitual en muchas ciudades griegas. Aristóteles critica frecuentemente el carácter militarista de la educación espartana (*Política*, 1324b 6-9; 1334a 9-10), pero también elogia la atención que los lacedemonios le dedican a los niños y el hecho de que hacen de ello una cuestión comunitaria (1337a 21-32; *Ética Nicomaquea*, 1180a 24-28). Asimismo, atribuye al legislador la responsabilidad de haber educado a los lacedemonios solo para las virtudes utilitarias y no para ser capaces de disfrutar del ocio (*Política*, 1334a 6-10), lo cual impide que esta clase de regímenes perviva en tiempos de paz. Lacedemonia es el contra ejemplo político, ético y pedagógico del mejor régimen aristotélico y ello también se refleja en sus consideraciones sobre la ejecución musical.

23 El eje de la discusión en *Política*, VII-VIII, se centra en la mejor forma de vida y no en el significado de la *eudaimonía*, si bien esta es el fin de la vida individual y comunitaria. En consecuencia, ambas cuestiones están íntimamente ligadas y son, en cierto modo, inseparables. A través del régimen de alternancia, que establece como forma de garantizar un dominio político y no despótico, y de la pertenencia comunitaria de todos los ciudadanos, Aristóteles deja en claro que la virtud que conduce a la *eudaimonía* conlleva la participación política. Cf. Suñol (2014).

24 Al postular la uniformidad del programa educativo, el Estagirita parece no tener en cuenta las singularidades de los ciudadanos que conforman un régimen político, ni siquiera las de aquellos que *connaturalmente* son superiores al resto. De ahí que contradiciendo la costumbre de la época y a diferencia de lo que hace Platón en *República* al formular un programa específico para los guardianes-filósofos, establece un único programa educativo para todos y cada uno de los ciudadanos, y de responsabilidad estatal. Aristóteles afirma en *Política*, 1266b 29-38, que la uniformidad educativa no garantiza por sí misma que la educación sea buena, sino más bien el contenido del

educativo supone que todos los ciudadanos gracias a la igualdad de la educación pública que reciben están involucrados en la persecución de ese fin comunitario[25]. Todos los ciudadanos sin excepción pertenecen a la *pólis* y, por ende, todos están de igual forma comprometidos con el fin de esta, independientemente de sus distintas aptitudes y capacidades. Esto no implica que Aristóteles niegue estas diferencias, sino que las incluye como parte de un todo, pues asegura que "el cuidado de cada una de las partes apunta naturalmente al cuidado del todo" (1337a 30). Al admitir que el ciudadano pertenece primariamente a la comunidad política antes que a sí mismo[26], nos ofrece una pieza clave para comprender su pensamiento ético-político-pedagógico[27], pues solo como miembros de una comunidad política es posible alcanzar el fin último del individuo y, por ende, de la comunidad[28].

Aristóteles reconoce que entre sus contemporáneos no hay acuerdo respecto al propósito de la educación: si es más adecuado organizarla con vistas al entendimiento (*pròs tèn diánoian*) o al carácter del alma (1337a 38-39)[29]. En relación con la naturaleza

---

programa y el propósito al que apunta. Tampoco responde a una pretensión igualitaria por parte del filósofo; cf. Kraut (1997: 170).

25 Aristóteles no afirma aquí que todos los ciudadanos deben perseguir un único objetivo, pero la estrecha conexión que establece entre el fin del individuo, el de la ciudad (*Política*, 1324a 5-13) y la uniformidad del programa educativo nos lleva a pensar que todos apuntan al mismo.

26 El carácter comunitario que debe tener la educación está determinado por un supuesto más amplio sobre la relación de los individuos con el Estado: "no es preciso considerar que entre los ciudadanos, alguno de estos es para sí, sino que todos <son> de la ciudad, pues, cada uno es parte de la ciudad" (*Política*, 1337a 27-29).

27 El pasaje refleja el modo en que el Estagirita, en particular, y los griegos, en general, concebían la relación con el Estado (*Política*, 1253a 2-3, 29-30), pues todas las actividades de los ciudadanos desde el matrimonio, las uniones sexuales (VII 16), el ejercicio de las funciones militares, cívicas y religiosas (VII 9), el cuidado pre y post-natal de los niños (II 16-17) y, de manera integral, su educación (VII 17; VIII 1-7) eran concebidos como servicios públicos que estos debían prestar a la *pólis*, en cuanto partes constitutivas de ella. Cf. Kraut (1997: 173).

28 En *Política*, VII 8-9, distingue las partes de la *pólis* de sus elementos constitutivos. Solamente los ciudadanos, quienes de manera alternada o permanente se dedican a las actividades militares, deliberativas o sacerdotales, son parte de ella y, por ende, son parte de la *pólis*. Por el contrario, los agricultores, artesanos y jornaleros son condiciones necesarias para la existencia de la *pólis*, pero no forman parte de ella (1329a 34-39).

29 Esta tensión entre intelecto y carácter remite al debate dialéctico que establece en los tres primeros capítulos de *Política*, VII, dedicados a elucidar la vida mejor, lo cual sugiere la correspondencia que para el filósofo existe entre el modelo pedagógico

de los conocimientos que deben enseñarse, propone la distinción entre las artes liberales y no liberales (1337b 5-23), la cual está indisociablemente ligada a la división de la vida en trabajo y ocio (*skholé*)[30]. Ambas resultan indispensables para comprender la propuesta pedagógica aristotélica y, en particular, la importancia de la *mousiké* en dicho proyecto. Si bien afirma que deben enseñarse las cosas útiles que son necesarias, advierte que solo las que no hagan vulgares a los hombres que participan de ellas[31]. Todo aquello que atenta contra el ejercicio corporal e intelectual de la virtud define el carácter vulgar de las artes y enseñanzas, y considera que las actividades asalariadas pueden ser incluidas en esta categoría, porque privan de ocio al entendimiento (*diánoian*) y lo degradan (cf. Nightingale, 1996: 35-39). Por esta razón, establece restricciones sobre el ejercicio de las artes liberales, las cuales veremos que también se aplican a la ejecución musical.

La *mousiké* en el programa educativo del mejor régimen político

Mediante su programa pedagógico, Aristóteles procura propiciar el mejor carácter para el mejor régimen, lo cual requiere que los jóvenes hayan sido educados (*propaideúesthai*) y acostumbrados (*proethízesthai*) para la práctica de la virtud (1337a 17-21), y la *mousiké* es un medio indispensable para ello. Sin embargo, la singularidad de esta disciplina entre las que conforman el currículo diseñado para el mejor régimen no reside en su carácter ético, sino en el hecho de que es la única de las cuatro asignaturas propuestas

que se adopte y la elección de la forma de vida, esto es, entre *paideía* y *bíos*. Cf. Suñol (2014; 2015).

30   Si bien Aristóteles no fue el primer pensador griego que discute las artes liberales, ya que el tema circulaba en la Atenas del siglo V a.C., Nightingale (1996: 29) sostiene que su discurso puede ser considerado fundacional, en la medida en que es la única explicación del tema del período clásico que está completamente conceptualizada y articulada.

31   De manera general, el término *bánauson* designaba a la gente que ganaba su existencia a través de la ejecución de un arte que involucraba el empleo de las manos, y era virtualmente empleado como sinónimo de *anaeleútheros*. Nightingale (1996: 30-34) advierte que no se trata de una palabra simplemente descriptiva, sino que refleja la perspectiva y los prejuicios de la elite ociosa, ya que se sustenta en la ideología aristocrática. Asimismo, señala que durante el período clásico el término fue monopolizado por Platón, Jenofonte y Aristóteles, y no aparece atestiguado ni en textos de comedia, ni de oratoria.

en *Política* (VIII 3) que –según Aristóteles– no ha sido introducida en la educación por su carácter necesario ni por su utilidad (1338a 14-15), sino por ser un pasatiempo en el ocio (1338a 10-12, 21), y a diferencia de las letras, el dibujo y la gimnasia, *es por sí misma*[32].

Antes de analizar las distintas funciones que el filósofo le atribuye a la *mousiké* es preciso advertir que si bien este término griego usualmente se identifica con y es traducido por "música" en el sentido moderno, la noción más cercana a él es la de cultura (Murray & Wilson, 2004: 1)[33]. El antiguo arte de las Musas abarcaba el amplio campo de la performance poética, que incluye el canto, la ejecución de instrumentos, la danza y el habla. La *mousiké* era una parte esencial de la antigua cultura griega, que impregnaba cada aspecto de la vida pública y privada de todos los miembros de la *pólis*, pues acompañaba todas las actividades de la vida diaria: las celebraciones religiosas, festivales públicos (ya sean locales o panhelénicos), el trabajo y las ceremonias privadas. Era considerada una de las principales condiciones de la buena vida y estaba estrechamente ligada a lo festivo en tiempos de paz. Constituyó un instrumento privilegiado en la construcción del poder y, sobre todo, de la identidad griega: "la práctica musical estaba profundamente implicada en cómo los griegos se definían a sí mismos como seres humanos" (Rocconi, 2015: 82). Su importancia se basaba principalmente en su poder simpatético y psicagógico, es decir, su capacidad para despertar emociones en el oyente e influir en su carácter; de ahí, su relevancia para transmitir y reforzar valores de la comunidad[34]. Era el pilar de la educación o, más ampliamente, de la socialización griega, es decir, la *paideía* (Murray & Wilson, 2004: 4). Sin embargo, su importancia e incluso su propia existencia fueron tradicionalmente ignoradas por la erudición (West,

---

32   La singularidad de su naturaleza remite a la redefinición de lo práctico en *Política*, VII 3, donde Aristóteles establece que el tipo de acciones que conforman la vida más elegible, esto es, el *bíos praktikós*, no son aquellas que se realizan *para otros* (1325b 16-17: *ouk... pròs hetérous*).

33   Por esa razón, mantengo el término original para dar cuenta de que no es posible establecer una identificación directa entre nuestra noción moderna de "música" y la noción griega de *mousiké*.

34   Sobre la variedad y diversidad que supone hablar de "la antigua música griega", Solomon (1984: 242-243).

1992: 1). De hecho, los trabajos que específicamente analizan su lugar en el proyecto político aristotélico son muy escasos[35].

Aristóteles no aclara, de manera explícita, si cuando utiliza *mousiké* en *Política* (VIII 3, 5-7) refiere al sentido amplio de la palabra o a uno más acotado, que alude solamente a la música instrumental. Cuando presenta su plan de estudios (VIII 3), está claro que utiliza el término de manera amplia, ya que apela al esquema educativo tradicional, pero en los capítulos que se ocupa de la enseñanza de esta disciplina (VIII 5-7) menciona principalmente a las melodías y a los ritmos, lo cual sugiere que hace un uso más estrecho del término[36]. Sin embargo, hacia el final de la obra Aristóteles habla de los intérpretes de música teatral y distingue los diferentes tipos de espectadores (1342a 16-22), revelando que no restringe su empleo a lo puramente instrumental[37].

Como parte de una cultura eminentemente musical, Aristóteles otorga a la *mousiké* un papel central en su programa de educación pública, siendo el ocio (*skholé*) su propósito más elevado[38]. En tal sentido, podría decirse que ella permite alcanzar el fin último del mejor régimen, en la medida en que es la forma primaria en la que los ciudadanos ejercitan el ocio[39], de ahí, la importancia política

35   Hay trabajos, como los de Lord (1982), Depew (1991) y, más recientemente, Destrée (2013), que reconocen la importancia de la educación musical, pero que no analizan específicamente el papel de las emociones.

36   Algunos intérpretes sostienen que el programa educativo musical aristotélico incluye a la tragedia, *e.g.* Lord (1982: 29, 34); mientras que otros afirman que en *Política*, VIII 5-7, el término refiere exclusivamente a las melodías y a los ritmos, *e.g.* Ford (2004: 309, 315). La discusión está estrechamente relacionada con el debate más amplio sobre el carácter educativo de la poesía y, en correspondencia con esto, la existencia o no de una conexión entre la *Poética* y la *Política*.

37   También en *Política*, 1339b 20-21, ofrece un indicio significativo que abona la lectura de una comprensión amplia del término, cuando afirma que "todos dicen que la *mousiké* es de las cosas más placenteras, *ya sea instrumental o con cantos*" (cursivas añadidas).

38   El empleo que Aristóteles hace de la noción de ocio en los dos últimos libros de la *Política* es complejo y parece difícil establecer su relación con la política, ya que en 1329a 1 lo presenta como condición de las acciones políticas y de la virtud, mientras que en el libro VIII no hace ninguna referencia a la política. En *Ética Nicomaquea*, 1177b 4-26, incluye a la política dentro del grupo de las actividades necesarias y, por ende, no ociosas. La interpretación de este concepto ha dado lugar a visiones contrapuestas: cf. Solmsen (1964: 196 n.19); Lord (1978: 356); Kraut (1997: 179-180).

39   *Política*, 1338a 1-4: "Pues parece que el disfrutar del ocio tiene en sí el placer, la felicidad y la vida dichosa, pero esto no le ocurre a los que trabajan, sino a los que tienen ocio".

que tiene la *mousiké*. La relevancia que el Estagirita le otorga al ocio como principio único de todo (1337b 32), se sustenta en la exclusión de las clases trabajadoras de la ciudadanía (Depew, 1991: 371). El ocio está inseparablemente ligado a la paz y a las acciones nobles[40], pues los tres conforman los pilares del mejor régimen y constituyen los principios de la educación (1333b 30-36). A pesar de la importancia que le reconoce, Aristóteles sugiere que la *mousiké* no es la única actividad ociosa a la que deben dedicarse los ciudadanos[41]. Aun cuando no aclara esta cuestión, deja en claro que ella encarna el modelo de la educación liberal y ociosa.

Cada una de las características que el Estagirita le atribuye a esta disciplina se corresponde a la estructura política y a los principios éticos del mejor régimen. En conformidad con la organización social de este, adjudica la ejecución musical a los asalariados y a los jóvenes (1341b 14), mientras que a los ciudadanos adultos les atribuye el juzgar las cosas bellas (*tà kalà krínein*) así como el disfrutar de ellas correctamente (*kharein orthôs*), gracias al aprendizaje desarrollado en su juventud (1340b 35-40). El desprecio por las actividades artesanales, refleja sus prejuicios aristocráticos y lo lleva a prohibir que los hombres libres reciban la educación profesional de los instrumentos y de la ejecución, es decir, aquella destinada a los concursos, por considerar que atenta contra su virtud al estar supeditada al placer vulgar de los oyentes y, en general, a la vulgaridad (*banáusous*) de los espectadores (1341b 8-18). Asimismo, esto refleja una crítica a la profesionalización y al virtuosismo que –según Aristóteles– por entonces, influía en la enseñanza musical (1341a 9-14).

La *mousiké* cumple funciones muy diversas en el programa educativo aristotélico. Debido a que el filósofo no hace una enumeración completa de ellas, sino que las menciona de manera dispersa y las analiza de forma dispar, no está claro ni cuántas son

---

40 *Política*, 1333a 40-1333b 3: "Porque debe ser posible trabajar y hacer la guerra, pero más aún vivir en paz y disfrutar del ocio; y realizar las cosas necesarias y útiles, pero aún más las nobles". Para una reinterpretación del principio teleológico, Bénatouïl (2011).

41 El empleo del plural para referir a las cosas que se aprenden y se enseñan en el ocio en *Política*, 1338a 11-12, y la pregunta que plantea en relación con la educación liberal de los hijos "si es una en número o más", 1338a 32-33, la cual deja sin resolver en la obra, sugieren que no solo la *mousiké* forma parte de esta clase de actividades ociosas. Cf. Kraut (1997: 183).

ni cuál es la relación entre algunas de ellas, en especial, entre la función ociosa y la educativa, y entre esta y la catártica, que es el vínculo que aquí nos interesa. Si bien profundizar en el estudio de las funciones de la *mousiké* excede los límites del presente capítulo, es preciso considerar el tema, al menos esquemáticamente, con vistas a elucidar el papel que juegan las emociones cuando esta es empleada para la educación o para la catarsis. El énfasis con el que Aristóteles analiza cada una de las funciones varía a lo largo de los tres capítulos en los que se ocupa del tema. Aunque la *Política* (VIII 3) no deja dudas respecto a que la función ociosa es la más importante de todas las que le atribuye, en los capítulos siguientes se limita a mencionar dicha función y hasta parecería[42], incluso, identificarla con su propósito más bajo, esto es: la relajación y el descanso[43]. La importancia de la función ociosa reside en el hecho de que está directamente vinculada al logro de la felicidad (1338a 1-4; 1339b 17-19), lo cual la define como una actividad apropiada para los hombres libres (1338a 30-32). El carácter no instrumental propio del ocio determina que cuando la *mousiké* es empleada con vistas a él[44], probablemente no tenga otra finalidad que la de escuchar bellas melodías y armonías (1341a 10). El interés primariamente pedagógico que Aristóteles tiene en este último libro de la *Política* es, quizás, la causa por la cual su atención se focaliza en la función educativa de la *mousiké* en desmedro de la que considera como las más importante.

---

42   En *Política*, 1339a 25-26, se limita a afirmar que la *mousiké* "contribuye en algo al pasatiempo (*diagogén*) y a la *phrónesis*". La traducción de este último término requiere tomar postura sobre la naturaleza general de la *mousiké*, pues hay quienes lo traducen por "sabiduría práctica" o "prudencia", mientras que otros por "inteligencia", "aptitud intelectual" o "sabiduría", vinculándola de manera directa con una cierta forma de conocimiento teorético.

43   Podemos suponer –como propone Kraut (1997: 209)– que las dos últimas corresponden a una cuarta función. Cf. Suñol (2018).

44   La función ociosa, el carácter reflexivo y no instrumental que le confiere ha llevado a muchos intérpretes a vincular la *mousiké* con la filosofía, que es el paradigma de esta clase de actividades. Entre estos tampoco hay acuerdo respecto al vínculo que para Aristóteles existiría entre ambas, pues algunos hablan de aproximación o semejanza, otros reconocen una continuidad y hay incluso quienes niegan dicha conexión, al asegurar que solo tiene una finalidad ética. Más allá de estas divergencias, es preciso reconocer que ni en este ni en ningún otro pasaje de *Política*, VIII, ni en el final de la *Ética Nicomaquea*, establece una conexión expresa entre la *mousiké* y la filosofía, pero todos los indicios sugieren que el filósofo está pensando en ella. Cf. Suñol (2014: 313-315 nn. 45-48; 2015: 61 n. 28).

Como veremos con más detenimiento en la próxima sección, la función educativa de la *mousiké* permite el desarrollo de la virtud al infundir cierta cualidad al carácter del alma (1339a 21-25; 1340b 11-12), gracias a la semejanza directa que establece con los caracteres y a la simpatía que despierta en los oyentes. Ambas características determinan su singularidad entre las restantes artes miméticas. Debido a su naturaleza placentera, la *mousiké* permite que los jóvenes adquieran la virtud habituándolos a gozar, amar y odiar correctamente, esto es, a discernir y gozar de los caracteres moderados y las acciones nobles (1340a 14-18). En efecto, ella tiene una función ética fundamental, pues permite formar el carácter de los futuros ciudadanos; si bien es cierto que la educación musical forma parte de un proceso pedagógico más amplio, que –como señalamos– se inicia antes del nacimiento (cf. Kraut, 1997: 195, 205). Su función lúdica se vincula al descanso y a la relajación de las tensiones (1339a 16-31), por lo cual esta clase de *mousiké* se emplea para los que trabajan y carecen de ocio (1339b 15-17), esto es, los asalariados y los artesanos, que conforman la clase más baja de espectadores o incluso para el descanso de los ciudadanos en su vejez.

Aristóteles afirma (VIII 5) que son tres las funciones de la *mousiké*: la educación, el juego y el pasatiempo (1339b 13-15), pero al analizar las armonías y los ritmos que, de manera general, deben ser utilizados en la ciudad (VIII 7), reconoce a la catarsis como una función musical diferenciada (1341b 38-40), la cual hasta entonces parecía subsumida en la función educativa[45]. Aunque no está claro si son tres o cuatro las funciones que le adjudica a esta disciplina (cf. Kraut, 1997: 205, 209), lo cierto es que la estrecha y, a veces, superpuesta relación que establece entre la función ética y la catártica de la *mousiké* revela la importancia que ella tiene para el dominio de la emociones, el cual es indispensable para que los ciudadanos se habitúen a la virtud durante la infancia y desarrollen su capacidad de juicio ético-musical durante su vida adulta.

---

45   El primer indicio de esta diferenciación lo ofrece en *Política*, VIII 6, a propósito de la prohibición del uso del *aulós* en la educación, cuestión de la que nos ocuparemos con detenimiento en última parte del capítulo.

La *mousiké* como disciplina para la educación emocional

Aristóteles sugiere que la evidencia más contundente de la influencia de la *mousiké* en el carácter es el efecto emocional extremo que suscitan las melodías de Olimpo, las cuales producen entusiasmo en las almas y aclara que este es una emoción del carácter del alma (1340a 6-12)[46]. La referencia a este músico legendario de la Frigia arcaica resulta muy significativa, pues está estrechamente ligada a otros dos aspectos del programa educativo musical aristotélico, a saber: la exclusión del *aulós*[47], entre los instrumentos y del frigio, entre las armonías[48]. En cuanto al primero, Aristóteles advierte que no es un instrumento ético, sino más bien orgiástico, razón por la cual reserva su empleo para los espectáculos que apuntan a la catarsis más que al aprendizaje[49]. Respecto de la armonía frigia[50], cuya denominación etnográfica era históricamente asociada con los pueblos desenfrenados y extáticos de las salvajes zonas montañosas de Anatolia (Solomon, 1984: 249), el filósofo sostiene que su poder es análogo al del *aulós* entre los instrumentos, pues ambos son orgiásticos y excitan las pasiones (1342b 1-3: *pathetiká*). Las referencias etnográfico-musicales tácitas y explícitas que el filósofo ofrece (VIII 5-7) revelan que el propósito de su propuesta pedagógica musical es el control de las emociones[51], el cual permite que por medio de la *mousiké* los futuros ciu-

---

46 El filósofo no hace alusión a esta emoción ni en *Retórica* ni en *Ética Nicomaquea*. Recordemos que la misma literalmente refiere a estar poseído por un dios, si bien Aristóteles parece aludir más bien al estar fuera de sí, *i.e.*, a la excitación emocional.

47 El *aulós* era un antiguo instrumento griego de viento, que todavía hoy suele ser confundido con la flauta. Aunque existían distintas clases, en el período clásico el más habitual era el de doble junco. Se caracterizaba por su capacidad para expresar y despertar emociones y era empleado para rituales religiosos. Cf. West (1992: 1, 81-83, 93-96, 105, 180, 330-333).

48 También debe incluirse al ditirambo entre la poesía que expresa el carácter frigio. La referencia al intento fallido de Filoxeno de componer los *Misios* en dorio, revela que para Aristóteles (1342b 7-12) hay una correspondencia natural entre la *mousiké* y las emociones.

49 Aristóteles (1341a 21-25) dedica una extensa consideración sobre la introducción del *aulós* en Grecia y de las razones que impulsaron a su posterior rechazo. Uno de los argumentos que esgrime en contra de su empleo en la educación es que impide el uso de la palabra.

50 Aristóteles (1342a 32-34) critica a Sócrates en la *República* por haber conservado el frigio además del dorio.

51 Sobre las limitaciones que, de manera general, suponen las referencias etnomusicales, Rocconi (2010: 43).

Julián Gallego / Claudia N. Fernández (comps.)

dadanos cultiven la moderación durante la infancia y purifiquen los excesos emocionales en la adultez. En efecto, el hecho de que para la educación de los niños solo permita la armonía y la melodía doria refleja que el currículo musical aristotélico apunta a la mesura y a la estabilidad emocional de los jóvenes (1340b 3-4; 1342b 12-16), la cual es acorde a los requerimientos del carácter para los ciudadanos del mejor régimen (VII 7). A pesar de las restricciones que establece con respecto a la educación y a la ejecución musical[52], Aristóteles propone instrumentos, armonías (1342a 1-2, 23-28), ritmos e incluso competencias y espectáculos adecuados para cada edad (1342b 20), tipo de espectador y propósito al que se apunte: ya sea la educación de los futuros ciudadanos para la virtud política (1340b 42-1341a 1; 1342a 28-29), sea el descanso de los espectadores vulgares (1342a 19-22), sea la relajación de los ciudadanos en la vejez (1342b 20-23, 27-29), sea su educación durante la infancia (1342b 29-33). De ahí que para la educación excluya todo aquello que propicie el descontrol emocional limitando su empleo a determinados ámbitos (como los templos de cierta clase de dioses) y a la vida adulta, pues solo entonces la educación habrá hecho a los hombres *indemnes* (*apatheîs*) al daño al que esos estados emocionales hubieran provocado en la infancia[53].

La influencia ética de la *mousiké* se sustenta en un proceso simpatético, por medio del cual quien escucha experimenta la *misma* emoción (*sympatheîs*) que ella representa/imita (*tôn miméseon*)[54]. El poder emocional de la *mousiké* era una idea común entre los griegos (Lucas, 1978: 282-283), que está presente en la teoría musical damoniana y cuyos orígenes se remontan al denominado principio homeopático *hómoion-homoío*, atestiguado en los escritos

---

52 Newman (1950: 369) advierte que a diferencia de Platón, quien expulsa del estado todas las melodías, armonías e instrumentos que no se adecuan para el uso educacional, Aristóteles es más cuidadoso de no empobrecer la vida del estado, yendo más lejos que aquel, al permitir el empleo de la música desviada.

53 Retomo las consideraciones sobre la censura en la educación que hace Aristóteles (1336b 14-23) y que entiendo también pueden aplicarse a la educación musical. Sobre la impasibilidad y pasibilidad que suponen la virtud y el vicio, véase *Física*, 246b 19-20.

54 No hay acuerdo en la literatura especializada sobre a qué refiere con "los imitativos", ni tampoco sobre su afirmación inmediata "separadamente de los ritmos y melodías mismos" (1340a 13-14). Aunque no puedo adentrarme en el análisis de esta última cuestión, mi lectura se aproxima a la de Kraut (1997: 195). Para un relevamiento de las distintas interpretaciones, Halliwell (2002: 244 n. 21); Suñol (2012: 143-147 y n. 56).

hipocráticos y, de manera general, en la filosofía presocrática (cf. Woerther, 2002: 36; 2007: 181; 2008: 93-94). Aristóteles explica el fundamento de esta influencia ético-emocional cuando afirma que "en los ritmos y melodías existen semejanzas (*homoiómata*) con la verdadera naturaleza de la cólera, de la mansedumbre, además de la valentía y de la moderación y de todos los contrarios a estos y los otros caracteres" (1340a 17-20). Más allá de la dificultad que supone la introducción de la cólera (*orgé*) –que es la emoción por excelencia entre los griegos (Gastaldi, 1987: 106 n. 6)– en esta enumeración de caracteres[55], lo cierto es que el proceso de habituación o acostumbramiento (*éthos*) de las emociones (*páthe*) mediante la *mousiké* es el que permite educar el carácter (*êthos*) del alma[56].

Aristóteles reconoce la proximidad (1340a 24: *eggýs*) que existe entre los placeres y los dolores que suscitan los caracteres que representa la *mousiké* y aquellos que experimentamos ante lo que, de igual modo, ocurre en verdad. Precisamente, la naturaleza de las emociones que la *mousiké* provoca es uno de los problemas centrales que el estudio del tema plantea. Al respecto, David Konstan (2006: 39) –quien se ajusta a una estricta definición cognitiva de las emociones– asegura que los sentimientos inspirados por la música no cuentan como emociones para Aristóteles, ya que no involucran una consciencia de otras subjetividades. Sin embargo, el Estagirita enfatiza la semejanza y la proximidad que las emociones suscitadas por la *mousiké* tienen con las experiencias extra-musicales análogas[57]. De hecho, es esta correspondencia emocional privilegiada que caracteriza a la *mousiké*, la que le permite influir sobre el carácter y la que junto a su universalidad (1340a 3-5), la distinguen de las restantes artes miméticas, en particular, de las visuales[58]. La poderosa influencia ética que las emociones provo-

---

55 Sobre las posibles respuestas que pueden adoptarse ante esta dificultad, Woerther (2007: 177 n. 132).

56 Woerther (2008: 99) destaca el hecho de que a diferencia de su maestro, para Aristóteles la música no influye en el alma como un todo, sino en una parte de ella, *i.e.*, en el *éthos*.

57 En su indispensable capítulo dedicado a la música y la emoción, Nusbaumm (2001: 288) asegura que las emociones del espectador son reales, si bien aclara que son de una clase compleja.

58 Sobre el empleo de *homoiómata* y *semeîa* en *Política*, 1340a 33, y su relación con el uso de este vocabulario en el pasaje de *Acerca de la interpretación*, 16a 3-8, Pépin (1985: 27-29).

Julián Gallego / Claudia N. Fernández (comps.)

cadas por la *mousiké* ejercen en el alma de los hombres desmiente su supuesta irrealidad.

En el último capítulo de la *Política* (1342a 5-15), Aristóteles dedica un breve y significativo pasaje a analizar las emociones. Anteriormente, señalamos que la referencia a las melodías de Olimpo (VIII 5) sugiere que la función catártica de la *mousiké* está subsumida en su función educativa[59]. Sin embargo, reconoce expresamente la diferenciación entre ambas (VIII 7), lo cual es clave para comprender que una vez que los niños han sido habituados en la virtud por medio de la *mousiké*, la función ética de esta ya no es educar el carácter del alma, sino aliviar a los ciudadanos adultos de la afectación emocional intensa. En tal sentido, asegura que las emociones ocurren en todas las almas, pero se distinguen por la intensidad con la que cada una afecta. Nuevamente, toma al entusiasmo como ejemplo paradigmático de la influencia emocional extrema. El propósito de la *mousiké* en este caso es producir una suerte de curación (*iatreías*) y purificación (*kathárseos*) de dicha emoción[60]. La excitación que producen ciertas melodías en el alma durante los cantos sagrados permite que los hombres sean tranquilizados (*kathistaménous*)[61]. El hecho de que el filósofo hable de "curación" insinúa que se trata de una expresión patológica de la emoción. Sin embargo, Aristóteles extiende este efecto o, más precisamente, una versión moderada de él, a quienes experimentan otras emociones fuertes como la compasión y el temor, y, en general, a los que son afectados por las emociones (*pathetikoús*). La *mousiké* produce, de manera general, una *cierta* purificación y alivio con placer.

---

59 En *Política*, 1341b 38-40, remite a la *Poética* para explicar qué entiende por *kátharsis*. Sin embargo, en ninguna de las dos apariciones atestiguadas en la obra, *i.e.*, *Poética*, 1449b 28 y 1455b 15, ofrece una definición o explicación alguna del término. Cf. Kraut (1997: 209).

60 Sobre la compleja noción de *kátharsis*, Suñol (2012: 191 nn. 36-37). Sobre la historia de la recepción del concepto aristotélico de *kátharsis*, Destrée (2011).

61 La distinción de las melodías y armonías en éticas, prácticas y entusiásticas, que el propio Aristóteles reconoce tomar de otros filósofos (1341b 32-34), es uno de los puntos más difíciles de esclarecer, pues en ningún momento explica la diferencia entre las dos primeras. A las melodías éticas, les atribuye una función educativa, mientras que reserva el uso de las otras dos a quienes escuchan las que ejecutan otros (1342a 2-4). Las melodías entusiásticas sirven a la purificación y alivio placentero de las emociones, pero es más difícil identificar cuáles son y a qué propósito sirven las melodías prácticas. Cf. Kraut (1997: 208); Destrée (2013: 318 n. 19; 2017); Suñol (2018: 128-130).

En conclusión, el propósito ético de la *mousiké* en el programa pedagógico aristotélico es educar las emociones habituando a los niños en la virtud y, una vez que esta ha sido alcanzada, aliviar, purificar y, en casos extremos, curar sus efectos durante la vida adulta. El control emocional que logra la *mousiké* mediante determinados ritmos, armonías e instrumentos se ajusta a las exigencias que supone un régimen pacífico de dominación política entre iguales, que excluye de la ciudadanía a quienes trabajan. Asimismo, su función ética es, a su vez, condición para alcanzar su función musical y ético-política más alta. De manera legítima puede decirse que esta disciplina es el fundamento pedagógico para lograr la vida más elegible en el mejor régimen, puesto que es el instrumento primario para la educación ético-emocional y, quizás, intelectual de los futuros ciudadanos, en la medida en que ella los introduce y habitúa en el ejercicio del ocio.

Bibliografía

Araujo, M. & Marías, J. (1994). *Aristóteles. Ética a Nicómaco* (intr., trad. y notas), Madrid.

Bénatouïl, T. (2011). "'Choisir le labeur en vue du loisir': une analyse de *Politiques*, VII, 14", en E. Bermon, V. Laurand & J. Terrel (eds.), *Politique d'Aristote. Famille, régimes, éducation*, Pessac: 155-176.

Boeri, M.D. (2007). *Apariencia y realidad en el pensamiento griego*, Buenos Aires.

Boeri, M.D. (2010). *Aristóteles. Acerca del alma* (intr., trad. y notas), Buenos Aires.

Burnyeat, M.F. (1980). "Aristotle on Learning to Be Good", en A.O. Rorty (ed.), *Essays on Aristotle's Ethics*, Berkeley: 69-92.

Candel Sanmartín, M. (1988). *Aristóteles. Tratados de lógica II* (intr., trad. y notas), Madrid.

Darwin, C. (2009). *The Expression of the Emotions in Man and Animals*, Cambridge.

Depew, D.J. (1991). "Politics, Music and Contemplation in Aristotle's Ideal State", en D. Keyt & F.D. Miller (eds.), *A Companion to Aristotle's Politics*, Oxford: 346-380.

Destrée, P. (2011). "La purgation des interprétations: conditions et enjeux de la catharsis poétique chez Aristote", en J.-Ch. Darmon (ed.), *Littérature et thérapeutique des passions: la catharsis en question*, Paris: 14-35.

Destrée, P. (2013). "Education, Leisure, and Politics", en M. Deslauriers & P. Destrée (eds.), *The Cambridge Companion to Aristotle's Politics*, Cambridge: 301-323.

Destrée, P. (2017). "Aristotle and Musicologists on Three Functions of Music: A Note on *Pol.*, 8, 1341b 40-1", *Greek and Roman Musical Studies* 5/1: 35-42.

Ford, A. (2004). "Catharsis: The Power of Music in Aristotle's *Politics*", en Murray & Wilson (2004): 309-336.

Fortenbaugh, W.W. (2002). *Aristotle on Emotion* [1975], 2ª ed. London.

García Valdés, M. (1988). *Aristóteles. Política* (intr., trad. y notas), Madrid.

Gastaldi, S. (1987). "*Pathe* and *Polis*. Aristotle's Theory of Passions in the *Rhetoric* and the *Ethics*", *Topoi* 6: 105-110.

Halliwell, S. (2002). *The Aesthetics of Mimesis. Ancient Texts and Modern Problems*, Princeton.

Hitz, Z. (2012). "Aristotle on Law and Moral Education", en B. Inwood (ed.), *Oxford Studies in Ancient Philosophy*, Oxford: 263-306.

Jiménez Sánchez-Escariche, E. & Alonso Miguel, A. (2000). *Aristóteles. Partes de los animales. Marcha de los Animales. Movimiento de los animales* (Intr., trad. y notas). Madrid.

Konstan, D. (2006). *The Emotions of the Ancient Greeks*, Toronto.

Kraut, R. (1997). *Aristotle. Politics, Books 7-8*, Oxford.

Lord, C. (1978). "Politics and Philosophy in Aristotle's *Politics*", *Hermes* 106: 336-357.

Lord, C. (1982). *Education and Culture in the Political Thought of Aristotle*, Ithaca.

Lucas, D.W. (1978). *Aristotle. Poetics* (intr., com. y apéndices), Oxford.

Murray, P. & Wilson, P. (eds. 2004). *Music and the Muses. The Culture of 'Mousiké' in the Classical Athenian City*, Oxford.

Newman, W.L. (1950). *The Politics of Aristotle* (intr., pref. y notas), Oxford: vol. III.

Nightingale, A.W. (1996). "Aristotle on the 'Liberal' and 'Illiberal' Arts", *Proceedings of the Boston Area Colloquium of Ancient Philosophy* 12/1: 29-58.

Nussbaum, M. (2001). *Upheavals of Thought. The Intelligence of Emotions*, Cambridge.

Pépin, J. (1985). "Σύμβολα, Σημεία, Ὀνοιώματα. A propos de *De Interpretatione* 1, 16a 3-8 et *Politique* VIII 5, 1340a 6-39", en J. Wiesner (ed.), *Aristoteles. Werk und Wirkung, I. Aristoteles und seine Schule*, Berlin: 22-44.

Racionero, Q. (1990). *Aristóteles. Retórica* (intr., trad. y notas), Madrid.

Reeve, C.D.C. (1998). "Aristotelian Education", en A.O. Rorty. (ed.) *Philosophers on Education: Historical Perspectives*, Oxford: 51-65.

Rocconi, E. (2010). "Sounds of War, Sounds of Peace: For an Ethnographic Survey of Ancient Greek Music in Platonic Writings", en R. Eichmann, E. Hickmann & L.-C. Koch (eds.), *Musical Perceptions. Past and Present. On Ethnographic Analogy in Music Archeology*, Rahden: 117-129.

Rocconi, E. (2015). "Music and Dance in Greece and Rome", en P. Destrée & P. Murray (eds.), *A Companion to Ancient Aesthetics*, Oxford: 81-93.

Santa Cruz, M.I. & Crespo, M.I. (2005). *Aristóteles. Política* (intr., trad. y notas), Buenos Aires.

Sinnott, E. (2009). *Aristóteles. Poética*, Buenos Aires.

Sinnott, E. (2010). *Aristóteles. Ética Nicomaquea*, Buenos Aires.

Solmsen, F. (1964). "Leisure and Play in Aristotle's Ideal State", *Rheinisches Museum für Philologie* 107/3: 193-220.

Solomon, J. (1984). "Towards a History of Tonoi", *Journal of Musicology* 3/3: 242-251.

Solomon, R. (2000). "The Philosophy of Emotions", en M. Lewis & J. Hariland-Jones (eds.), *Handbook of Emotions*, New York: 3-15.

Suñol, V. (2012). *Más allá del arte: mímesis en Aristóteles*, La Plata.

Suñol, V. (2014). "La mejor forma de vida en el régimen político ideal de Aristóteles", *Anales del Seminario de Historia de la Filosofía* 31/2: 297-322.

Suñol, V. (2015). "La educación como fundamento del (mejor) régimen político en Aristóteles", *Éndoxa: Series Filosóficas* 36: 53-76.

Suñol, V. (2018). "El papel de la *kátharsis* en el programa aristotélico de educación musical. Su relación con la función lúdica y con la educativa de la *mousiké*", *Síntesis: Revista de Filosofía* 1/2: 122-137.

Tachibana, K. (2012). "How Aristotle's Theory of Education Has Been Studied in Our Century", *Studia Classica* 3: 21-67.

Trueba Atienza, C. (2009). "La teoría aristotélica de las emociones", *Signos Filosóficos* 11/22: 147-170.

West, M. (1992). *Ancient Greek Music*, Oxford.

Woerther, F. (2002). "Education par la musique et persuasion rhétorique chez Aristote: l'èthos dans la *Rhétorique* et dans les *Politiques* (VIII, 5)", en F. Malhomme (ed.), *Musica Rhetoricans*, Paris: 21-36.

Woerther, F. (2007). *L'èthos aristotélicien. Genèse d'une notion rhétorique*, Paris.

Woerther, F. (2008). "Music and the Education of the Soul in Plato and Aristotle: Homeopathy and the Formation of the Character", *Classical Quarterly* 58/1: 89-103.

Esta edición se terminó de imprimir en mayo de 2019, en los talleres de Imprenta Dorrego, ubicados en Av. Dorrego 1102, (1414), Ciudad de Buenos Aires, Argentina.